東横歌舞伎の時代

上村以和於 著

東横歌舞伎の時代　目次

※掲載舞台写真での俳優名は公演時の名前を記し代数は丸数字で表記、また姓を省いたことなど御了承願います。なお図版掲載にあたっては松竹株式会社、株式会社演劇出版社、および公益社団法人日本俳優協会に御協力をいただきましたこと深謝いたします。

（雄山閣編集部）

序章　渋谷、1954年

（1）

渋谷に、歌舞伎があった。

東急Ｂｕｎｋａｍｒａの中のシアター・コクーンでいまも行われているコクーン歌舞伎が始まった一九九四年から四十年前の、一九五四年から十六年間、現在の東急デパート、往時の名称では東横百貨店の中にあった客席数千二席という中劇場で、最盛期には年間数カ月、行われていた歌舞伎の公演である。出演したのは松竹の傘下にある歌舞伎俳優の主に中堅・若手、あるいは、時流からやや逸れて傍流に棹さしているかに見えるベテランの役者たち。歌舞伎座を銀座本店とすれば、渋谷支店の趣きだった。

「東横歌舞伎」とやがて呼ばれることになるその公演は、昭和二十九年（一九五四）十二月に第一回が行われ、昭和四十六年（一九七一）一月の最後の公演まで、六十四回に及んだ。今日では当時の中堅・若手の役者たちにとっての修行の場、道場として大きな役目を果たしたとされ、翻って、現代の若手たちにもかつての東横ホールのような場があればいいのに、といった文脈で引き合いに出されることも多い。その意味では、東横歌舞伎は戦後歌舞伎史の上で既に評価が定まっているかに見える。

そうした意味合いからいえば、昭和五十年代に始まり今も浅草公会堂で毎年正月に行われている花形歌舞伎が、東横歌舞伎が果たしていた役割を現に担っているわけだが、東横歌舞伎の前には、日本橋の三越本店六階に現在もある三越劇場で、戦後間もない昭和二十一年から二十五年まで歌舞伎の興行が行われ、三越歌舞伎と呼ばれた。まもなく再開場した歌舞伎座で第一線として活躍を始めることになる中堅俳優たちの足固めの場としての役割を果たしたことが大きな功績として伝えられる点、東横歌舞伎とはすこし違うニュアンスで語られることが多い。三越ではその後も、更に次の世代を中心に若手公演が断続的に行われたが、劇場側の方針の転換で公演を行えなくなった後、東横ホールの歌舞伎は、まさにそれを引き継ぐ形で始められたのだった。

そういう観点から言うなら、戦前の昭和七年から十三年にかけて行われた、当時の若手俳優による「青年歌舞伎」の公演が、東横の歌舞伎と一脈通じると言えるかもしれない。こちらは、はじめ新宿歌舞伎座、のちに新宿第一劇場と名を改めた、松竹が経営する劇場が舞台だったが、新宿という、在来の山の手よりさらに西側に位置する新興の盛り場で歌舞伎の興行を行ったという点でも、東横歌舞伎の先駆的側面を持っていたといえる。次代を担うべき新しい世代の俳優たちによって、新興の土地の新しい観客を招き寄せようという意図が、その背後に読み取れる。東横歌舞伎の場合も、渋谷という場所を抜きにその在り様を考えることはできない。

このように、戦前新宿第一劇場の青年歌舞伎、戦後まもなくの三越歌舞伎、東横歌舞伎、現在の浅草歌舞伎と、第二軍育成の場としてのいわばマイナー歌舞伎は、そのときどきの事情によって断続しながらも常に行われてきた。マイナー歌舞伎と言ったのは、歌舞伎座など第一線級が中枢を占めるメジャーリーグに対する比喩としてであって、人気や注目度という意味では、ときに第一線の歌舞伎よりも華やかな脚光を浴びたことも稀ではない。一方この東横歌舞伎というマイナーリーグは、必ずしも若手育成の場としてのみ機能したわけでは実はなかったし、ここで「育成」された若い俳優たちが皆、すんなりと次代のメジャー的存在になり遂せたわけでも、実はない。それは一面では歌舞伎界内部の問題でもあり、また一面では、そのときどきの社会の中での歌舞伎の在り様と、微妙に関わり合ってもいる。

東横歌舞伎の場合も、「戦後」という時代を抜きに考えられない。GHQの占領時代が終わり、やがて高度成長時代に突入した頃までの正味十六年余。その間の日本の社会の変化は、東横ホールという定員千二名の小宇宙にも波及せずにはいない。その変遷の模様をこれから語っていくわけだが、その前にちょっと、東横歌舞伎の始まった昭和二十九年という時点での、歌舞伎をめぐる演劇界の地図を眺めておいた方がいいだろう。

(2)

明治二十二年、一八八九年に開場した歌舞伎座が、大震災、戦災など、それぞれの理由から改築・再建されて四たび、装いを改めながら存続し、今度新たに、建造物としては五代目として新築開場したことは広く知られているが、その間、歌舞伎座は常に「歌舞伎の殿堂」としての役割を担ってきた。歌舞伎座の経営は曲折があった末に、大正以降、松竹の手で運営され、それはそのまま、歌舞伎そのものの経営と事実上イコールの意味を持つようになった。建造物としては三代目の歌舞伎座が昭和二十年五月二十五日の大空襲で焼失してから五年間、不在だったが、二十六年一月に第四次の歌舞伎座が開場して以降、その地位は不変となっていた。

歌舞伎座不在の五年間、その役目を代行してきた東劇（東京劇場）は映画館に転向し、やはり空襲で罹災したがいち早く復興した新橋演舞場と明治座が、歌舞伎座に次ぐ劇場として歌舞伎の公演を行ってきたというのが、戦後ほぼ十年、この物語の始まろうとしていた時点での東京の劇場地図だったが、ひとつ知っておく必要があるのは、この当時、これらの大劇場は歌舞伎だけが独占していたのではなく、新派、新国劇といった一ジャンル一劇団の大きな勢力が、毎月のように、歌舞伎も含めて代わる代わるに公演を行っていたという、今日とはかなり異なる勢力分布図が描かれていたという事実である。

歌舞伎界の中でも、東京だけで、中村吉右衛門劇団、尾上菊五郎劇団の二大勢力が、どちらかが歌舞伎座に出ていればどちらかが新橋演舞場なり明治座に出演する、という具合に興行を行っていたし、この二大劇団に比べれば劣勢は否めないとしても、市川猿之助劇団も、まだ一勢力としての存在を失っていなかった。（この猿之助とは二代目、すなわち初代猿翁である。現二代目猿翁である三代目猿之助は、この時点ではまだ若手以前の少年だった。）更に関西では関西歌舞伎が勢力は縮めながらもなお、東京と同じように毎月の興行を行っていたのだった。歌舞伎の俳優たちは、皆それぞれ、何らかの形でいずれかの劇団に所属するか、行動を共にしていた。

一方東宝は、東横歌舞伎の開始から半年後の昭和三十年七月、永らくＧＨＱに接収されアーニー・パイル劇場と名を変えて進駐軍兵士の娯楽施設となっていた東京宝塚劇場がようやく返還されたのを機に、東宝歌舞伎の興行を開始する。歌舞伎出身の映画界の大スター長谷川一夫と、前々年来、一大ブームを巻き起こしていた中村扇雀を中心にしたこの興行は、当初から大評判となり、さらに五年後、東宝は八代目松本幸四郎一門の引抜きに成功、歌舞伎の牙城松竹に果敢な挑戦を仕掛けることになる。東宝はまた日比谷に芸術座を建設、現代劇の新作を次々と上演して演劇界に大きく版図を広げた。以来長く、演劇界は松竹・東宝二大勢力の角逐の様相を呈することになるが、その始まりも、東横ホールの開場と相前後してのことだった。

それからまた、新劇も、この時代、ひとつの隆盛期を迎えていた。戦時中、文学座を除き解散を余儀なくされた新劇人たちは、長い冬の時代を通り抜けると戦後いち早く行動を開始し、やがて文学座・俳優座・民芸という三大劇団が主流となり、その中で育った戦後派の新世代が、ちょうどこの頃から登場し始めていた。彼らは、歌舞伎座などの大劇場とは無縁だったが、三越劇場や東横ホールを歌舞伎との入会地のように使用して、有力な活動拠点としたのだった。平素、公共のホールや公会堂で公演を行うしかなかった新劇団にとって、三越劇場や東横ホールは、有力な晴れの舞台だったのである。（その三越劇場からは、しかし、歌舞伎の場合と同じ理由から撤退を余儀なくされていた。俳優座が六本木に俳優座劇場を自分たち自身の力で建設し、築地小劇場以来の新劇専門の劇場を持ったのも、やはりこの時期である。）この本では東横ホールでの新劇の公演に深く触れることはしないが、東横ホールという場に、歌舞伎の公演の間を縫うように、さまざまな新劇団の公演が随時行われていたことは、視野の内に入れておくべきだろう。

さて、その東横ホールが誕生したのは、先にも言った昭和二十九年の十一月のことだった。渋谷という、それまで

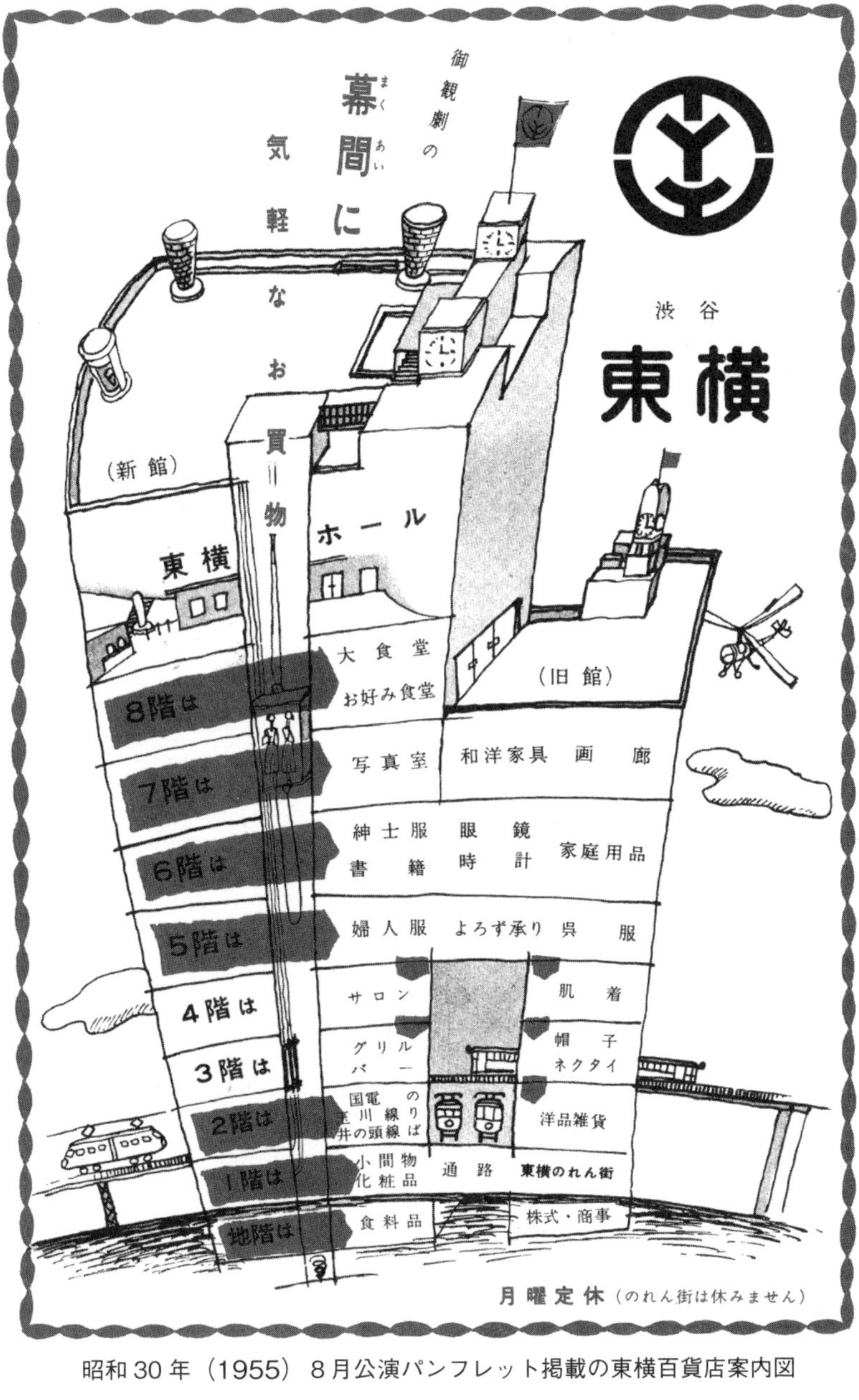

昭和 30 年（1955） 8 月公演パンフレット掲載の東横百貨店案内図

歌舞伎と縁のなかった土地、目黒・世田谷・大田区から横浜へと連なるベッドタウンを背後にした私鉄のターミナル駅と接続した、百貨店の九階という場である。

この時点で戦前からの唯一の地下鉄道であった現在の営団地下鉄銀座線は、今日とほぼ等しく、銀座と渋谷を約二十分で結んでいた。東横ホールは、こうした観客層を背後に背負って開場したのである。開場当初の筋書の最終ページには、渋谷駅から発着する各路線の終電時刻の一覧が記載されていた。百貨店の三階からは、地下鉄が発着していた。その名の通り渋谷駅は、地形上谷底に位置し、銀座方面から地下を走ってきた地下鉄道は、終点渋谷駅を目前にして地上に出ると、高架線を走って百貨店のビルの三階にあるプラットホームに停車する。その九階にある劇場は、電車が発着するたびに、ぶるぶると振動し、ガタゴトと電車の走る音が鈍く聞えた。

（3）

昭和三十年四月、東横歌舞伎の第五回公演の筋書に、歯切れのいい文章で当時最も売れっ子だった評論家安藤鶴夫が『渋谷・東横・地理オンチ』というエッセイを載せている。「われ乍らあきれ返るほどの、驚くべき地理オンチ、方角オンチであるぼくにとって、渋谷駅はまことに恐るべき存在である」と書き出す安藤にとって、何が恐るべきかというと「あの驚くべき迷路的なる階段である」という。

「矢印をみ給え。国鉄、東急玉川線、東急東横線、京王帝都電鉄井ノ頭線、地下鉄と、至るところ矢印だらけだ。方角オンチのぼくなんかは、地下鉄を降りて、たとえば下北沢へいくということにでもなったら、まず五、六人の人達に、わたしのいくところはどこでしょうかと訊ねなくてはならない。恐るべき渋谷駅である。それが今度、東横ホールの開場以来、渋谷に僕の道が通じたのである。」

下町生まれで、東京の下町人としての強烈な意識を自己のアイデンティティにしていた安藤のこの文章は、敢えてみずから下町ナショナリズムを吹聴するようなポーズを取りつつ、渋谷という東京の中の「異境」に誕生した東横ホールという新たな文化の拠点の意義を、逆説的に強調しようという風にも読み取れる。

「なによりも好きなのはあのホールのロビーから見おろす町々の景色である。特に陽の落ちかゝる夕方から、あかりのつきはじめる町々のけしきは、歯の根のうづくような都会の美しさとかなしさに充ちたけしきである。幕間には必ずあの食堂の脇の柱を中心にした丸いソファに腰をかけて、いつも大事に、あの景色をみることを楽しみにしている。」

百貨店九階にあるこの劇場のホールから眺めおろす、暮れなずむ街の灯こそ、下町人安藤の詩心に触れてくる、山の手の東京をシンボリックに表徴する景色だった。

「この終着駅・渋谷は恰度沢山の路線がここに集っているように、凡ゆる東京の人士の集る場所でもある。だから東横ホールは歌舞伎もいゝ、新劇もいゝ、オペラもいゝ、バレーもいゝ、そのほかありと凡ゆる舞台芸術の舞台にしたいものだと考える。」

この結びの一句に、東横ホールという劇場が目指しているものが暗示されているわけだが、ところで引用の冒頭の部分に出てくる鉄道の路線名は、それから六十年余が経ったいまとなっては、注釈が必要かもしれない。国鉄はＪＲ、東急玉川線は現在の営団地下鉄半蔵門線およびそれと接続する私鉄田園都市線であり、東横線はいいとして、京王帝都電鉄井ノ頭線は京王電鉄井の頭線であり、地下鉄はこの時点では現在の銀座線のみである。そうして何より、これらの鉄道それぞれの「渋谷駅」が、二〇一三年三月限りで、新たに大きく様変わりしたことは言うまでもない。乗り換えをするのに、迷路のような通路や階段をうろうろする脅威が解消したか否かは、また別の話として。

（4）

「東横百貨店に新しく「東横ホール」が誕生しました。間口四六尺、奥行五〇尺、高さ二〇尺、廻り舞台と花道をそなえて一〇〇二名の定員。貸しホールで運営する筈、電（四六）〇一一一・一一八一番。」

という記事が雑誌『演劇界』昭和二十九年九月号に載った。巻末に小さな活字で組んだ「芝居雑報」という、近々一ヵ月間の演劇界の種々の小ニュースを数行の雑報として並べる欄で、たとえば同じ号の同じ欄に「花柳武始と市川雷蔵は、大映『花の白虎隊』に仲よく出演していたが、雷蔵はひきつづき同社作品、天然色映画『千姫』に出演する」という記事が見える。

「新館増築記念松竹東横提携第一回公演」という肩書、「市川猿之助劇団・尾上菊五郎劇団」という角書きをつけた「若手歌舞伎初興行」が初日を開けたのは、昭和二十九年十二月七日のことだった。その第一回公演のパンフレットの巻頭に、当時の松竹会長大谷竹次郎が「歌舞伎の第一回公演に際して」と題した八百字ほどの文章を寄せている。仮名遣い等もそのままに全文を写してみる。

この近代的美観をそなえた堂々たる東横新館が目出度く落成し、しかもその一部に模範的な設計によるこの東横ホールを設けられ、山の手方面の文化センターとされるなど、東京市民の生活に大きな貢献をされる五島慶太会長の御意図に、私は深く敬意を表し御慶びを申上げるものである。

このたび東横松竹提携第一回の公演として歌舞伎をこの新舞台に上演することは、私の非常な喜びとするところであるが同時にまことに意義の深いものがあると思う。さきに度々歌舞伎を帝劇に上演して、山の手の知識層の皆様に大きな御支援を得たのであるが、帝劇が映画に変ること丶なってこれを失った際、新しくこの舞台を通じて、知識層の観客皆様と歌舞伎がつながりを持つことは、芸術の伝統を生かして行く上に於て、これほど喜ばしいことはないと考えるのである。

今回出演の俳優は皆中堅であると共に新進気鋭の若手揃いで、この新舞台にふさわしい清新味のある歌舞伎、言わば時代と共に移って行く歌舞伎の新しい美しさとその芸術を、皆様によく味って頂くことが出来ると期待している。伝統の歌舞伎は、古典がそのまゝ伝えられるものではなく、時代と共に古いものから新しいものえ、常に変わりつゝあるもので、その歩みと姿を皆様に見て頂き、知識階級の皆様の御批判と御指導を仰ぐことが、まづ何よりも望ましいことで、若手俳優がこの新舞台に出演する意義もそこにあると申し度い。

東横ホールという新しい容れ物に、若手揃いという新しい俳優の出演は、そこに何かを生み出さずにはいないものと、私は考えられる。第一回ばかりでなく、今後回を重ねるの内には、この東横ホールから歌舞伎にしろ、俳優にしろ新しく生まれた立派なものが必ず育てられるものと私は信ずるのである。それには山の手の観客皆様が、日本の歌舞伎を愛され、これを育て、下さるよう、皆様の御支援と御指導を心からお願いいたして置きたい。

肉声が聞えてきそうな大谷独特の物言いの癖は癖として、委曲を尽くした文章と言っていいだろう。東横と松竹の提携によって東横ホールで歌舞伎公演を始めること、それはいかなる意義と目的を以って、どれだけの期待をかけて行なうのかということが率直に述べられている。伝統の歌舞伎は、古典がそのまま伝えられるものではなく時代とともに常に変わりつつあるもので、その歩みと新しい歌舞伎の姿を山の手の観客に見てもらいたい、というところに、在来の「下町」の芝居好きだけを頼ってはいられないという経営者としての認識が背景にあることが読み取れるが、「山の手の知識層」「知識階級」という言葉がくり返されるのに微笑を誘われる。東宝との提携で始めた帝劇での歌舞伎公演が、帝劇が映画専門に方針を変えたために頓挫したことが直接の動機であったこともこの文章から判るが、帝劇が、かつての大正プチブル文化のシンボルであったことを思い出せば、それに代わる東横という、大谷の脳裏に描かれていた構図が見えてくるようだ。

昭和 29 年（1954）12 月、第一回公演パンフレットの表紙

第1章　最初の一年

昭和二十九年（一九五四）　十二月　松竹東横提携第一回公演

松竹東横提携第一回の公演は、既に言ったように昭和二十九年十二月に新装の東横ホールで行われた。まずはその記念すべき第一回の様子を見てみることにする。

筋書を見ると、「若手歌舞伎初興行」というタイトルに「松竹東横提携第一回公演」と「新館増築記念」という添え書がつき、更に「市川猿之助劇団」「尾上菊五郎劇団」と角書きにある。十二月七日初日、二十二日千穐楽で、料金はA席三五〇円、B席二〇〇円、最後に「渋谷 東横新館九階 東横ホール」とあり、次のような演目が並んでいる。

第一部（午前十一時半開演）

一、神霊矢口渡　頓兵衛内の場　一幕
二、男女道成寺　長唄囃子連中
三、新版歌祭文　野崎村の場　一幕
四、岡本綺堂作　小栗栖の長兵衛　一場

第二部（午後四時半開演）

一、本朝廿四孝　十種香の場　一幕
二、岡本柿紅作　棒しばり　長唄囃子連中
三、心中萬年草　二幕三場
四、河竹黙阿弥作　辨天娘女男白浪　二幕　浜松屋店先より稲瀬川勢揃いまでこのうち「心中萬年草」には「上方歌舞伎研究会推薦・近松門左衛門原作、高野正巳・戸部銀作共同演出」という文字が添えてある。点線で仕切った下段には出演者の連名が掲げてあって、まず「市川猿之助劇団」として、書出しの澤村田之助以下、坂東秀調、市川松蔦、市川左文字、澤村宗弥、市川春猿と並び、中軸の市川八百蔵の後、市川猿弥、片岡愛之助、澤村鐵之助、岩井半四郎、澤村源之助、片岡芦燕、次に「尾上菊五郎劇団」として大川橋蔵、市川福之助、坂東家太郎、片岡我勇、尾上菊十郎、市川升之丞、市川女之助、尾上菊蔵、坂東光伸という順で名前が並んでいる。更にグラビアにはこれらの人々の顔写真が均等のサイズで載っているのが、ある種のデモクラチックな何がしかをかすかながら感じさせる。

時を距てた目でこの出演者連名を眺めると、さまざまな感慨や疑問が湧いてくる。実際の舞台姿を見た記憶のある役者、ない俳優、さまざまだが、私の記憶には老優であるべき人が、驚くべき若い顔で写っているのもある。市川左文次は、かつての二代目左團次門の人らしくダンディな洋服姿だし（過去に演じた現代劇の扮装写真と思われる）、澤瀉屋一門の名としていまもある市川猿弥は、リボンをつけた少女である。国立劇場調査記録課編の『歌舞伎俳優名跡便覧』によると、この猿弥は初代で、二代目猿之助の門弟、昭和二十八年十月新橋演舞場で初舞台、昭和三十五年頃まで名前が見える、とある。昭和十六年生まれとあるからこの頃は十三歳ぐらいだろう。

第一回公演は、初日が十二月も既に七日と遅かったため、普通、十二月の公演の批評の載る翌年一月号の『演劇界』には、劇評欄の一隅に囲いを付けたコラムに「東横ホール・若手歌舞伎を観る」という小さな記事が載っただけ、二月号のグラビアにようやく舞台写真が出たのは、第一回公演がかなり草卒の裡に開幕となったために、対応する暇がなかったものと思われる。そのコラムには、

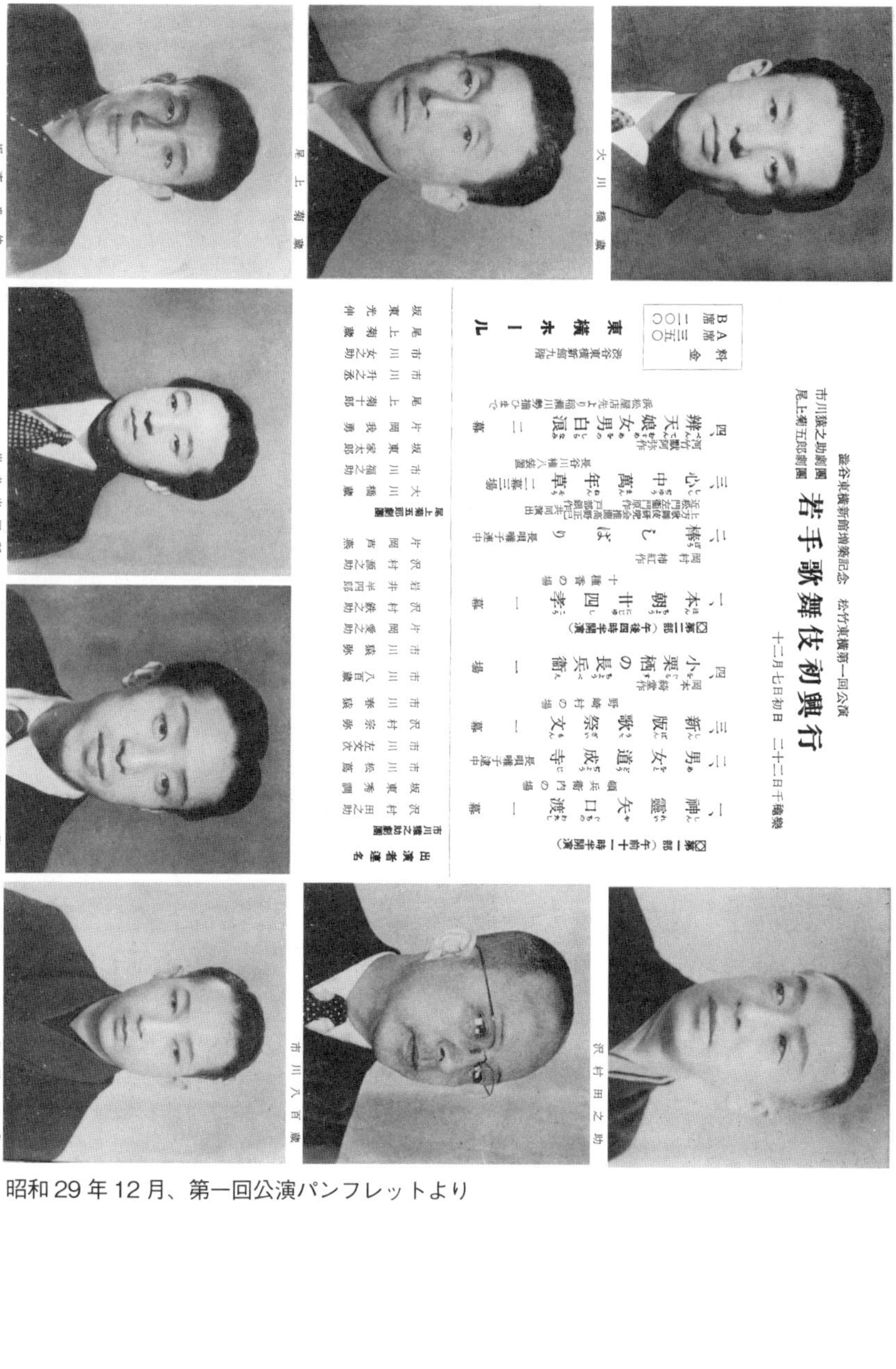

昭和29年12月、第一回公演パンフレットより

□渋谷の東横ホールへ急に若手歌舞伎が出演することになった。田之助、秀調、松蔦、八百蔵、半四郎、源之助、芦燕らの猿之助劇団が中枢になって、菊五郎劇団から橋蔵、菊蔵、光伸らが加わったメンバー。若手というには少しどうかと思われる年配の役者も入っているが。
□この稿を書いている今、新年号の編集に追われて全部をみていないので（七日初日だったので）ざっと初日に見ただけを言うと、八百蔵の『小栗栖の長兵衛』はすっかり猿之助写しで、もっとも、それより手はないだろうが、その限りでは相当に賑やかにやっている。何よりも元気なのが舞台をいき〳〵させている。
□『心中萬年草』は上方歌舞伎研究会が肝入りで出ている。難しい仕事ではあるが脚本家を参加させていない弱味が出ている。つまり整理がついていないのだ。しかし、こういう仕事は今後も続けて貫いたい。半四郎の『弁天小僧』は顔の丸ッちいので損をしているが、まァよくやっているがまだ勉強の不足は見える。

とあり、〔弁天小僧の舞台面〕とキャプションのついた小さな写真が申し訳のように添えてある。無署名だが、当時編集を事実上ひとりで背負っていた利倉幸一の筆であることは文体から容易にわかる。舞台評をも兼ねながら、短文の中に、この公演が短時日のうちに本決まりとなって始まったことや、若手公演といいながら実は必ずしも若手だけの座組みではないこと、その一方で『心中萬年草』のような研究臭の強い演目が入っていたりする模様など、押さえておくべき勘どころは抜かりなく押さえている辺り、練達の演劇ジャーナリストの目が光っている。

若手歌舞伎と謳いながら実際にはむしろ古強者と呼んだ方がふさわしい顔ぶれが混じっていることについては、当の第一回公演の筋書に、ベテラン演芸記者として鳴らしていた秋山安三郎が「若手歌舞伎」と題した一文を載せている。

「若手」といっても、本当に若いのは半四郎、松蔦、橋蔵、光伸、菊蔵だけで、一座の芯になる田之助、芦燕、八百蔵、源之助、秀調、鐵之助は、いずれも老巧者で、舞台経歴何十年、芝居裏では酸いも甘いも知り知っている芸達者です。それでいながら兎角歌舞伎座ではいゝ「役」の滅多に付かない不遇の人達です。その、実は芸達者でいながら、思い切り自分の芸を発揮する機会のない役者達が、花形の若手と一緒になって、今度この新舞台で（そのうちの何人かは歌舞伎座、明治座とカケモチしながら）思い切りその演りたい芸を発揮するだろうと思えるところが、この「若手歌舞伎」一座に期待するところです。つまり本当の「若手」にはしば〳〵こういう機会が恵まれるのですが、今度芯になる老巧役者には、今こゝで得ているような「時」が滅多にめぐって来ないのです。その意味で、われ〳〵見物にとってもこの「新舞台」の成績に、固唾をのむような思いです。

劇場で売っているパンフレットに載った文章とも思われない遠慮のなさだが、ここに名を挙げられている「老巧役者」の遇され方が、不遇の役者に場を与えるという意味合いが強いことを、秋山は露骨なまでに明言している。その上で彼らにエールを送っているところに、野党精神旺盛な硬骨の士であった秋山安三郎の面目が躍如としているが、若手の道場という側面のみが語られがちな東横歌舞伎が、半面に、こうしたやや行き場を失っていた中高年俳優に場を与えるという性格を、最初から持っていたことが判る。

利倉の短評は八百蔵の『小栗栖の長兵衛』にのみ触れているが、昼夜八本の演目のうち、『神霊矢口渡』は主役のお舟が芦燕、渡し守頓兵衛が八百蔵、義峰とうてなが田之助と源之助で、若手は半四郎が六蔵をつとめるだけ、『本朝廿四孝』は田之助の勝頼に源之助の八重垣姫、秀調の濡衣に、若手の半四郎と橋蔵が白須賀六郎と原小文治をつとめるという配役だった。これで「若手歌舞伎初興行」なのだろうか？

ここで少し、こうした秋山の言う「若手一座」の老巧役者の幾人かについて紹介しておくのも、無駄なことではないだろう。

『小栗栖の長兵衛』で主役の長兵衛、『矢口渡』では敵役頓兵衛をつとめる**八百蔵**は明治三十九年生まれのこのとき四十八歳、門閥外の出だが実力を認められて、前年六月、八代目市川中車の襲名の折にその前名の八百蔵の九代目を襲名したという経歴を持つ。昭和三十一年発行の俳優名鑑『現代の歌舞伎俳優』に、「重宝な役者とよく言われる。然し八百蔵を襲名出来たのも、彼の実力による。若手歌舞伎の長老的存在」とある。重宝な役者といわれたのは、どんな役でもこなせる腕をもっていたからだが、この人の場合は、大きな名前を襲名してすぐ、というタイミングで開場した東横ホールという場で、大きな役をするチャンスを与えられたものと見ることが出来る。

芦燕というのは、平成五年に没後十四代目仁左衛門を追贈された片岡我童のことでこのとき四十三歳、翌三十年七月に十三代目我童を襲名するのだが、東横でつとめた『矢口渡』のお舟を、今度は襲名の披露演目として歌舞伎座で演じている。終生、わが道をゆくという歩みをした人だが、その特異な女形ぶりが少数だが心ある見巧者に珍重されるようになる、その契機を作ったのがこの第一回の東横ホール公演であった。（なお我童は国立劇場調査記録課編の『歌舞伎俳優名跡便覧』では五代目としているが、襲名の折十三代目と号し終生十三代目で通している。）

源之助はこの時四十七歳。戦前、歌舞伎座の奥役をつとめ新作の作者としても知られた木村錦花の子で（十八代目勘三郎が野田秀樹と組んで評判を得た『研辰の討たれ』も、元来は木村錦花の作である）、田圃の太夫と呼ばれた悪婆物で名高い四代目澤村源之助の女婿となった縁で、夙に戦前に五代目を襲名している。この人も重宝な役者の部類であったろう。それにしても、この人がこの第一回公演で『廿四孝』の八重垣姫をしているとは、なまじその後の源之助を知る者には、かなりの驚きを禁じ得ない。

秀調はこの時五十三歳。門閥外から三代目坂東秀調の養子となった縁で、戦中昭和十五年に四代目を襲名している。花はないが、この人も重宝な役者の部類に優に数えられる。日本大学芸術学部の講師を長く勤めたという経歴をもつ。

こうした中で最も華やかな経歴を持つのは**澤村田之助**だろう。現在の六代目田之助の実父だが、七代目宗十郎の二男という名門の生まれで、大正九年、十八歳で五代目を襲名するという順風満帆の青年時代を過したが、それも戦前の一時期までで、以後は不遇不振に陥っていた。明治三十五年生まれのこのとき五十二歳という年齢は、すでに世代交代が完了していた第一線の人たちより一世代上であり、忌憚なく言うなら、追い抜かれ、すでに薹の立った人と見られていた。猿之助劇団のような、さほど縁の深かったとも思われないところに居場所を求めていたのも、不安定な立場を物語っている。しかしこの第一回公演で『廿四孝』の勝頼をつとめるのは、復活のチャンスを与えられたとも見えるし、当代の第一線の役者達にはない、ひと時代昔の古風な趣きを求めようとする見巧者連の期待に応える一面もあった筈である。源之助の八重垣姫、秀調の濡衣とともに、この『廿四孝』がもし成功していたなら、第一線世代に対する旧世代俳優の実力を知らしめる絶好の見ものともなり得たであろう。

一方花形たちの道場という看板にふさわしい幕といえば、『男女道成寺』では松蔦の白拍子花子に、半四郎が狂言師左近の上にもう一役、押戻しの大館左馬五郎までつとめている。**市川松蔦**はのちの七代目門之助でこの時二十六歳、**岩井半四郎**は平成二十三年に亡くなった十代目でこのとき二十七歳。ともに猿之助劇団にあってのホープと目されていた。演目としては、古典の有名狂言が並ぶ中、目を引くのは近松物の『心中萬年草』だったが、これも半四郎の出し物だった。東大教授守随憲治の提唱で高野正巳、大久保忠国などアカデミズムから参画した上方歌舞伎研究会が、台本作成から演出にも協力するという鳴物入りの企画だったが、これには、つい前年同じ近松の『曽根崎心中』が宇野信夫脚本で上演され、お初を演じた二十二歳の中村扇雀が大好評を博したことが引き金になっていた。たちまち「扇雀ブーム」を巻き起こし一夜にしてスターとなったという意味で、現・坂田藤十郎の出発点はここにあったといってもいいのだが、『心中萬年草』は『曽根崎心中』ほどの評判を呼ぶには至らず、後に東横ホールで一度再演されたにとどまっている。

花形中心の演目はこの他にも、橋蔵のお光、松蔦のお染、菊蔵の久松という『野崎村』、光伸の次郎冠者、橋蔵の太郎冠者、菊蔵の曽根松兵衛という『棒しばり』、更に半四郎の弁天小僧、八百蔵の南郷力丸、田之助の日本駄右衛門、光伸の忠信利平、松蔦の赤星十三郎と新旧入り混じっての『白浪五人男』と盛りだくさんで、半四郎・松蔦の猿之助劇団の花形と、橋蔵・光伸、菊蔵らの菊五郎劇団の若手を共演させるのが目新しい中にも、半四郎の扱いが突出しているのが明らかに知れる。

こうしてみると、菊五郎劇団の側は三人の若手のみを出演させ、猿之助劇団の方は半四郎と松蔦以外、ベテランの方がむしろ主力といった陣容で、足並みが揃っていない印象を受ける。じつはこれは、梅幸・松緑以下、六代目菊五郎の薫陶を受けた者たちが結束して出来た菊五郎劇団と、二代目猿之助を盟主としているものの、行きどころを失った老巧者たちを抱え込んでいる猿之助劇団の体質の現われとも言えた。戦後十年が経とうとしていたこの頃、菊・吉と言われた両巨人の衣鉢を継ぐ二大劇団体制が確立され、その間にあって猿之助劇団は進路を次第に狭められ、自前の公演は観客動員の上からも行い難い状態になっていた。

現にこの月、菊五郎劇団の公演が明治座で行われており、橋蔵、光伸、菊蔵の若手三人は、当然のように明治座の公演と掛持ちして、たとえば橋蔵は、東横の舞台をすませた後、明治座に駈け付けて夜の部の『浜松屋』では宗之助、通称「お土砂」と呼ばれる『松竹梅雪曙』では鳶の者梅吉をつとめていた。

『演劇界』ではようやく二月号のグラビアに見開き二頁を割いて「東横ホールの若手歌舞伎」と題して紹介した。「初開場の渋谷の東横ホールに若手歌舞伎が進出しました。初日が十二月七日だったので、前号の編集〆切日を繰り上げた本誌では残念ながらこの号に紹介することになりましたが、一月は新派の若手を中心とした芝居、二月は再び若手歌舞伎で『忠臣蔵』の通し上演というのですから、東横ホールの今後は大いに楽しみ多いというものです。山の手の劇場として何とか育てて行きたいものです。三百五十円という入場料も手頃です」云々とあるが、第一回公演が急仕立てで発足したことがよくわかる。

ともあれ第一回の歌舞伎公演はこうして始まった。今度は実質最初の一年ともいえる昭和三〇年の一年を年代記風に追ってみることにする。松竹の企画になる公演は「松竹東横提携」という形で行われ、それ以外は貸しホールとしての公演で、劇場はほぼフル回転なわけだが、年が明けて一月、新派が松竹東横提携第二回として出演する。

昭和三十年（一九五五）一月　貸し小屋としての東横ホール

最初の年の明けた一月には、四日から十二日まで文学座の公演『シラノ・ド・ベルジュラック』がかかった。エドモン・ロスタン作、辰野隆・鈴木信太郎訳、長岡輝子・戌井市郎演出、三津田健のシラノ、杉村春子のロクサアヌに、初役の芥川比呂志のド・ギッシュに仲谷昇のクリスチャンという、文学座にとっては以後極め付けともいうべき人気演目になる出し物で、入場料の三五〇円は第一回の歌舞伎公演と同額だった。ともあれこれで、新劇にとって東横ホールという有力な場が開けたことになる。「補助席も出尽くして満員」と『演劇界』の「芸能日録」にある。

文学座が打ち上げるとすぐ翌日の十三日から「新派初春興行」が二十五日までかかった。これが松竹東横提携の第二回公演ということになる。花柳喜章、市川紅梅で川口松太郎作『お桂ちゃん』、伊志井寛、京塚昌子で林房雄作『再婚旅行』、喜章の間貫一、桜緋紗子の宮、伊志井の荒尾譲介で『金色夜叉』（川村花菱脚色）、英太郎、紅梅で『仮名屋小梅』（青々園原作、青果脚色）等々というプログラムで、当時新派を担っていた花柳章太郎、初代水谷八重子の頂上部分以外、ベテランの脇役者たちと若手が主体という、新派としても東横ホール公演は、第二陣たちに機会を与える道場という位置づけに変りなかった。料金はやはりA席が三五〇円、B席二〇〇円で一貫していた。これは劇場側の方針であったわけだが、因みに当時盛りそばが二十円から二十五円に値上がりしたのを、これはその頃中学生だった私がさる体るであろう。

験から明確に覚えているが、その比率からA席三五〇円という観劇料金が今日なら如何ほどになるか、凡そ割り出せ

二月　提携第三回公演「若手歌舞伎特別興行」

昭和三十年二月は松竹東横提携第三回として通し狂言『仮名手本忠臣蔵』で、「竹田出雲二百年記念上演」という肩書をつけ、守随憲治・高野正巳監修、三津五郎・時蔵・猿之助指導という少々物々しい構えだった。つい二ヵ月前の十二月に、歌舞伎座で吉右衛門劇団が『忠臣蔵』を昼夜通しで出したばかりだったが、それの花形版にして廉価版というのが、掛け値のないスタンスであったろう。東横で大星をつとめる勘弥は歌舞伎座では若狭助を、判官の芝雀は二段目の小浪をつとめていた。猿之助と三代目時蔵の二人の元老は初日に四段目の開幕前に幕外で挨拶をした。

筋書に大谷竹次郎が「三方一両損」という文章を載せていて、五島慶太会長がこの近代的で立派な東横ホールをお造りになったのはまったく文化に貢献するという意図のみで採算を度外視しておられる、このホールが連日満員であっても採算上では映画館に及ぶものではなく、これはまさしく東横さんの一両損であり、これと提携でやる松竹も赤字覚悟だから同じく一両損、出演する俳優も映画に出て大きな金を取れば楽であり世間からもてはやされて名を成すことが早いのだから、これも一両損である。しかしたとえ三方損であろうとも舞台と観客席とが溶け合うような愛情と熱意があふれる空気が生まれるならば、実に演劇の将来はここに育つのであり、次代の芸術家はここから生まれると申しても過言ではないのでありますと書いている。

この三方一両損論は理屈に合わないという批判も当然出たが、出演する俳優も映画に出れば大きな金がとれるのに、と大谷が言っているのは、前年歌舞伎界から中村錦之助と市川雷蔵が映画に出演、早くも爆発的な人気を獲得していたことを反映していた。

出演者は、当時フリーの立場を取っていたので肩書なしで守田勘弥が連名の首位、大星由良之助と八段目の「道行旅路の嫁入」で戸無瀬をつとめるのが中心で、「市川猿之助一座」として今度も八百蔵、松蔦、半四郎、源之助等が連名に並ぶんでいる。「菊五郎劇団」からの出演がないのは、配役の問題から劇団としての出演を辞退するという裏事情があったからで、その代わりに「中村吉右衛門劇団」として中村芝雀以下数名が連なるが、スターといえるのは芝雀ひとりといっていい。のちの四代目時蔵である。

十四代目守田勘弥は、この時を初登場として、実にこの東横ホールで実績を重ねることによってやがて復権を遂げて行くことになるのだが、戦後永らく不遇不振の状態にあった。前回の五代目田之助といい今回の勘弥といい、戦前に花形として華々しく脚光を浴びた経歴を持ちながら、その後の低迷の中で、第一線からはずれて傍流に棹さすのを余儀なくされていた。

連名に勘弥の次に並んでいる助高屋高助は、田之助の実兄だが、七代目宗十郎の子供三人の中でもとりわけ特異な存在で、短躯肥満という身体的な条件もあって夙にスターとしての道からはずれていた人だったが、ここで与えられた役は八段目の「道行」の奴というものだった。その次の高砂屋中村福助は、名女方三代目梅玉の後継者だったが、柄行からいって亡父の道は歩まず、戦後は吉右衛門劇団に所属して脇の相当な役を担当する地位にあった。私の記憶に残る福助といえば『寺子屋』の春藤玄蕃のような役で大ぶりで古風な味わいを見せた姿だが、遂に大きな存在となることのないままに終わった。ここでは定九郎と平右衛門という儲け役を与えられているが、これもまた、東横という場を得ての配役というべきだろう。なおこの当時、中村福助という名前は、のちに七代目中村芝翫となる成駒屋の福助と同名が二人併存していたので、成駒屋福助と高砂屋福助という風に呼び習わして区別していた。福助の名跡は、現在の梅玉が八代目成駒屋福助から平成四年に四代目梅玉を襲名することによって、成駒屋に一本化されている。

猿之助一座の中では、八百蔵が高師直と石堂右馬之丞という大きな役をつとめる大幹部級の扱いであり、源之助が七段目「祇園一力茶屋」のおかるをつとめているのも、前回の八重垣姫といい、立女形の扱いといえる。花形コンビは半四郎が若狭助と勘平、松蔦が顔世とおかると、二人とも一座の花形にふさわしい。三段目では「裏門」の場を出すという場割だった。

もうひとり、吉右衛門劇団から中村芝雀が加わって塩冶判官をつとめているのが目を惹く。現・五代目時蔵の父である後の四代目時蔵だが、前々年の昭和二十八年四月に中村芝雀の名を六代目として襲名していた。本来「京屋」の名前である芝雀を継いだのは異例だが、ちょうどこの芝雀時代にその美しい容姿で売り出したので、芝雀という名前は、かなり後まで、この人のイメージと共に記憶されることになる。

ところでこのときの舞台だが、『演劇界』三月号に利倉幸一が書いた劇評が「猛省を」という題になっていて、辛辣を極めている。勘弥の大星、源之助のおかる、福助の平右衛門の「七段目」を「この三人、案外見られる」と書いた以外は褒め言葉はひとつもない。もっとも利倉の真意は、芸評より、準備が充分でないままに初日を迎えた裏の事情が、初日の舞台を見ただけで透けて見える、というところにあった。「今後も若手歌舞伎を続けるなら、座組の確定もともとよりだが、ここから若手を育てて行こうという気持をほんとうにもつことだ」といった指摘が並んでいる。

三月　市川少女歌舞伎

翌三月は松竹東横提携第四回公演というれっきとした扱いで、当時評判を呼んでいた市川少女歌舞伎の公演だった。愛知県豊川市を本拠とする十代から二十代そこそこの女性ばかりの一座で、既に明治座など東京の大劇場にも進出、相当の評価と人気を獲得していた。地元に在住していた市川一門の升十郎が指導したとされる。有力者の支援などもあり、市川宗家の当主市川三升がみずから浜松に赴いてその舞台を見た上で宗家直門を許し、座員に市川の姓を名乗り市川少女歌舞伎と公称することを許すという存在に成長していた。

「ある時遠藤さんは、市川少女歌舞伎を「なかなかよござんすよ。立派なものです」といった。これは実は皮肉でも何でもないので、舞台をとにかく楷書で書いているのが気に入ったのであろう」と戸板康二が書いたのは、明治の團菊以来の歌舞伎を見ている大劇通遠藤為春の市川少女歌舞伎についての見解だった。十代の少女たちが、教わった型を本息で演じ、その可憐さ健気さと相俟って、遠藤為春や三代目時蔵のような人たちから認められたという事実は、歌舞伎の芸というものの本質の一端を物語るものであるだろう。市川美寿次、市川福升、市川梅香など、相当の技量を認められた者もあって、秋山安三郎など劇評家の間からも、わずか数年の修行でこれだけの成果を見せる少女たちを大歌舞伎の若手連中もうかうかせず見習うべきだ、といった声も上がっていた。特に丸本物の型をけれん味なく演じるのが好感を持たれ、翻って大歌舞伎の花形連中へ鋒先が向けられたのだった。『演劇界』の東西若手対談で、扇雀を相手に、松蔦がこうした声にむきになって憤慨している。この時の東横ホールの演目は、昼の部が『盛綱陣屋』『乗合船』『合邦』『操り三番叟』、夜の部が『石切梶原』『先代萩』『釣女』という本格的なもので、このまま成長してかつての女歌舞伎のようになることを期待する声もあった。

市川少女歌舞伎は、こののちも松竹東横提携の本公演として再三登場し、一時期、この劇場のひとつの顔となった。少女たちの成長につれ、やがて名称も「市川女優座」と改め大人の劇団として再編を計るが、適齢期に達した少女俳優たちは結婚、家庭に入る者も多くなり、活動を停止するに至ったが、幹部であった数名は現在の「名古屋むすめ歌舞伎」に指導的な働きをするなど、芸脈は今も途絶えていない。東横ホールへの出演は昭和三十七年六月まで、通算七回を数える。

四月　若手歌舞伎

昭和三十年四月の提携第五回公演は再び「若手歌舞伎」と銘打った歌舞伎だが、今度も花形らしい花形は半四郎・

松蔦だけで、筋書の連名は勘弥を筆頭に又五郎、芝鶴、高砂屋福助らのグループと、段四郎を書出しに芦燕を留めにした猿之助劇団の面々と、二つに仕切られている。吉右衛門劇団と菊五郎劇団による体制が確固として築かれつつあるとき、そこに組み込まれない顔が「若手歌舞伎」という名称のもとに東横という場を与えられているという図式が、一層顕著に見えてきた感がある。

段四郎は現・二代目猿翁と四代目段四郎兄弟の父だが、その段四郎の弁慶に勘弥の富樫の『勧進帳』、のちの我童である芦燕がお園で『酒屋』、勘弥の忠兵衛で『封印切』といったメニューは、いま思えばちょっと味な番組のようにも見えるのだが、当時の通念としては第二軍とみられていた。

筋書に、当時演劇ジャーナリストとして最も現場感覚の旺盛だった安藤鶴夫と大木豊が書いている短文の題が、安藤が先に紹介した「渋谷・東横・地理オンチ」、大木が「今日は駒沢、明日は東横」というのだった。「地理オンチ」は、下町人である安藤にとって、渋谷という土地がいかに不案内なところであるかをぼやきながら新たな期待を逆説的に述べるものであり、大木のは、当時東横沿線の駒沢球場がプロ野球の東映フライヤーズの本拠地として開かれたことと東横ホールを重ね合わせて、期待を述べたものだった。

第二軍の扱いとはいえ、たとえば芦燕のお園など歌舞伎座に出たってこれほどのものはあるまい、と、その捨てがたい面白さを指摘する一方、東横歌舞伎の方針が不安定であることを指摘して、要は、現在の第一軍を生み出したかつての「三越歌舞伎」の役割を使命とすべきだというところにあった。開場から五ヵ月が経ち、様子を見ていた識者の声が、ようやくひとつの方向を指し示し始めたといえる。

五月　文学座のハムレット

提携公演は翌五月、一旦中断し、文学座の『ハムレット』が幕を開ける。福田恆存訳並びに演出、ハムレットを芥川比呂志が演じるという、その後永く語り草となった『ハムレット』が、このとき、ほかならぬ東横ホールで上演されたのだった。福田演出はオールド・ヴィック座写しと言われ、画期的と評されたが、この当時、『ハムレット』を上演するということは、それだけで既に社会的な話題であった。『演劇界』でもグラビア二頁を割いて舞台写真を載せているが、それに添えた解説が「ハムレットは、明治三十六年、当時新帰朝の川上音二郎が云々」という書き出しで始まっている。まだこの当時、『ハムレット』の解説といえば音二郎なり文芸協会なりから解き起こすのが当り前だったのだ。芥川比呂志演じるハムレットは、そうした古色を拭い去ったという意味でも画期的だったのである。芥川のハムレットが本を読みながら歩いていると、本当にラテン語の本を読んでいるようだ、という評があった。

六月　躍進新派東横公演

提携第六回公演はひと月おいた六月、「躍進新派東横公演」と銘打って、前回と同じく伊志井寛、英太郎等、脇のベテランをかしら分とするメンバーでの公演だった。のちの市川翠扇もまだこの時点では市川紅梅の名で準一軍メンバーとして出演している。花柳章太郎の二男の武始とか、のちにテレビのホームドラマのお母さん役で名を成した京塚昌子といった戦後派世代を前面に立てた、「躍進」という名の第二軍だった。

『演劇界』七月号に載ったこの新派評の冒頭に、評者の野口達二が「場所もよく入場料も手頃なのだが、残念ながら旧派の芝居のときはおおむね入りが悪い。文学座のハムレットなど超満員だったのに」「どうも旧派の俳優さん達が格付けしている東横ホールと、観客の期待との誤差が開き過ぎている感じだ」と書いている。ここでいう「旧派」とは歌舞伎と新派両方のことと考えるべきだろうが、その旧派の側にある「第二軍」という事大的な姿勢を突いているのだった。

(1―1) 昭和30年7月「伊勢音頭」
お紺：②橋蔵　貢：④権三郎　お峰：③福之助

七月　渋谷の海老様の登場

翌七月の提携第七回は「尾上菊五郎劇団若手歌舞伎」と銘打ち、「監修」として市川左團次・尾上梅幸・尾上松緑・坂東彦三郎・市川海老蔵の五人の名前がこの順で連ねてある。左團次は三代目、梅幸と松緑は七代目と二代目、彦三郎は先代でこの年秋に十七代目羽左衛門を襲名することになる。海老蔵はいうまでもなく後の十一代目團十郎だが、つまりこの五人が、菊五郎劇団の重鎮だった。海老蔵は、劇団には属さず興行ごとに「参加」という立場で行を共にしていたのだったが、こういう場合には当然のように監修の一員として名を連ねたのだった。

これについては、劇団幹部たちの事大的な構え方への皮肉な批判もあったが、ともかくも、若手花形の道場というのちに東横歌舞伎の代名詞のように言われることになる形が、ここでようやく整った感がある。菊五郎劇団が劇団の方針として東横ホールの舞台を活用しようという意図を明確に打ち出したといえる。

筋書のグラビアには、巻頭に六代目菊五郎の、いまもよく見かける黒のスーツを着た紳士然とした肖像写真が掲げられ、次の見開きのページに、上段に中村福助、河原崎権三郎、大川橋蔵、坂東八十助、下段に片岡市蔵、澤村由次郎、片岡大輔、片岡秀公の八名の素顔の写真が並ぶ。福助は後の芝翫、権三郎は三代目権十郎、八十助は九代目三津五郎、大輔は六代目芦燕、由次郎は現在の六代目田之助、秀公は現・我當で、いずれもまだ記憶に新しい人たちだが、田之助と我當の二人だけが健在である。この八人が、この時点での菊五郎劇団の花形たちということになる。

演目は七月が『伊勢音頭』を「相の山」から「妙見町宿屋」「地蔵前から二見ヶ浦」、四幕目に「大々講」を出して大詰が「油屋・奥庭」という丁寧な通し上演で、権三郎が貢、橋蔵がお紺に、八十助が下部林平、由次郎が今田万次郎という配役。それに八十助の忠信、橋蔵の静、権三郎の義経で『千本桜・川連法眼館』、権三郎の悟助、市蔵の提婆仁三郎、助高屋小伝次の南無右衛門、八十助の浮世戸平で『野晒悟助』に福助が『鏡獅子』と『藤娘』を踊るというもので、かつて六代目菊五郎が演じた珍しい「大々講」を出したり、権三郎がこれも珍しい『野晒悟助』を親譲りで出したり、福助が菊五郎写しの名品二曲を踊るなど、意欲が明らかだった。

またこの公演途中の十九日の日曜日の早朝九時半から、この月の演目の中から『千本桜』の「川連館」が「東横子供かぶき教室」として上演された。歌舞伎座では以前から「歌舞伎子供教室」が東京都教育委員会と都民劇場の主催で、都内の小・中学生を対象に行われていたが、東横ホールでもという趣旨だった。これもまた、歌舞伎座の本興行の第二陣としての役割だった。

八月　菊五郎劇団続演

翌八月も、まったく同じ顔ぶれで「尾上菊五郎劇団若手歌舞伎」と看板もまったく同じ興行だった。筋書の巻頭グラビアの写真が、稽古場に全員が集まって打ち合わせをしている光景で、あらたまった肖像写真と違って、白シャツ姿ありポロシャツあり、あるいは助高屋小伝次の瀟洒な和服姿など、筋書のグラビアとしてはユニークな情景写真で、福助、権三郎、市蔵、大輔、子役の子供を膝に乗せた橋蔵など、思わず叫び出したくなるような若い顔で写っている。

演目は権三郎の実盛、市蔵の瀬尾、橋蔵の小まんで『源平布引滝』、八十助の団七、権三郎の徳兵衛、橋蔵のお辰で『夏祭浪花鑑』、福助の『京鹿子娘道成寺』、市蔵の丸橋忠弥に権三郎の松平伊豆守で『慶安太平記』の「堀端」、福助の

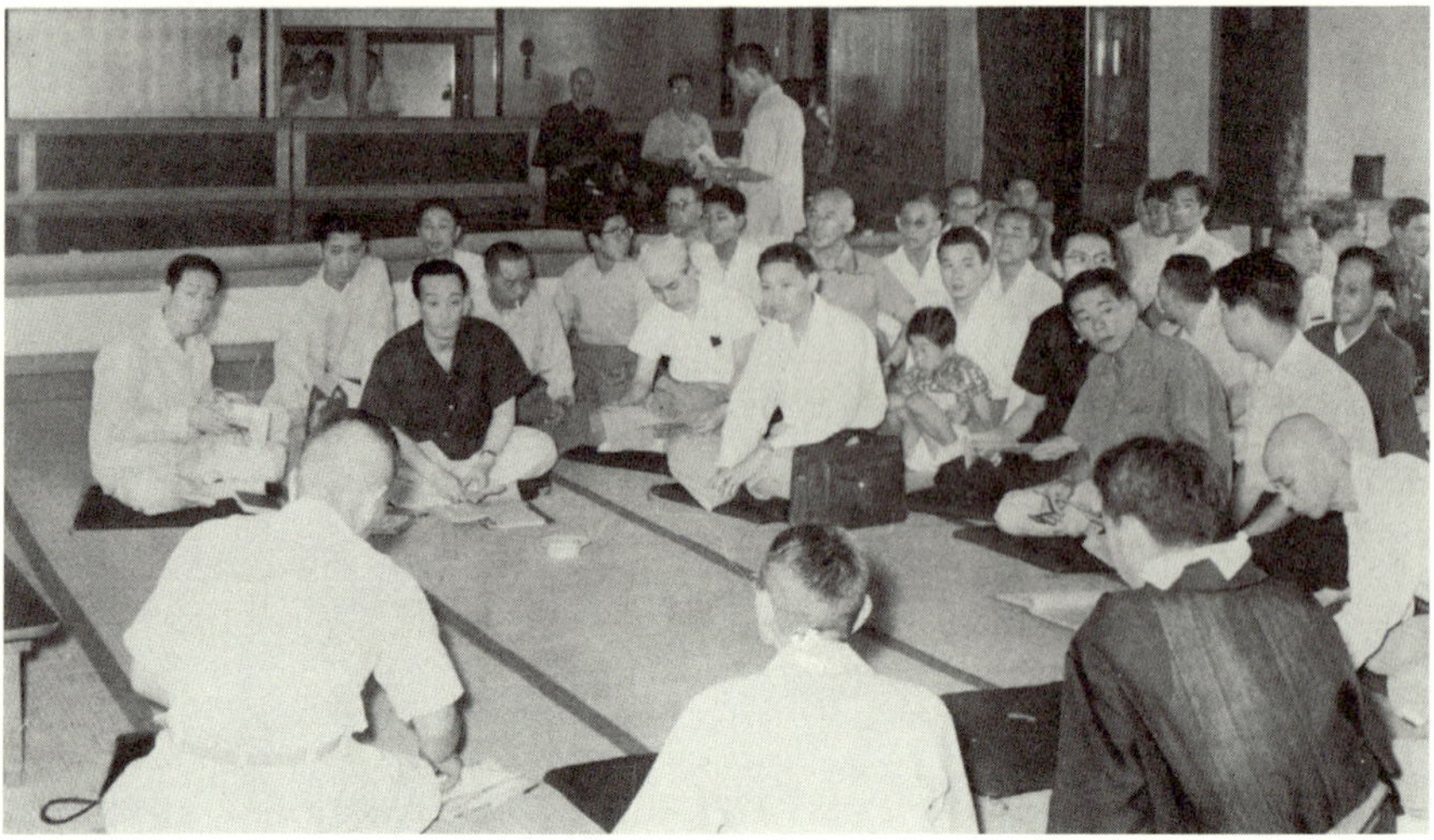

昭和30年8月公演パンフレット巻頭グラビアより「稽古場にて」

八重垣姫、権三郎の勝頼、市蔵の謙信で『本朝廿四孝』の「十種香」と「奥庭」、八十助の掏盗に市蔵の目代、橋蔵の田舎者で『太刀盗人』というメニューは、梅幸や松緑や海老蔵等が劇団の本興行で出すそっくりそのままのマイナー版だった。この二ヵ月の菊五郎劇団の公演が東横歌舞伎の「若手の道場」というイメージをくっきりと印象付けたと言っていい。福助の一門で祖父五代目歌右衛門以来の古参の弟子の梅花が、『夏祭』でお梶、『廿四孝』で濡衣という大役をつとめているのも目を惹く。『布引滝』には「竹本鏡太夫出演」と大きく添書きがしてある。鏡太夫は、文楽出身の竹本として定評のあった実力者で、この時期、菊五郎劇団の竹本を率い、松緑、梅幸等も芸の上で一目を置く人として知られていた。

中村梅花は、五代目歌右衛門の芸を身近にあってつぶさに知る生き字引として、現在の福助や橋之助の世代まで恩恵を受けることになる女形だが、その存在が広く知られるようになったのは、東横ホールを通じてであったと言っても過言ではない。『演劇界』のグラビアにも「古老」という趣きからはほど遠い驚くほど若い顔で写っている。その梅花に濡衣とかお梶といったスター役者がつとめる役をさせるところに、東横ホールのもう一つの存在意義があったことは間違いない。前に引いた「どうも旧派の俳優さん達が格付けしている東横ホールと、観客の期待との誤差が開き過ぎている感じだ」といった識者の批判と別の、「第二軍」ならでは実現しがたいこうした試みが実を結びはじめたといえる。

福助の『娘道成寺』は、先月の『鏡獅子』につづく初役で、やがてこの名手の生涯の名品となるべきものが、このとき東横ホールという場で実現したのだった。

東宝歌舞伎発足

ところで、昭和三十年という終戦からちょうど十年目のこの年の夏は、終戦直後の、闇市時代と呼ばれるような混乱期とはまた違う、しかしいかにも戦後ならでの匂いを芬々とさせた事態が歌舞伎の周辺でも起こっていた。

七月の演劇界最大の話題は、戦後永らくアーニーパイル劇場と名を変えて続いたＧＨＱの接収が解除となり、この年ようやく返還された東京宝塚劇場で開催された東宝歌舞伎だった。東宝が戦後の演劇界に大攻勢をかけた第一弾ともいうべきこの公演は、「歌舞伎」と銘を打ちながら在来の歌舞伎ではない新演劇を目指していた。映画界から長谷川一夫、二年前『曽根崎心中』の大ヒットで一躍スターダムに急上昇した中村扇雀に加え、この第一回公演には松竹から歌右衛門と勘三郎を加えた「夢の顔合わせ」が売り物だった。この時点で、松竹の大歌舞伎の舞台で歌右衛門や勘三郎と扇雀が対等の形で共演するなど考えられもしなかったろう。

勘三郎が当り役にし、十八代目にまで受け継がれた、谷崎潤一郎の小説を宇野信夫が脚色した『盲目物語』の初演がこの時であったように、歌舞伎側にも収穫がなかったわけではないが、東宝歌舞伎の性格と目指すところを最も端的に示していたのは、四人のスターの共演で、ポピュラー音楽界で著名だった服部良一作曲のオーケストラに、長唄、義太夫、清元などを組み合わせた『春夏秋冬』という舞踊レビューであり、話題も人気もそこに集中していた。ブロマイドの売行きが、長谷川が6、扇雀が3、歌勘合せて1の割合であったという噂も飛び交った。東宝歌舞伎はその後二十数年、長谷川と扇雀の手で毎夏の名物的興行として続くことになる。

九月　團子登場

提携第九回は「九月興行合同歌舞伎」と銘が打たれ、連名の首位は守田勘弥で、高砂屋福助などの名も見られるが、大方は、我童、段四郎、秀調、源之助、八百蔵、それに若手花形の半四郎、松蔦など、猿之助劇団の面々が並んでいる。それ故の「合同」であり、二月の『忠臣蔵』の通し以来のメンバーということになる。その中に一人、市川團子の名が目につく。のちの三代目猿之助、現・二代目猿翁だが、当時十五歳だった。

プログラムは、勘弥の治兵衛に襲名したばかりの我童の三勝とおさん二役で『時雨の炬燵』とか、勘弥の『魚屋宗五郎』とか、いまの目で振り返れば味な配役の味な芝居が並んでいるようにも見えるが、当時の劇評では低調という一語で片づけられている。一旦不遇不振の烙印を押された俳優への批評がとかく冷淡に片づけられがちなのはままあることだが、実際はどうだったのか、今となっては確かめようがない。

高砂屋福助の弁慶に源之助のおわさという配役の『弁慶上使』というのもまた、東横ホールならではだったろう。松蔦と半四郎という、菊五郎劇団の花形たちとは別の集団に属する花形二人は、『鳥辺山心中』を共演し『菊畑』で虎蔵と皆鶴姫を演じている。

『菊畑』で鬼一をつとめた市川荒次郎は、父の初代が初代左團次の弟だから、二代目左團次と従兄弟同士という名家の血筋なのだが、終生脇役者として通した。二代目左團次と行動を共にし、自由劇場にも出演、綺堂物の数々を初演したり、前進座の創立にも関わるという経歴を有している。左團次の没後は猿之助劇団にあったが、本領を発揮する場を失ったともいえ、この時東横で演じた『菊畑』の鬼一では、このような役で評価するべき人ではないと、劇評で気の毒がられている。大正歌舞伎の息吹きを伝える貴重な存在だったわけだが、二年後の六月、東横に出演中に亡くなっている。明治二十二年生まれの六十七歳という今日の目から見ればまだ若い没年は、昭和三十二年という時点と大正という時代の距離を考える上からも興味深い。

そうした中で、東横ホールに初登場の團子が父の段四郎を相手に『連獅子』を踊る。『連獅子』といえば澤瀉屋の極め付きのように見られ、猿之助の親獅子に段四郎の子獅子という、容貌・体形、瓜二つの実の親子で闊達に踊るのが名物になっていた。それを、今度は段四郎が親獅子に回り團子が子獅子を踊ったのだった。

同じ月、歌舞伎座では、前年九月に亡くなった初代吉右衛門の一周忌追善に、『二条城の清正』で父八代目幸四郎の清正に長男の染五郎が秀頼を、二男の萬之助が『山姥』で歌右衛門の山姥に怪童丸を勤めていた。現在の幸四郎と吉右衛門の少年時代である。花形たちより更に若い世代の新人たちが、こうして、子役時代を脱して新たなスタートを切り始めていた。これも、戦後十年という時点のひとつの断面だった。

十月　菊五郎劇団三たび

提携第十回の十月は三度目の「尾上菊五郎劇団若手歌舞伎」だったが、『演劇界』グラビアページのキャプションに、利倉幸一と思われる筆で「菊五郎劇団の若手に、芝鶴、源之助、秀調、田之助らの参加した顔ぶれです。猿之助一座の中共行が決定したために、予定が狂って、あわててたてた企画」とあるのを読むと、さまざまな裏事情が見えてくる。

猿之助一座の中共行きというのは、大阪の新歌舞伎座などを経営し興行界に大きな力を持っていた千土地興行の松尾国三が糸口となって、中国政府と契約が成立、この年の国慶節の祭典に参加することになったものだった。「中共」という表現がごく当り前に使われていること自体が時代を何よりも語っているが、日中の国交が回復していないこの当時、こうしたことはすべて民間の有志の手で行われていた。

(1−2) 昭和 30 年 10 月公演「鏡山旧錦絵」
剣沢弾正：⑤田之助　尾上：⑤源之助　岩藤：②芝鶴

歌舞伎にとっては戦前の昭和三年に二代目左團次一行が、ロシア革命十周年にソ連を訪問して以来の海外公演だったが、猿之助、弟の八代目中車、子の三代目段四郎に我童、松蔦、半四郎、荒次郎、八百蔵といった一座の中枢となるメンバーから、大道具小道具、囃子方など六十一名という大人数での公演だった。荒次郎と段四郎は、左團次一行のソ連公演にも参加していた。到着した一行を、三年前、北海道巡演中に警察の手を逃れて密かに渡航、亡命中だった前進座の中村翫右衛門がにこやかに出迎えたというニュースも、時代を語る何ものでもないだろう。

この訪中の話が決定し、九月末に羽田を立つまで正味二ヵ月とない俄かな事態だったことが、先の「予定が狂ってあわてて立てた企画」という表現になるわけだが、折から歌舞伎座は、菊五郎劇団の重鎮のひとりである坂東彦三郎が十七代目市村羽左衛門を襲名するという大きな興行だった。東横の昼の部の開幕劇の『波の鼓』と次の『鎌倉三代記』に大きな役で出ていた権三郎や橋蔵や八十助が、そのあと歌舞伎座に回って、たとえば権三郎が『先代萩』に渡辺民部、八十助は山中鹿之助、『三代記』では時姫だった橋蔵が夜の部の『土蜘』で巫女の榊を勤めた後、また東横に戻ってきて『三人吉三』の「大川端」で和尚とお坊とお嬢をこの三人でつとめるという慌ただしさと、つとめる役の大小の落差がすべてを語っている。掛持ちは東横ホールの公演が始まった当初から、識者の間で批判の声が上っていた。

ところで先に引いた『演劇界』のグラビアのキャプションは、更に「収穫は不運の芝鶴と源之助が一生懸命に『鏡山』で岩藤と尾上を勤めたり、新作の『色比丘尼』で気を吐いていることです。この劇場は何時も誰かしら、何時もは忘れられかけている役者に私たちの注視を集めさせます。この劇場が意外な支持を受けているのは、ときどきそういう掘り出し物があるからでしょう」と続いている。同じ号の劇評欄で、加賀山直三が「東横ホールの歌舞伎興行は、若手の修行芝居と、中央舞台で不遇の中年俳優達の活躍の場との二つの意義を持ち、大体それが妥当とされている」と認めた上で、たとえば芝鶴の『鏡山』の岩藤について、この機会に大いに発散させたい気持は分るけれど、若手の勉強芝居も兼ねているのだから、道楽気は一応おさえて、なるべく正則な行き方をすべきだった、と言う指摘をしているのが目を惹く。おそらく芝鶴としては、当代の正統派と目される有力俳優たち（それは芝鶴からみれば後から来て、先んじて行った後輩たちであった）に対するある種の主張から、彼らの知らない、かつて先人たちの見せていたユニークな型を演じて見せたのだと思われる。加賀山はそれを「正則」ならざるものと批判したが、芝鶴には芝鶴なりの、歌舞伎の現状に対する鬱屈や批判があってのことであったに違いない。

利倉が「掘り出し物」と言ったのは、そうしたことも含め、時と場を得ずにいる、相応の実力と経歴をもった役者たちの敗者復活の場として、東横という場への認識を広めようという思いがあったように読み取れる。この月の夜の部の第二は、芝鶴の与四郎に権三郎の次郎作、由次郎のたよりという三人による『戻駕』だった。当時の由次郎こと現・六代目田之助の自伝『田之助むかし語り』によると、実はこの時、芝鶴からの指名で次郎作の役に、由次郎の父である五代目田之助に声が掛ったのだという。歌舞伎に復帰してまだ日の浅い由次郎が大役をつとめるのに際して、父子で共演をさせようという配慮であったと思われる。だが、プライドのなせる消極性から、田之助は断ってしまう。結果的に、自ら復活のチャンスを逸してしまったわけだが、若手花形の道場という面ばかりが言われる東横歌舞伎の、もうひとつの側面の陰のエピソードといえる。

因みにこの『戻駕』についての加賀山の評は、由次郎のたよりを「素直ですんなりと先ずよし」とほめている。丸顔でぽっちゃりとした童顔の由次郎は、このころから、女性ファンの間に「かわいい」と評判を獲得してゆく。

十一月　芸術祭参加合同公演

提携第十一回の十一月は、「市川猿之助劇団」と「中村吉右衛門劇団」の文字が角書のようについた「合同公演」だった。菊五郎劇団単独のときは「若手歌舞伎」、猿之助劇団に吉右衛門劇団から幾人かが加わる場合が「合同公演」という形が定着してきたかに見える。開場一周年を迎えようとしている東横歌舞伎の、これが実質上の姿であったといえよう。このとき吉右衛門劇団から参加したのは、老優の市川團蔵に、中村又五郎、市川高麗蔵、澤村訥升などの中堅・若手だった。十代目高麗蔵は八十助の実兄だが、父の三代目秀調を早くに亡くしたために、その後の身の振り方から所属を異にしていた。現・秀調の父に当たる。

ほぼ出揃いつつある各劇団の若手花形の顔ぶれを見ると、菊五郎劇団の権三郎・市蔵・菊蔵や、吉右衛門劇団の高麗蔵は大正生まれだが、猿之助劇団の松蔦・半四郎、菊五郎劇団の福助・橋蔵・八十助、吉右衛門劇団の芝雀らは昭和初年の生まれ、訥升や由次郎、秀公らは更に若く昭和七、八年から十年の生まれで、大正末からこのあたりまでの生まれが、この時点での若手花形世代と見てよい。当時二十代から三十代半ばということになる。

「東横ホールの三百五十円歌舞伎も大分軌道に乗ってきたようです」「夜の『お園六三』もどちらかと言えば大芝居

ではあまり出ない狂言で、『卅三間堂』とともに今日ではめずらしい狂言になりました」と、『演劇界』のグラビアのキャプションにある一方で、劇評欄の大岩精二の評では「ここの舞台は飽く迄、大歌舞伎のための道場であり、実験場としなければならない筈である。そうしてそれには多少の採算を度外視した野心的な企画を望みたい。かつての三越の持っていた空想劇場の実現的な野心に対して、現在の東横は余りに商業性が強すぎるのではなかろうか」とある。

プロ批評家にはない真摯さが溢れる批評だが、ここにも、これからの歌舞伎は「正統」「正則」を目指すべきであるという志向が強く読み取れる。この大岩のような主張が真摯な論者であるほど強くなされたのも時代の趨勢というほかはない。大歌舞伎の正統を正しく受け継ぐことが戦後歌舞伎の第一義として意識されていたわけだが、一方から見るなら、時代にそぐわないという理由で、昭和三十年代，四十年代を限りに上演を絶ってしまった狂言が多数出ることにもなったのも、また事実なのだ。

大岩評の中にある三越劇場での歌舞伎公演は、戦後間もない昭和二十二年から、東横ホール開場の前年頃まで続けられていたから当時としてはまだ記憶に新しく、東横の歌舞伎に対して、三越と比較するような目が向けられるのも無理はなかった。この時点での一番近くでは、昭和二十八年一月、「若手歌舞伎勉強会」と称して、梅枝、慶三、錦之助、光伸、菊蔵らによる『しらぬい譚』、松蔦・橋蔵による『お園六三』その他が上演されている。この梅枝はその直後の四月に六代目芝雀となった後の四代目時蔵、慶三は高麗蔵、錦之助は、こののち映画界に入り人気スターとなった初代中村錦之助、のちの萬屋錦之介のことで、つまり、橋蔵・錦之助という後の映画界の大スターは、歌舞伎俳優としてはまさに東横歌舞伎の花形たちと並ぶ一員だったのだ。

十二月　若手歌舞伎一周年記念特別興行

十二月、提携第十二回目の公演は「若手歌舞伎一周年記念特別興行」と銘打たれていたが、出演者は前月とほぼ同じで、我童をはじめとする猿之助劇団に、吉右衛門劇団から又五郎、訥升、高麗蔵、家橘に芝鶴、高砂屋福助らが加わるというものだった。『演劇界』の劇評は利倉幸一が自ら担当していて、「再び猛省を」と題し差しあたって二つの点を挙げておく、というその二点とは、掛持ちを少なくすることと、監修者を置くことであると言う。歌舞伎座の狂言の決定が遅れるとそのあおりを喰って、東横ホールはただもう開けさえすればよいという状態に追い込まれる中で、三百五十円という入場料を崩さないというジレンマが一方にあった。第二は、菊五郎劇団の場合は誰かが目を光らせているが、吉右衛門劇団や猿之助劇団となるとあまり面倒を見ていないように見受けられる、という指摘だった。

そうした一方で又五郎と松蔦の『壺坂』を「今月の推奨」という欄に紹介している。又五郎は、平成二十一年に九十四歳で亡くなった、まだ記憶に新しい二代目で、この時四十一歳、当時の通念ではまだ若い役者と見られていた。

こうして、東横歌舞伎の第一年は終わる。決して周到な準備のもとに始まったのではなく、追々と形が整ってゆく過程が、月ごとの公演を追ってゆくだけでも、実情として浮かび上がってくる。一年目には松竹と東横の提携公演が十一回も行われその内歌舞伎の公演が九回を占めたが、もちろんこうした好況が常に続くわけではない。十六年という長いとは言えない歴史の間にも、歌舞伎を取り巻く世の移りは元より、俳優たちの消長や、世代の交代など、さまざまな人間模様が反映される。そうした一々を年代記風に追ってゆくのは、かなり厖大な紙幅と読者の辛抱を期待しなければならなくなる。そこでこれからしばらくは、人物誌風に、東横の舞台に登場した俳優たちの消長を軸として語り進めることにしたい。

昭和３０年１２月公演パンフレット巻頭グラビアより
（上から）④八十助、⑩高麗蔵、秀公、④由次郎、大輔、⑤訥升、⑥芝雀、②橋蔵、⑥菊蔵、③松蔦、②歌昇、⑩半四郎

第2章　人物誌――東横歌舞伎を彩った俳優たち

第一章では開場最初の一年を年代記風に述べたが、松竹・東横提携という形を取った公演がどういう風に行われていたか、その一環としての東横歌舞伎であった様子の凡そが見えたと思う。これからは、東横ホールの舞台で活躍した俳優たちの動向に焦点を当てて述べてゆくことにするが、既に見えてきたように、東横歌舞伎は、若手花形の修行と登竜門としての一面と、二大劇団制の中でやや傍流に棹さすことを余儀なくされた長老・ベテランたちの活動の場としてのもう一面と、二つの面を当初から備えていた。その二面を合せて「若手歌舞伎」と謳っていたのである。（勘弥クラスでもまだ四〇代だったのだから、必ずしもこれは「不当表示」とも言い切れないのだが。）しかし昭和三十五、六年頃から、歌舞伎を取り巻く内外の事情から、中堅層を主体にした公演が目につくようになる。更に昭和四十年代以降、いわゆる三之助ブームに乗って行われた世代交代によって公演の様相も一転することになるのだが、この章では、開場十周年の公演が行われた頃までをひとつの区切りとすることにしよう。

〈I〉渋谷の海老様と菊五郎劇団の花形たち

東横歌舞伎を若手花形の修行の場、もしくは登竜門とする見方に最もふさわしいのは、菊五郎劇団の人々だろう。むしろ、菊五郎劇団がそうした見方を作り、定着させたのだともいえる。

既に見たように、開場の当初最も出演の多かったのは猿之助劇団だが、当時この劇団で花形と言えるのはのちの六代目門之助の三代目市川松蔦と十代目岩井半四郎の二人だけだった。単独で公演を行うのは既に困難になっていた猿之助劇団は、吉右衛門劇団との合同の公演が多かったが、吉右衛門劇団側からは二代目又五郎（当時はまだ花形の一員と見られていた）やのちの四代目時蔵の六代目芝雀などが出演したが、劇団としての積極的な姿勢はあまり見られない。菊五郎劇団も、第一回公演に猿之助劇団と合同の形で名を連ねているが、出演したのは大川橋蔵にのちの九代目三津五郎の坂東光伸、尾上菊蔵などで、やや様子見の感も窺われる。近松の『心中萬年草』を出したり、松蔦と『男女道成寺』を踊ったり、この第一回公演のぴか一スターは猿之助劇団の花形半四郎であり、菊五郎劇団の三人の若手は『野崎村』で橋蔵がお光、菊蔵が久松をつとめ、『棒しばり』は光伸、橋蔵、菊蔵が水入らずでつとめるといったところだった。

菊五郎劇団が、はっきりと劇団の方針として若手に機会を与える場として東横に出演させる姿勢を示したのは、第一章に述べたように昭和三十年七月の提携第七回と翌八月の第八回公演からと見ていい。この時から「尾上菊五郎劇団若手歌舞伎」と銘打ち、「監修」として左團次・梅幸・松緑・彦三郎・海老蔵の五人の名前を連ねたのは、若手に場を与えるならそれだけの体制を整えようという配慮をこうした形に表したものといえる。出演したのは中村福助、河原崎権三郎、大川橋蔵、坂東八十助、片岡市蔵、澤村由次郎、片岡大輔、片岡秀公の八名。福助は後の七代目芝翫、権三郎は三代目権十郎、橋蔵は映画界に転進してスターとなったあの橋蔵、八十助は十代目三津五郎の父の九代目三津五郎、市蔵は現・市蔵、亀蔵兄弟の父の五代目、大輔は五代目芦燕、由次郎は現在の六代目田之助、秀公は現・我當で、田之助と我當の二人だけが健在である。この八人がこの時点での劇団の花形ということになる。

「尾上菊五郎劇団若手歌舞伎」という看板はその後も翌三十一年の二月と九月、三十二年二月と続き、結局、劇団が単独で行なった公演は、以後、三十二年九月、三十三年二月・七月、三十四年二月、三十五年二月と、全部で十回を数えるに至る。この他に、第一回の二十九年十二月と三十年十月、三十二年十二月の三回、他劇団と合同の公演を行なっている。この間には、座頭格の役を多く受け持っていた権三郎改め権十郎が、当時人気随一の海老蔵と風貌の似ているところから「渋谷の海老様」というニックネームを奉られ、ひいてはこれが、東横歌舞伎そのもののシンボルのように喧伝されることになる。

当時の筋書に「菊五郎劇団ＡＢＣ」というページが設けられていて、Ｑ＆Ａ形式でＡからＺまでの項目が並んでいる中に、「東横ホールの若手出演について梅幸さんのご意向は」という問いに答えて「若手たちに良い指導者がついた上で大役をさせることは確かに勉強になると思います。出演回数をふやしてもっと実力をつけさせたらという意見もあるようですがそれには反対です。人間には誰しもうぬぼれがありますから、自分で「いい役者になった」と思って、若し普段の舞台を少しでもおろそかにするような考えをおこしたとしたら大きな間違いになります。若い人たちにとってその点が大変難しいところでしょうね」とある。また、「東横ホールの狂言選定法は」という問いには、「長老格の左團次が責任をもって各人の勉強になる役を決めています。勿論出演俳優がそれぞれやりたい役の希望ものべ、それがそのまま実現することもありますが、劇団を代表して左團次が松竹と話し合って狂言を決定することもあります」と答えている。左團次がさまざまな形で大きく関与していたことが窺えるが、もっともあまりきれいごとばかりで考えるわけにも行かないのも現実であったことは、第一章で述べた歌舞伎座との掛持ち騒ぎのような事態がそののちも跡を絶たなかったことでも知れる。

ところで話を先へ進める前に、当初の花形八人について、簡単な銘々伝を書いておくことにしよう。

❶ 四代目河原崎権三郎（三代目河原崎権十郎）

東横ホール開業時にはまだ権三郎だった。菊五郎劇団で脇役の重鎮という位置にいた二代目権十郎の子で、その父を開業翌月の三十年一月に亡くし、翌三十一年三月、歌舞伎座で三代目を襲名、平成十年に亡くなるまで現役として健在だったから、その羽子板の役者絵のような江戸前できっぷのいい役者ぶりを記憶している読者も多い筈である。「渋谷の海老様」という異名は、ちょうどこの時期、後の十一代目團十郎の海老蔵が「海老様」と女性ファンから呼

(2−1) 昭和30年7月「野晒悟助」
悟助：④権三郎

ばれ、戦前の二枚目役者の代表であった十五代目羽左衛門系統の役を次々に手掛けて人気の上では絶頂期にあったためで、権十郎にその路線を追随させようという配慮もあったため、おのずから、東横では座頭格の役を多く受け持つことになった。若き日に十五代目羽左衛門の許で育った権十郎が海老蔵に似ているのは当然とも言えたが、半面、歌舞伎座まで出かけなくとも渋谷で海老様が見られるといった、いわば人気の「おこぼれ」という寓意も読み取れる。

昭和三十一年五月号の『演劇界』の「春宵同人座談」という座談会に、「渋谷の海老蔵」という小見出しがついて、安藤鶴夫が「あれは宿命的だね。おやじの権十郎が木綿の羽左衛門、倅がまた東横の海老蔵。木綿の羽左衛門は東横の海老蔵というニュアンスでない、木綿という表現の中にいいところがあるんだな」といった発言をしている。ここから知れるのは、ひとつには「渋谷の海老様」「東横の海老様」という仇名が既に発足以来一年半のこの頃にはついていた事実であり、それを識者たちは必ずしも好意的なニュアンスばかりでは受け止めていなかったらしい、ということである。

父の二代目権十郎は、晩年大歌舞伎に戻るまで往時盛んだった小芝居のスターで、浅草の公園劇場を本拠に十五代目羽左衛門ばりの二枚目役者として活躍し、「浅草の羽左衛門」とか「公園の羽左衛門」という異名をとっていたという前歴の持主だった。その役どころをいま倅の三代目が受け継いだのだったが、「あれは宿命的だね」と安藤が言っているのは、父が「浅草の羽左衛門」と呼ばれいままた子が「渋谷の海老様」と呼ばれていることを諷したわけだが、「絹」に対する「木綿」の羽左衛門というニュアンスをどう受け止めるか、ということがこの話の急所となっている。

東横歌舞伎に初めて出演した当初の二ヵ月に演じた二役にしても、権十郎にとっては、貢も悟助も十五代目羽左衛門の当り役であり、同時に父の二代目権十郎の当り役であった。とりわけ『野晒悟助』は、大歌舞伎では大正以降、上演の機会がなくなっていたから、こうした形で権十郎が受け継いだことが、この珍しい狂言を後世へ伝承する唯一の経路となった。初代辰之助と現・七代目菊五郎が後に演じたのは、この時、権十郎が演じたものを写したのだった。こうした例も、東横歌舞伎が果たしたもうひとつの意義に数えられるだろう。

「菊五郎劇団若手歌舞伎」としての公演は三十五年二月限りで終りになるが、その後も、開場十周年を目前にした三十九年十月、東京オリンピックのさ中に行なわれた『仮名手本忠臣蔵』の通し上演は、現在の菊五郎の丑之助、初代辰之助の左近といったこの時点で最も若い世代のスターの玉子たちによるものだったが、そうした中で権十郎が大星由良之助をつとめたのは、一座の主力が菊五郎劇団の若手だったのでその指導役、俗にいう「上置き」というだけに留まらず、東横という場での権十郎のシンボル的な意味合いをも、東横ホールの観客は感じ取っていた筈である。

だがこの大星は、権十郎にとって終り初物となった。父の二代目もそうであったように、東横歌舞伎を「卒業」してからの権十郎に劇団内で用意されたのは、脇役の重鎮という居場所であったから、大星役は遂に巡ってこなかったのである。「浅草の羽左衛門」と「渋谷の海老様」というアイロニーは、終生、この父子について回ったことになる。もっとも、昭和六十年に三ヶ月越しで行なわれた国立劇場創立二〇年記念の大顔合せによる『仮名手本忠臣蔵』の通し上演の際、松緑に予定されていた「九段目」の加古川本蔵という大役の代役が権十郎に回って来て、歌右衛門の戸無瀬を相手にこの難役を見事、つとめ遂せるという「晴れの舞台」があったことは書いておかなければならない。しかしそれよりも、円熟の境に達した昭和六十二年五月、父の三十三回忌に歌舞伎座の夜の部の追出しという扱いではあったが、亡父の、ということは十五世羽左衛門の当り役の『お祭佐七』を雀右衛門の小糸でつとめるという一世一代の機会に、まさに江戸の残照のごとき佐七を演じてみせたことこそ、権十郎一代の誉れであったことを記しておくべきであろう。

話を戻すと、権十郎は、このオリンピック歌舞伎の翌々月の昭和三十九年十二月、東横ホール開場十周年記念にも出演して、『浮世柄比翼稲妻』の通し上演に不破伴左衛門と幡随院長兵衛の二役を演じている。武智鉄二演出によるこの通し上演は、「上林二階廊下・葛城部屋」「大詰・吉原田圃」という珍しい場面が出て、名古屋山三郎と葛城を争っていた不破が、葛城と兄妹の近親相姦であったと判るという筋立てで驚かせたが、権十郎の不破のほか、門之助の葛城、のちの九代目宗十郎である五代目澤村訥升の名古屋など、忘れがたい舞台であったことを思い出す。

昭和四十年代に入ると、東横歌舞伎の主力は、当時の名前で菊之助・辰之助・新之助のいわゆる「三之助」に移るが、権十郎はここでも、門之助を相手役として兄貴分か叔父貴分として出演することになる。この時代のことについては項を改めることにしたいが、父先代の十三回忌追善という晴れの舞台も、こうした中で東横で行なったのであったことはここに書き添えておくべきだろう。この時の追善の狂言も『お祭佐七』だった。

❷七代目中村福助（七代目中村芝翫）

まだ記憶に新しい、あの名手芝翫の若き日である。もちろん家系としては成駒屋歌右衛門の家の人だが、戦前の歌舞伎に君臨していた祖父の五代目歌右衛門が昭和十五年に亡くなった後、六代目菊五郎の薫陶を受けていたから、その没後も菊五郎劇団に所属し、この時点では劇団の女形として、立女形である梅幸に次ぐ位置にあり、東横に出演する若手花形の中では別格的な立場にあった。連名の上でも、首座に置かれるとか、三代目左團次が出演するときには左團次と共に別座に置かれるとか、扱いの違いがはっきりと見て取れる。

劇団として本腰を入れて東横に出演するようになった最初の二ヵ月に、『鏡獅子』『京鹿子娘道成寺』に『藤娘』と、六代目菊五郎の極め付の名品の舞踊を踊ったのも、この劇場の観客に福助の実力をアピールする上で絶大な効果を持つこととなった。とりわけ『鏡獅子』は、福助にとっては、まだ幼かった昭和八年に若くして逝った父の五代目福助が、大正四年の十五歳の時、兄事していた若き日の六代目菊五郎の指導で踊ったのが語り草になっていて、成駒屋の家では前ジテの女小姓弥生の衣装を黒地にしたのは、この時に始まるとされている。この時はそれからちょうど四十年目であり、福助にとっては初役という、記念すべき公演だった。十二年後の昭和四十二年に芝翫を襲名する折にも披露演目とし、その後も芝翫にとっては終生の代表的な演目となる、東横がその初演だった。

師と父と、今は亡き二人にゆかりの『鏡獅子』だったわけだが、福助は当時、『鏡獅子』については、五日目までは「亡父が初代市川翠扇さんと六代目菊五郎の小父さんに教わったやり方」で踊り、以後は「六代目の小父さん流」でやったが、「この役は六代目の小父さんには教わりませんでした。小父さんから丁寧に教えていただいたのは道成寺だけでした」と語っている。『鏡獅子』を、はじめは亡父が市川翠扇と六代目菊五郎とに教わったように踊ったというのは、この踊りの初演者である九代目團十郎の愛娘である初代翠扇が伝承していたやり方を六代目菊五郎が伝授を受け、それを福助の父の七代目福助が四十年前に教わったものという意味であり、六日目以後は、後に六代目菊五郎が自身の工夫を加えたやり方で踊った、という意味であ

(2−2) 昭和 30 年 8 月「京鹿子娘道成寺」
花子：⑦福助

ろう。『娘道成寺』は叔父に当る六代目歌右衛門が既に誉れ高いものとしていたが、そうした真女形の踊りとは行き方の違う六代目菊五郎直伝の『娘道成寺』を踊って、存在をアピールしたのだった。これはやがて、芝翫から十八代目勘三郎に伝えられることになる。

福助の東横出演は、他の花形たちとは一線が画されていて、三代目左團次か九朗右衛門との共演の場合にほぼ限られている。左團次の東横出演については項を改めて述べることにしたいが、必ず福助を共演者にしていて、九朗右衛門の場合もそれに準じた形となっている。福助の東横での役々を書き出してみると、

（１）昭和三十年八月

『本朝廿四孝』十種香・奥庭　八重垣姫

＊勝頼（権三郎）、濡衣（梅花）、謙信（市蔵）、白須賀（由次郎）、小文治（大輔）

（２）三十年十月

『お夏狂乱』お夏　＊馬士（市蔵）、巡礼（愛之助・鐵之助）

この二回は福助を連名の首位に置いた花形だけの公演で左團次は出演していない。しかしここでも、権三郎をはじめ他の出演者が互いに幾つもの役をつとめ、助演し合っている中で、福助は立女形の役を一役つとめただけである。

（３）三十一年九月

『怪異談牡丹燈籠』左團次・伴蔵と幸助、福助・新三郎とお国二役

中幕の舞踊　上・『夕立』福助、下・『保名』左團次

（４）三十二年二月

『色彩間刈豆』与右衛門（左團次）、かさね（福助）

『犬（結婚申込）』（チェーホフ作）地主（左團次）、イワン（福助）

『近江のお兼』福助

＊左團次が左官の長兵衛をつとめた『人情噺文七元結』には福助の出演はなく、女房に尾上多賀之丞がこれ一役のために出演した。角海老女房の役を梅花がしている。

（5）三十二年九月

『生写朝顔日記』駒沢（左團次）、深雪（福助）

『鷺娘』福助

（6）三十三年二月「市川左團次舞台生活五十五年記念」

『父子鷹』子母沢寛原作・高橋博脚色・演出　勝小吉（左團次）、女房お信（福助）

『ベニスの商人』一幕　坪内逍遥訳　シャイロック（左團次）、ポーシャ（福助）

『二人道成寺』左團次、福助

『実録先代萩』浅岡（福助）、片倉小十郎（左團次）

左團次は他に『弁天娘女男白浪』（浜松屋・勢揃い）で弁天小僧を演じているが福助の出演はない。

（7）三十三年七月

『真景累ケ淵』豊志賀（福助）、勘蔵（左團次）　＊新吉は鶴之助

上・『杏花丹前』左團次　下・『女伊達』福助

『幻お七』福助

この他に左團次は『鞍馬天狗』（大佛次郎作）で鞍馬天狗をつとめている。

（8）三十四年二月

『一本刀土俵入』駒形茂兵衛（九朗右衛門）、お蔦（福助）　＊辰三郎（権十郎）

『番町皿屋敷』播磨（九朗右衛門）、お菊（福助）　＊後室真弓（梅花）
『手習子』福助
（9）三十五年二月　第一回歌舞伎道場・尾上菊五郎劇団　市川左團次補導出演
『赤西蠣太』志賀直哉原作・円地文子脚色　蛎太（九朗右衛門）、小江（福助）
『寿の門松』山崎浄観閑居　浄観（左團次）、お菊（福助）＊治郎右衛門（鯉三郎）
『修禅寺物語』夜叉王（左團次）、桂（福助）　＊頼家（鶴之助）
『三つ面子守』福助

以上が福助が東横ホールでの菊五郎劇団の公演に出演したすべてだが、立女形格というより、別格の感じが強い。とくに左團次が二人で『二人道成寺』を踊ったり、チェーホフの『犬』やシェイクスピアの『ベニスの商人』上演に当って福助を重用したのが目を惹くが、左團次は別のところでだが、六代目菊五郎の踊りを最も正しく伝えているのは福助であるとも明言している。

福助は、この他に昭和四十一年四月、歌右衛門が自主公演の「莟会」を東横ホールで一ヵ月公演の形で催した際にも出演しているが、それはまた別の項で述べることにしよう。この時は、福助は既に菊五郎劇団を離れ、歌右衛門の一門として行を共にするようになっていた。その翌年四十二年四月と五月、二ヵ月に亘るという当時では稀な大がかりな襲名興行を行って七代目芝翫を襲名したが、以後のことはここで述べるまでもないだろう。

❸二代目大川橋蔵

大川橋蔵は、こののちまもなく映画界に転じて大人気スターとなるが、草創期の東横歌舞伎ではさまざまな大役をつとめ、若手の女形として順調な歩みを続けているかに見えていた。開場第一回の猿之助劇団と菊五郎劇団合同で行なった「若手歌舞伎初興行」では、菊五郎劇団側から光伸、菊蔵と共に出演し、『野崎村』でお光、『棒しばり』で太郎冠者と、中心的な働きをしている。ひとかどの花形として活躍しているように見えていたので、映画入りをすると聞いて驚いた記憶がある。

幼名を市川男女丸といったことからわかるように四代目市川男女蔵、のちの三代目左團次の門だが、昭和十九年、菊五郎夫人となる千代女の実家の姓である丹羽家の養子となり、二代目大川橋蔵を襲名して、劇団の女形として梅幸、福助に次ぐ位置にいた。大川橋蔵という名は、三代目菊五郎が大坂に赴いた時、一種の洒落で名乗った名前とされる。つまり菊五郎の替え名であり、この改名と養子縁組は菊五郎家の縁者となったことを意味するから、それだけ嘱望されていたと言える。映画界に転じたのは何かと難しい立場にあっての一大決心の末と察しられる。しかし本心は遂に誰にも語ることがなかったらしい。

(2−3) 昭和31年2月「御所五郎蔵」
皐月：②橋蔵

東横歌舞伎には、二十九年十二月の第一回の他に、三十年七月、八月、十月、翌三十一年二月まで、菊五郎劇団の参加した公演すべてに出演し、『伊勢音頭』のお紺、義経千本桜『川連法眼館』の静、『野晒悟助』のおしず、『実盛物語』の小万、『夏祭浪花鑑』のお辰、『太刀盗人』で田舎者、『小猿七之助』で滝川、『鎌倉三代記』の時姫、『三人吉三』大川端のお嬢吉三、『藤弥太物語』で義経、『因果小僧』では権三郎の因果小僧、鯉三郎の野晒小兵衛、八十助の七之助におその、左團次の『名工柿右衛門』では九朗右衛門の栗作におつうと、大きな役をつとめているのを見ても、一座での存在の重さがわかる。映画デビューは昭和三十年十二月封切りの東映作品『笛吹若武者』だったから（美空ひばりとの共演で平敦盛の役だった）、東横最後の出演となった三十一年二月の公演で、中幕に八十助の『供奴』と上下として『汐汲』を踊ったのは、一期の思い出というものであったろう。

映画では、時代劇王国といわれた東映に所属し、ひと足先に銀幕入りして既に絶大な人気を誇っていた初代中村錦之助と共に、花形中のトップスターとして活躍したことはよく知られているが、三十七年から明治座を本拠として始まった「東映歌舞伎」と称する舞台公演では、俄然、他の映画俳優たちとはレベルの違う舞台人ぶりを見せ、やはり歌舞伎出身の大御所スターの市川右太衛門とともに数年にわたってこの公演の支柱となった。やがて映画界の凋落と共に時代劇映画の制作が行き詰まると、活動をテレビと舞台に移し、特に昭和四十二年から五十年代半ばまでという長期にわたって、毎年十二月の歌舞伎座を「大川橋蔵公演」で開けるのが恒例となった。三代目左團次、十七代目羽左衛門等、歌舞伎界からも大物俳優が賛助出演したが、当り役の「銭形平次」などの大衆劇に交えて、『娘道成寺』『鏡獅子』など歌舞伎舞踊を本格で踊って、歌舞伎への初心を忘れぬ心意気を示したのが思い出される。昭和四十六年五月の歌舞伎座は六代目菊五郎二十三回忌の追善興行だったが、追善の「口上」の一幕に、かつての菊五郎劇団の先輩・同輩たちと列座して口上を述べたのが、故郷に錦を飾る晴れの姿となった。

❹坂東光伸（四代目坂東八十助・七代目坂東簑助・九代目坂東三津五郎）

東横ホール開場初の公演に、橋蔵、菊蔵とともに菊五郎劇団から出演した時は、まだ前名の坂東光伸だった。昭和十年に没した三代目坂東秀調の三男だが、幼くして孤児となったために六代目菊五郎の膝下で修行してきた関係から、終生、菊五郎劇団にあって、権十郎と共に脇役として重責を担った。開場半年後の昭和三十年五月、のちに八代目三津五郎となる六代目坂東簑助の女婿となった縁で、その前名の八十助を四代目として継ぎ、更に三十七年九月、父子三代同時襲名として話題となった興行で、八十助の名を六歳のわが子に譲り、義父の名跡を継いで七代目簑助となった。更にはるか後年、九代目三津五郎になったから、生涯に四つの名前を名乗ったことになる。言うまでもなく十代目三津五郎の実父だが、因みにその十代目は東横開場一年後の昭和三十一年一月に誕生する。

東横では主役から脇役まで八面六臂の活躍で、この人の終生を貫くすぐれたアルチザンとしての相貌を既にこの頃から明瞭に見せている。主役を勤めたものとしては、『棒しばり』の次郎冠者、『太刀盗人』の摺盗のような狂言もの、丸本物では義経千本桜『川連法眼館』の忠信、『夏祭浪花鑑』の団七、『藤弥太物語』の藤弥太、『車引』の梅王丸、『寺子屋』の源蔵、『蘭平物狂』の蘭平といった風に、舞踊的な要素の強いものや、動きの鮮やかさを見せるような役が多いのは、踊りが巧くて敏捷で歯切れのいいという定評が、既に出来つつあったかのようである。三十年七月の東横での光伸改め八十助襲名の披露の役も『千本桜』の忠信に権三郎の貢の『伊勢音頭』で追っかけの場の奴林平と、「油屋」のお鹿だった。

(2−4) 昭和３０年８月「夏祭浪花鑑」
団七：④八十助

一方、四〇年ぶりという珍しい『因果小僧』で権三郎の因果小僧に対して七之助をつとめたり、左團次が弁天小僧を演じた『弁天娘女男白浪』では権十郎・鶴之助と三人で、南郷・駄右衛門・鳶の者清次の三役を一日替りでつとめたり、世話物に長じたところを見せ、『侠客春雨傘』では権十郎の大口屋暁雨に釣鐘庄兵衛、『黒手組曲輪達引』で権十郎の助六に牛若伝次、『野晒悟助』で権十郎の悟助に浮世戸平といった権十郎との達引きは、ちょっぴり海老蔵と松緑の東横版の感もなくはない。事実、

(2−5)昭和30年10月「鎌倉三代記」
高綱：⑤市蔵

劇団の公演でも『曽我対面』が出れば近江と八幡というように、いわゆる御神酒徳利の役を二人でつとめることが多かった。東横でも、後年、三之助の上置き格で出演するようになってからは、珍しい『錣引』で権十郎の景清に三保谷を演じたりしている。また関西から東上した鶴之助と組んで『乗合船恵方万歳』で鶴之助の万歳に才造をつとめたり、『三社祭』を踊ったりといった舞踊の数々は、東横歌舞伎と限定するまでもなく既にその時点での歌舞伎界の一級品と言えたろう。

❺ 五代目片岡市蔵

現市蔵・亀蔵兄弟の父である。この市蔵は五代目だが、父の四代目以来、三代続く脇役者として役どころ、存在の在り方まで一貫している。「片市」という愛称も父の代からだが、晩年の市蔵はまさにこの愛称がぴったりの、憎めない敵役がその存在と重なり合う「名物」的存在だった。亡くなった時、誰言うともなく「片市十種」を選ぼうということがあちこちであったというが、選ばれた役々というと、蝙蝠安であったり平山武者所であったり、大きな異同はおそらくなかったに違いない。誰もが愛した脇役者だったが、しかしこの東横歌舞伎では権十郎、八十助と共に中心的な存在として、立役・敵役とも大きな役を多数勤めている。権十郎の野晒悟助に提婆仁三、実盛に瀬尾、団七九郎兵衛に釣舟三婦、御所五郎蔵に星影土右衛門、黒手組助六に鳥居新左衛門、『春雨傘』で逸見鉄心斎といった風に、大立者のつとめる役を受け持っている。福助が八重垣姫を演じる『廿四孝』でも謙信をつとめ、『お夏狂乱』で馬士、九朗右衛門の『矢の根』の五郎に馬子、『天一坊大岡政談』で鶴之助の天一坊に山内伊賀亮等々といった具合である。

鶴之助の魚屋宗五郎で浦戸十左衛門などというのもある。こうした役々はいわゆる「片市」のイメージにはないものだろう。三代目左團次がシャイロック、福助がポーシャ、権十郎がアントニオを演じた『ベニスの商人』ではバッサニオだった。「法廷の場」の人肉裁判の件だけの上演だったから、バッサニオはアントニオの友人というだけだが、それにしても東横での市蔵の重用のされ方というものはめざましいものがあった。わけても、『慶安太平記』堀端で丸橋忠弥を、『鎌倉三代記』で佐々木高綱をつとめたのは、市蔵一代の晴れ姿というものであったろう。

大正五年生まれという、「花形」の中では年齢の行った方で、夙に戦前の昭和九年に五代目を継いでいる。雀右衛門、二代目松緑などと共に兵役の長かった戦中世代で、戦後生還後、七代目幸四郎、その没後は海老蔵一門として行を共にした。

❻片岡大輔（六代目片岡芦燕）

市蔵と同様、この人も海老蔵の一門からの参加だった。昭和二十一年に非業の死を遂げた十二代目仁左衛門の三男で、菊五郎劇団として東横出演中の三十年七月は、長兄の五代目芦燕が歌舞伎座で十三代目我童の襲名披露をしていたので、出演中の合間を縫って歌舞伎座に駈け付けて口上の席に連なっている。四年後の三十四年に兄の前名である芦燕の六代目を襲名、平成二十三年暮に亡くなるまで半世紀余、芦燕の名を名乗り続け、老巧な脇役者として活躍したから、まだ多くの観客の記憶に新しい。

東横での働きは実はそれほど目立ったものはなく、出演数もあまり多くない。初登場の三十年七月、八十助の『義経千本桜』の「四の切」では駿河次郎、権三郎の『野晒悟助』では悟助の子分忠蔵といったものだった。翌月、福助の『十種香』では現田之助の由次郎の白須賀とともに原小文治をつとめているのが、当時の彼等の位置を端的に語るものと言えよう。以後も『夏祭浪花鑑』で堤軍内、『寺子屋』なら涎くり、『鳥居前』の弁慶といった役を受け持つことが多く、三十年十月の市蔵の高綱、橋蔵の時姫、菊蔵の三浦之助という配役の『鎌倉三代記』で当時の大輔の役は富田六郎だった。三十一年二月、この月権三郎から名前替えした権十郎が弁天小僧で『青砥稿花紅彩画』を通し上演したときに忠信利平と「浜松屋」の鳶頭をつとめているのが、大きい役の代表だろう。

芦燕がその実力を、限られた範囲にせよ知らしめたのは、後の十二代目團十郎の新之助時代、荒磯会という勉強会を数度にわたって催したなかで演じた『熊谷陣屋』だった。もちろん、熊谷を演じたのである。昭和四十年代以降、新之助が東横に出演するようになると、その『寺子屋』の松王丸で春藤玄蕃をつとめるなど、のちの芦燕のイメージに似つかわしい存在感を示すようになってゆく。地道に辛抱を重ねながらいつの間にか実力を蓄え、常にさりげなくカヴァーする役回りを引き受けて生涯を貫いた人だが、東横時代はその基礎固めの時期であったといえる。

❼片岡秀公（五代目片岡我當）

昭和十年一月生まれだから東横開場のときは二〇歳になる寸前で、草創期の花形中の最年少だった。父の十三代目仁左衛門の意向で松緑のもとに預けられていた。他人の飯を食うという、修行の一環としてであったが、松緑は紀尾井町の自邸内に秀公のためにひと棟を建てて遇したという。

この当時の秀公は文字通りの修行時代らしく、八十助の忠信の『四の切』で亀井とか、『夏祭浪花鑑』で由次郎の琴浦とで磯之丞、『三人吉三』大川端で由次郎のおとせに十三郎といった役どころがいかにもそれらしい。八十助と橋蔵の『太刀盗人』で市蔵の目代の従者とか、何度か出た『素襖落』で鈍太郎とかが相応だったが、ときには姫御寮のような役がめぐってきたりもする。御所五郎蔵の子分のような役も、修行時代の必須科目の内であったろう。目を惹くのは、『ベニスの商人』でポーシャの侍女のネリッサという役で、由次郎でなく我当であるところがオヤと思わせる。

⑵−６）昭和32年１２月「敵討襤褸錦」　新七：④由次郎　治郎右衛門：⑭勘弥

東横にはやがて弟の秀太郎、続いて孝夫も出演するようになる。関西歌舞伎が壊滅した三十年代半ば以降、東京に修行の場を求めるという意味合いでもあったろう。

❽澤村由次郎（六代目澤村田之助）

五代目田之助の長男、という以上に七代目宗十郎の孫というべきだろう。戦中の昭和十六年に初舞台を踏むと六代目菊五郎に目を掛けられもっぱら菊五郎の一座で子役をつとめた。戦後、いったん歌舞伎界を離れて高校卒業まで学業に専念するが、かつての縁で昭和二十八年から菊五郎劇団に復帰、一座の若手として頭角を表わそうとしていた。白金の梅幸の自宅に寄宿して日常からその許で新たな修行に取り組んでいたこの時期、東横ホールが開場し、菊五郎劇団が若手の修行の場として出演させる方針を取ったのは、由次郎にとっては絶妙のタイミングであったといえる。開場当初のスターだった大川橋蔵が間もなく映画界へ去ると、その跡の位置に座って、劇団第三位の女形として成長してゆくことになる。この世代の若手中、東横の舞台を最も有効に活用したのは由次郎であったかもしれない。

当初は『伊勢音頭』の万次郎、『実盛物語』の葵御前、『夏祭浪花鑑』の琴浦、『戻駕』の禿たより、『三人吉三』大川端のおとせ、『素襖落』

の姫御寮といった役どころだったが、程なく『御所五郎蔵』の逢州（この時の皐月は橋蔵だった）、『黒手組助六』の揚巻、『石切梶原』の梢、『新皿屋敷月雨暈』（弁天堂より庭先まで）のお蔦といった大きな役をつとめるようになる。三十二年十二月は開場三周年記念の顔見世若手歌舞伎として菊・吉・猿三劇団の合同に勘弥と段四郎が上置きに出るという当時の東横歌舞伎としては大掛かりな一座だったが、ここで由次郎は『廿四孝』の八重垣姫を高麗蔵の勝頼、市蔵の謙信、八十助と大輔の原・白須賀という配役で演じている（このとき、濡衣を菊蔵の代役だが祖父七代目宗十郎以来の古参の弟子である小主水がつとめているが、こうした配役を実現させられるだけの信用を幕内で得ていたことの証左と言えるだろう）。またこの時、勘弥が珍しい『敵討檻褸錦』（大晏寺堤）の春藤治郎右衛門を演じて話題を呼んだが、段四郎の高市武右衛門、市蔵の加村宇田右衛門といった顔ぶれの中で由次郎は弟の新七をつとめている。師の梅幸に似て、若衆役・和事味のある二枚目役にも長所を見せるようになってゆく。

菊五郎劇団としての東横出演は三十五年二月限りで終りになるが、三十九年四月に六代目田之助を襲名するのを機に退団、その前後から新しい中堅層を形成する一員としてめざましい活動を展開するようになる。とりわけ、のちの五代目中村富十郎の坂東鶴之助改め市村竹之丞、市川團子改め三代目猿之助、のちの九代目宗十郎の五代目訥升と四人で一座を組む興行が東横ホールを中心に行われたが、この時期の活動については、項を改めて述べることにしたい。

以上の八人が、当初の東横の舞台で活動を展開した菊五郎劇団と海老蔵一門の若手花形ということになるが、もうひとり、既に名前の出ている尾上菊蔵について、プラス1という形で、ここで触れておこう。

❾尾上菊蔵

開場第一回の公演から橋蔵、光伸の八十助と出演し『野崎村』で橋蔵のお光に久松をつとめ、『棒しばり』は光伸

(2−7) 昭和 31 年２月「藤弥太物語」　静御前：⑥菊蔵　藤弥太：④八十助

の次郎冠者、橋蔵の太郎冠者に曽根松兵衛をつとめている。『鎌倉三代記』でも市蔵の高綱、橋蔵の時姫に三浦之助とか、八十助の『藤弥太物語』に静御前、左團次の太郎冠者、九朗右衛門の大名という『素襖落』で次郎冠者といったところを次々とつとめ、左團次が弁天小僧を演じた『弁天娘女男白浪』で、権十郎・八十助・鶴之助の三人が南郷・駄右衛門・鳶の者清次を一日替りという中で赤星をつとめる（忠信は市蔵だった）というポジションにいたのだから、当時にあって菊蔵の実力は劇団内でも評価されていたのは間違いない。『夜討曽我狩場曙』では仁田四郎と団三郎二役、『新皿屋敷月雨暈』を弁天堂より庭先まで出しており、浜・門三郎の二役、志賀直哉作の『赤西蛎太』では老女蝦夷菊、『因果小僧』では七之助と、脇役として味なところも抜かりなくこなしている。当初の八人の中には数えられていないが、重要な一員であったことがわかる。後年、現・菊五郎が丑之助から四代目菊之助として売出し、「三之助」として東横の新たな顔になると、菊蔵もおのずから再び東横の舞台を踏むようになるが、今度はまったくのお守り役だから、もうかつてのような華々しい役を演じることはなかった。

晩年に人間国宝ともなった父の二代目尾上𠮷賀之丞は、戦後私などが知るようになってからは老け役の名手として高名だったが、元は中芝居から六代目菊五郎に相手役として大歌舞伎に迎えられた人だった。その長男という境涯から、父子二代にわたる脇役の名手として実力は歌舞伎界にあまねく認められたが、劇団内での位置には微妙なものがあったようにも見受けられる。昭和四十六年五月の六代目菊五郎二十三回忌追善の「口上」の折、多賀之丞と菊蔵父子の席が、前列に居並ぶ幹部俳優達とは緋毛氈を別にして、やや別座のような扱いになっていたのを覚えている。

●

菊蔵の場合とは意味合いが異なるが、同じ「菊五郎劇団若手歌舞伎」の看板のもと、既に幾度か名前の出ている二人についても、ここで触れておくべきだろう。片方は御曹司、片方は外様の新加入と、在り方は対照的だが、広く戦後歌舞伎という観点から見てもそれぞれの意味で「風雲児」であった彼等もまた、東横歌舞伎と関わっていた。

⑩尾上九朗右衛門

三代目左團次が東横に初登場した昭和三十一年二月の提携第十三回の公演にもうひとり、菊五郎劇団にとっては重要な人物が初出場する。六代目菊五郎の嫡子の尾上九朗右衛門で、木下順二作、岡倉士郎演出の民話劇『三年寝太郎』と歌舞伎十八番の『矢の根』で主役、左團次の出し物である『素襖落』に大名、『名工柿右衛門』に弟子の栗作と、昼夜四役という奮闘ぶりを示している。九朗右衛門は、血筋の上からは七代目菊五郎になるべき存在だったが、父の名を付した劇団の盟主の座を、義兄である梅幸にゆずっていた。芸の上での苦悩が大きく、昭和二十六年三月から二十八年三月まで丸二年間、アメリカに渡り演劇学校で学ぶという体験をしている。東横ホールへの登場は、帰国から三年、歌舞伎俳優九朗右衛門として模索をしていた時期だったと思われる。

木下順二の民話劇は、この当時、新劇も含めた演劇界の注目の的で、ぶどうの会という劇団を主宰していた新劇女優山本安英の『夕鶴』が最もよく知られ、シンボル的な作品だが、歌舞伎でも、新作の上演に積極的な姿勢を示していた菊五郎劇団が、二十九年二月、明治座で初演した『彦市ばなし』や翌三十年一月、やはり明治座で初演の『昔話二十二夜待ち』など、劇団の有力な路線のひとつとして評価を得はじめていた。『三年寝太郎』はこの時の九朗右衛門主演による東横ホールが初演だった。劇団が開拓しつつある新しい路線の一翼を担ったものとも言える。

また『矢の根』のような古拙さが生きる演目も、不器用で大まかな芸質の九朗右衛門としては狙いどころといえた。東横ホールは、もしかしたら、九朗右衛門がその資質を生かし、求めるところをある程度実現し得る可能性を持った新天地であり得たかも知れないが、その後も恒常的に出演することはなく、二度目の登場は三十四年二月の提携第三十七回の公演まで待つことになる。

(2−8) 昭和31年2月「矢の根」
曾我五郎時致：②九朗右衛門

その九朗右衛門二度目の登場の月のタイトルはいつも通り「尾上菊五郎劇団若手歌舞伎」だったが、連名の書出しは中村福助、尾上九朗右衛門の名は留めの位置にあった。昼の部で『一本刀土俵入』、夜の部で『番町皿屋敷』をするのを、戸板康二は「菊五郎と左團次の当り芸を一度に二つ主演するというのは珍しい例であろう」と書いている。六代目菊五郎という偉大な父を持ったがゆえの悩みの中にいた九朗右衛門を知る、戸板らしい励ましといたわりと同時に、道を模索する九朗右衛門へのひとつの暗示が読み取れる。父の死後アメリカの演劇学校で学ぶという行動を取った九朗右衛門を「親を送って海を渡り、学生になったというところは先代左團次に似ている」と書いている。

『一本刀土俵入』は九朗右衛門の駒形、福助のお蔦、権十郎の辰三郎、市蔵の波一里儀十（娘のお君をつとめた銀之助は現・九代目團蔵である）、『番町皿屋敷』は九朗右衛門の青山播磨、福助のお菊に、梅花が後室真弓をつとめるという配役だった。

九朗右衛門の三回目の東横出演は一年後の三十五年二月、結果的には菊五郎劇団ユニットの出演としては最後となった公演だったが、実はこの時のタイトルが「第一回歌舞伎道場」となっている。劇団として新たな姿勢を示したようにも受け取れるが、事実、この公演の陣頭に立った左團次が、近松の『寿の門松』と新演出の『修禅寺物語』に取り組むほか、黙阿弥初期の佳作とされながら上演は大正初年以来という『因果小僧』を復活するなど、意欲ある試みが見られた。九朗右衛門が志賀直哉原作の『赤西蠣太』に取り組んだのもその一環であったろう。筋書に志賀直哉の文章が飾られている。

円地文子脚色・岡倉士郎演出だったが「岡倉士郎追悼上演」と添書きがある。岡倉士郎は英学者岡倉由三郎を父に、岡倉天心を伯父に持つという出自で、劇団民芸やぶどうの会などで活躍した新劇の演出家だったが、菊五郎劇団で手掛けた民話劇をはじめ、さまざまな新作の演出で歌舞伎とも関わりが深かった。『赤西蠣太』は、夙に戦前、伊丹万作監督、片岡千恵蔵の蠣太で映画化され、名画として知られているが、歌舞伎としては、三年前の昭和三十二年一月、新橋演舞場で松緑主演で初演、再演もされテレビでも放送されていた。今度は九朗右衛門の赤西蠣太、鶴之助の銀鮫鱒次郎、福助の小江という配役だった。九朗右衛門としては東横ホールという場でこうした方面に境地を確立しようという心算であったと思われる。

こうして、九朗右衛門の東横出演は、さまざまな可能性を予測させながら、具体的な成果を挙げるより先に東横歌舞伎の方針が変わったこともあって、実りを結ぶことなく終った。数年後、現・菊五郎の菊之助等いわゆる「三之助」を主力とする公演に、二度ほど出演している。一度目は昭和四十一年二月、前年NHKの大河ドラマ『源義経』で大ブレークした菊之助の人気を全面に出すような形で開けた公演で、九朗右衛門は『曽我対面』の工藤と、落語種で六代目菊五郎ゆかりの『芝浜』を松緑演出で演じ、更に水木京太作の新歌舞伎『殉死』で用人の役をつとめている。上置き格のようでもあるが、『対面』は三之助ではなく現・彦三郎の薪水の五郎に現・四代目左團次の男女蔵の十郎の芝居であり、『殉死』は東京ではまだほとんど無名だった片岡孝夫が素晴らしいセリフ術で攫ってしまうという結果で、九朗右衛門の存在感は薄かった。『芝浜』は門之助が女房、新之助や辰之助が相長屋の職人役で出ていたが、この公演の注目の的は菊之助が踊った『藤娘』と『浮かれ坊主』であり、新之助の『鏡獅子』であり辰之助の『吃又』であった。

もう一回は翌四十二年二月、「花形合同」という一座に我童や権十郎、門之助らとベテラン組として出演、『一本刀土俵入』の茂兵衛を、お蔦を訥升、辰三郎を権十郎というちょっと珍しい顔合せで演じ、権太を辰之助、お里を訥升、維盛を門之助という、これも変わった顔合せの『千本桜』鮓屋で梶原をつとめている。こうした形でなりとしばらく継続していたなら、九朗右衛門なりの成熟した姿を披歴することにもなり得た可能性は否定できないが、ここでも、機会はこれ切り巡ってくることはなかった。

以上が、九朗右衛門が東横の舞台に関わったすべてである。優遇されているようでもありながら、与えられた機会に評価を書き替えさせるような決定打を放つことなく終わったのは、不幸であったと言わざるを得ない。

⓫ 坂東鶴之助（六代目市村竹之丞、五代目中村富十郎）

いま一人の風雲児は坂東鶴之助、のちの中村富十郎である。富十郎がかつて菊五郎劇団に所属していたことを知る人は、もうあまり多いとは言えないかも知れない。しかし黙阿弥狂言などで見せたあの歯切れのいいセリフや取り回

(2－9) 昭和33年2月「天一坊大岡政談」
大岡越前：③権十郎　天一坊：④鶴之助

しのいい芝居上手ぶりは、半ばは天性であったとしても、菊五郎劇団で過した数年間がなかったなら、六代目菊五郎の芸風を継ぐ者として松緑、勘三郎に続く存在と目されるということはなかったに違いない。坂東鶴之助の名で東横ホールに出演した数年間が、ほぼその時期に相当する。

鶴之助という名前の先代は父の四代目富十郎の前名で、本来東京の役者であったから、子の鶴之助も中学を卒業するまでは東京で育った。父が関西に移籍し、富十郎という、「大太夫」と呼ばれる女形として別格的な名前を継いだのは松竹の方針に沿ってのことだったが（三代目梅玉が、そんならわては何という名前になったらいいのや、と言ったという話が伝わっている）、父はそのまま関西歌舞伎の立女形として関西の地で没した。子の鶴之助が、若き日、現在の坂田藤十郎の二代目中村扇雀と共に武智歌舞伎の薫陶を受け、関西のホープとして「扇鶴」と呼ばれブームを起こしたという話は知られているが、やがてその去就をめぐって裁判沙汰になり、中村鴈治郎の廃業宣言の引き金になるなど関西歌舞伎凋落の一因ともなったトラブルがあり、心機一転、東京に活動の本拠を移して菊五郎劇団に加入したのだった。

鶴之助の東横初登場は昭和三十三年二月の提携第三十回、左團次の舞台生活五十五年を祝う公演である。お目見得の狂言は黙阿弥の『天一坊大岡政談』の通しでもちろん鶴之助の役は天一坊、市蔵が山内伊賀亮、権十郎が大岡越前守、八十助が久助と池田大助の二役だった。更に福助が浅岡を演じる『実録先代萩』で神並三左衛門、左團次が弁天小僧を演じる『弁天娘女男白浪』で権十郎・八十助と南郷・駄右衛門・鳶の清次を一日替わりでつとめ、所作事「雪月花」のうち『猩々』と『三社祭』を八十助と踊るという旺盛なデビューだった。差す手引く手、まるで見えない糸を操るような達者さに驚嘆したとは、実見した人から直接聞いた話である。目に浮かぶようだ。

以後三十五年二月の劇団最後の公演まで毎回出演するが、その後、三十九年四月に六代目市村竹之丞を襲名するという事態から、再びトラブルの渦中の人となって退団することになる。坂東鶴之助という名は、坂東彦十郎という中芝居の腕利きの役者から出たもので、父子二代で大歌舞伎の名跡として確立したのだったが、それにも拘わらず市村家に所縁の竹之丞を継いだのは実母である舞踊家の吾妻徳穂が十五代目羽左衛門の落し胤であるという秘話が絡んでのことだった。後援者だった政界の実力者大野伴睦が介在していたとされるが、市村家の強い反発を招くことになる。これから以後永らく、劇界の孤児という異名と共に竹之丞の苦難の時代が続くのだが、一方その数年間こそが、東横ホールを中心にしためざましい活動の季節ともなるのである。が、それは後の話としよう。

⓬脇役者たち

菊五郎劇団がユニットとして東横歌舞伎に参加した第一回は昭和三十年七月、そのときの昼の部は『伊勢音頭恋寝刃』の通し上演だったが、中でも「大々講」が出るのは珍しく、戦時中、六代目菊五郎が演じたのがその珍しい例とされていた。この場では貢よりも正直正太夫という役が眼目になるのだが、この時正太夫をつとめたのはベテランの脇役者坂東薪蔵だった。この月の筋書に「東横出演者の落書帳」と題して脇役の面々を短いコメントで紹介するページが設けられていて、薪蔵については「菊十郎と並び称せられるお師匠番、先代彦三郎の門弟である。軽妙で洒脱な舞台そのままの性格で、現彦三郎を助け、又照蔵のいない後釜をよく補って余りある」とあるように、こういったクラスの面々十四人が紹介されている。

この文中にある尾上菊十郎は先代である二代目で、六代目菊五郎のごく若い時からの子飼いの弟子で梅幸や九朗右衛門の子供時代からの指南役として知られていた。市川照蔵は三代目左團次の父の六代目門之助以来の門弟で、黙阿弥物でもとりわけ『髪結新三』の家主女房は六代目菊五郎から松緑の新三へと代が変っても持ち役として演じ続けた傑作だった。文中に「照蔵のいない後釜」とあるのは、照蔵がつい前月の六月に亡くなったばかりだったからだが、実は菊十郎も、半年後の十二月に世を去ってしまう。照蔵は明治十九年、菊十郎は二十一年の生まれだった。戦後二十年代から三十年代のこの時期、こうした脇役の古強者たちが、ひとりまたひとりといなくなってゆく巡り合わせだったが、それでもまだこの頃の菊五郎劇団には、尾上多賀之丞や尾上鯉三郎のような誰もが知る名優をはじめ老巧の脇役者が健在であり、この大いなる遺産が劇団の水準を維持する上で大きく物を言っていた。

福助が踊った『お夏狂乱』の幕切れに出る巡礼の夫婦を演じた片岡愛之助と澤村鐵之助は、劇団員ではなかったが東横の観客には馴染の脇役の名優だった。愛之助は永く関西で修行をし『堀川』の与次郎の母親が絶品だったという人で、身長が五尺もあったかと思うような小柄な老人だった。現在の六代目愛之助とは血筋も見たさまもまるで無縁だが、名跡としては先代ということになる。七代目宗十郎一門の古強者の鐵之助は、戦前は宮戸座など中芝居で立女形だったという実力者で、二代目権十郎の直侍やお祭り佐七で三千歳や小糸を演じるスターだったという栄光を過去にもっていた。こうした形で、戦前までは大歌舞伎と中芝居・小芝居との往来が行われていたのである。大歌舞伎に復帰して実力は認められながら安定した居場所が得られなかったのは、当時の紀伊國屋一門が衰勢にあったためだろうか。鐵之助の名は、勘弥の弟子だった坂東佳秀から澤村藤十郎の門に移って澤村藤車となった人が五代目を継いだのは、覚えている人も多いだろう。

挙げ出すと切りもなくなるが、権十郎の『石切梶原』で六郎太夫をつとめた坂東飛鶴とか、尾上新七、尾上多賀蔵、タテ師として高名になった坂東八重之助やトンボの名手尾上梅祐などなど、いま菊五郎劇団に話をしぼっても、東横歌舞伎の時代の脇役はまだまだ多士済済であったことが知れる。もう舞台には立たなくなっていたが、六代目梅幸の芸をつぶさに知るという尾上梅朝のような存在もあった。劇団結成当初は、幹部俳優たちすらそれまで六代目菊五郎という大きな翼の下にあってまだ中堅と見做されていたから、吉右衛劇団と比べとかく劣勢を云々されがちだったが、その一方で劇団の強みとされたのは、こうした老巧の脇役者たちが多く健在であったことだった。東横の花形公演でも彼等の存在が大きく物を言っていたことは間違いない。

先に言った「落書帳」に紹介されている十四人にしても、助高屋小伝次のような、澤村家の傍流である澤村訥子の甥という家柄の者（その役者絵のような瓜実顔と端正で品のいい芸を見覚えている人はまだ少なくないであろう）、市川福之助のような小芝居で鳴らした経歴を持つ腕達者と、出自も経歴もさまざまで、到底その一々を語り尽くすことは出来ないが、由次郎のところで触れた小主水のような、祖父の代からの古い弟子が、若い当主の引立てで役に恵まれ、その当主を助けて注目を集めるということもあった。

中村福助に祖父五代目歌右衛門以来仕えた中村梅花のことは前に触れたが、因みに、さっき紹介した筋書の「出演者の落書帳」の梅花の項は、「先代歌右衛門の門弟で現在は福助に仕える。何しろ近世の名女形で聞えた先代歌右衛門の名演技のことごとくを、余す事なく記憶して誤りなく整理研究して福助に伝える大事な俳優である。今日現歌右衛門、福助在るは全く梅花の負う処が大きいと思う。序に愛称を「オウメチャン」といい、女形の後進者から慈姉の如く敬慕されている」というものだった。

菊五郎劇団の東横出演は、昭和三十五年二月の公演が最後になったが、じつはこのとき「第一回歌舞伎道場」と謳っていたように、これが最後どころか、若手の修行の場として一層の展開を考えていたと想像される。歌舞伎内外の状況の変化がそれを許さなくなったわけで、東横ホールの公演も方向の転換を余儀なくされる。つまりここまでが東横歌舞伎第一期の時代ということになる。
が、そこへ話を進める前に、第一期の時代を担った俳優達のことをもう少し、語っておかなければならない。

〈Ⅱ〉猿之助劇団の人々　三代目市川松蔦（七代目市川門之助）と十代目岩井半四郎

東横ホール開場第一回の公演が猿之助劇団と菊五郎劇団相乗りの形で行われた時、やや様子見の感もないでもなかった菊五郎劇団よりも、当初から中心を担ったのは猿之助劇団の面々だった。しかし第一章で述べたように、当時の猿之助劇団は多分に、さまざまな閲歴を経てきた古強者たちの寄合所帯の趣きがあり、花形といえるのは松蔦と半四郎の二人ぐらいなものだった。ベテランたちについては第一章で既に横顔を紹介したから、ここでは若い二人について書くことにする。

松蔦は開場第一回からの出演者であり、権十郎と並んで東横歌舞伎の最多出場者である。ひとつには、当時の猿之助劇団が単独では公演を行なえる状態になかったため、常に他の劇団と合同の形を取っていたことや、後に三代目左團次の名前養子となって市川門之助となってからは、権十郎と夫婦役のような形で、現・菊五郎等の「三之助」の公演に先輩格として出演したことなど、十六年に及ぶ東横歌舞伎のどの時期にも、万遍なく出演の機会があったためだが、半面、やや皮肉な見方をするなら、重宝な使われ方をしたためだとも言えるだろう。第三章で述べることになるが、一時期、東横と並行して浅草の常盤座や新宿第一劇場でも花形歌舞伎が行われた時にも、松蔦は数多く出勤している。ひとつにはほとんどフリーに近い立場が、ひとつには器用で小回りの利く芸の在り方が、万能選手的な働き方を自らもし、周囲からも求められることになったのだ。

一般家庭の生まれで、二代目左團次の妹聟で女房役だった二代目市川松蔦の養子となって子役時代を過し、昭和十五年に左團次と松蔦が相次いで亡くなった後は十五代目羽左衛門、更に初代猿翁の一門の花形として活躍を始めた

(2−10) 昭和30年9月「鳥辺山心中」　半九郎：⑩半四郎　お染：③松蔦

ところで、東横ホールの開場に遭遇することになる。猿之助劇団では岩井半四郎とお神酒徳利の若手コンビとして売り出したのだったが、東横開場の公演ではまさしく二人が花形だった。まもなく半四郎が東宝に去ってからは、東横では吉右衛門劇団と共演することが多くなるが、劇団の事情からも、存在を際立させることが充分にしにくい憾みもあった。同世代の若手中でも確かな腕はありながら、淡白で強烈な自己主張をしない松蔦の芸風は、母体となる猿之助一座の退潮とともに、活躍の割には影が薄くなりがちだった。当時NHKのテレビの人気番組だった『ジェスチャー』というクイズ番組の常連出演者として、歌舞伎ファン以外にもその顔と名をよく知られていたが、頭の回転が早く、器用さが求められるジェスチャーの名手だったことは、松蔦の芸のある一面を象徴しているようでもある。生涯、隅田河畔の浜町に住まい、ある時代の東京の下町人の面影を伝えていた。昭和三十二年四月、初日を前にした明治座の大火の際、刺子を着て駈け付け、荷物の運び出しに協力したという逸話がある。

若い頃の半四郎は別として、定まった亭主役を持つ機会のなかったのも不幸だったとも言えるが、東横で、『露次の狐』にはじまる幇間一八を主人公にした落語種のシリーズで、勘弥の女房役として小ヒットを飛ばしたこともあった。門之助襲名後しばらく菊五郎劇団で権十郎と夫婦役のような形になったのが、芸風や年配から言っても一番似合いの夫婦であったように思う。晩年には三代目猿之助を支える支柱の一つとなったが、そこでも、いわゆる重鎮といった重々しい遇され方では決してなかった。そうした一種の「軽み」が、良かれ悪しかれ、この人の身上であったと言える（それにつけても、若き日には初代猿翁の一座で売出し、後半生は二代目猿翁の許で働いたのだから、澤瀉屋との縁はつくづく浅からぬものがあったことになる）。

岩井半四郎も、不遇不振だった晩年の姿からは想像しがたいほど、東横開場当時にあっては意気盛んな花形だった。まだラジオの方が主流だった当時、半四郎を主人公とする『源義経』『雪之丞変化』といった長期に及ぶ連続ラジオドラマが、ＮＨＫと民放を問わず放送されていた。少年だった私は、これらの放送を家中で毎週楽しみに聞いていたが、半四郎のやや高音の特徴のある声音はいまも耳朶に残っている。『雪之丞変化』は、ラジオの名優としても名高かった八代目市川中車が語り手と怪盗闇太郎の役を勤めていたし、『源義経』では、兄弟対面する黄瀬川の陣の場面に、のちの白鸚の八代目幸四郎が頼朝役で特別出演したりした。ＮＨＫとしてものちのテレビの大河ドラマへと通じる、格式をもたせた番組だったように思う。

映画にも、むしろ現代劇に多く出演して、アプレゲールといわれた戦後派青年を演じて性格俳優ぶりで評判を取るなど、半四郎の名は、社会一般の人たちの間にも広く知られていた。映画『佐々木小次郎』に出演して一世を風靡したのちの雀右衛門の大谷友右衛門と、そうした意味での知名度の高さは、おそらく双璧であったろう。

半四郎の躓きは、東横ホールが開場した翌年の夏に発足した東宝歌舞伎に、東宝専属第一号として移籍した時に始まった。結局、期待したような成果を挙げられないまま、帰参するのだが、既にかつてのような居場所は残されていなかった。東横の舞台にも出演し相応の働きはしたが、華やかな話題として人の口に上ることはなかった。

むしろ、半四郎の後半生で人々の記憶に一番残っているのは、国立劇場の歌舞伎鑑賞教室の解説役をつとめていた姿だろう。高校生を相手に、交互に出演していた菊蔵が温厚な校長先生とすれば、騒がしい生徒を舞台上から叱正するなど、おっかない教頭先生といった趣きが懐かしく思い出される。

〈Ⅲ〉長老と古強者たち

若手の道場とか登竜門と言われる東横歌舞伎だが、実はそれは楯の半面であるということを前に言った。もう半面はと言えば、菊吉両劇団体制による戦後歌舞伎の秩序が確立されてゆく過程で、さまざまな理由から、傍流へ活動の場を移すことを余儀なくされたベテラン・中堅たちに提供された場であった。ある者は自分のしたいことを実現する場として、ある者は不遇不振から脱却する足掛り、実力をアピールする場として東横の舞台に積極的に立ったし、一方、これらの古強者たちが見せる珍しい狂言や型、古い役者ならではの芸の味わいなどを求める見巧者の観客にとっても、東横ホールは得難い機会を提供する場でもあった。しばらく、そうした観点から、東横の舞台に関わった古豪、中堅の役者達について見てゆくことにする。

❶二代目市川猿之助（初代猿翁）と三代目中村時蔵

既に見たように、開場三ヵ月目の昭和三十年二月の松竹東横提携第三回の公演のタイトルは「若手歌舞伎特別興行」となっていて、中心になるのは、『仮名手本忠臣蔵』の通しで大星由良之助をつとめる守田勘弥だったが、「指導」として七代目三津五郎、三代目時蔵、二代目猿之助の三人の名前が掲げられていた。

戦後まで永らえた前代の大立者たちの多くが物故する中、東横ホールの開場直前の昭和二十九年九月に初代吉右衛門が亡くなったのを折り目として、「菊吉」という言葉で代表される戦前以来の体制は名実ともに終りを告げ、実質はそのしばらく前から始まっていた六代目歌右衛門、八代目幸四郎、十七代目勘三郎を三巨頭とする吉右衛門劇団と、七代目梅幸、二代目松緑に、「参加」という形をとっていたがのちの十一代目團十郎である九代目海老蔵を三巨頭とする菊五郎劇団の、二大劇団制がほぼ確立しようとしていたというのが、この時点での東京の歌舞伎地図だった。そういう流れの中で、三津五郎、時蔵、猿之助といった人々に用意されたのは「元老」という立場だった。関西で同じような立場にいた市川寿海と共に、こうした顔ぶれで一座を組むような興行も折々あったが、個々の芸は尊重されても、ひとつの勢力としてまとまることはなかった。三津五郎は「踊りの神様」と言われ芸術院入りしたのも舞踊家としてであり、また人柄としても恬淡、超然としていたし、時蔵は芸の上での覇気はいまなお盛んであったが、女形という立場もあり自ら一座を率いるということはなかった。

この中でひとり猿之助は、劣勢は否めないながらも市川猿之助劇団を率いて、いまなお一方の雄としての存在を維持していた。東横ホールでの歌舞伎公演が始まった当初から、最も頻繁に出演したのが猿之助劇団であったことは、最初の一年間の記録を見ても明らかである。それは一面からは、歌舞伎座、新橋演舞場、明治座というこの時点での三大劇場の歌舞伎興行に、単独では出演するのが難しくなっていたことの反映ともいえた。「若手」「花形」と言いながらこの劇団でそれにふさわしいのは市川松蔦と岩井半四郎の二人ぐらいで、その他は、澤村田之助、片岡芦燕、坂東秀調、澤村源之助、澤村鐵之助といった、本来猿之助とは門を異にする、ありていに言うなら、菊吉両劇団の体制に組み込まれなかった人々を抱え込んだものに過ぎなかった。副将たるべき実弟の八代目市川中車はむしろ吉右衛門劇団と行を共にすることが多かったし、その前名を継いだ市川八百蔵にしても根生いの人というわけではなかった。純然たる一門といえばわが子の段四郎だったが、この人も、戦前までは当代の第一線クラスに伍する位置にあったが、近年では、いまひとつ充分に発揮しかねている状態にあった。まもなく、現・二代目猿翁である孫の團子が義務教育の期間を抜けて新世代の花形の先陣として活動を始めると、猿之助も活気づいて父子孫三代での活動をはじめるのだが、それはもう数年後の話となる。（やがてその團子に猿之助の名前を譲って三代目とし、自分は初代猿翁を名乗るが、その襲名興行には最後の三日間、口上に列座したのみで翌月に逝去したことはよく知られている。つまり猿翁を名乗って舞台を踏んだのは、口上の三日間だけということになる。ここでは、リアルタイムの名である二代目猿之助と書くことにする。）

さてその猿之助と時蔵が東横の舞台にみずから出演したのは、昭和三十二年四月の提携第二十四回の公演で、「市川猿之助・中村時蔵初出演」とタイトルに謳った「特別四月大歌舞伎」だった。折からこの年の三月、新発足した日本俳優協会では、猿之助を初代の会長に選出したばかりだったが、「菊吉」亡き後の元老として、ごく自然のことと万人が受け止めていた。毎月の興行の実態は、菊吉両劇団のビッグ6ともいうべき六人に中心が移っていたが、名目的には彼等より上位にあった猿之助と時蔵という大家が出演することで、東横ホールという劇場の格式は一段と上がることになるわけだったが、料金が四五〇円・三五〇円・一七〇円と普段通りだったのも、好感を以って迎えられた。

(2–11) 昭和32年4月「彌作の鎌腹」②猿之助

筋書の巻頭にも、猿之助・時蔵両御大の東横ホール初出演の挨拶が掲げられたが、実際の舞台でも、昼の部には猿之助が、夜の部には時蔵が、それぞれの出し物をすませたのちに幕外で「御挨拶」をするのが、わざわざ一項目として番付に記されていた。

猿之助の出し物は「赤穂義士外伝」という肩書のついた『彌作の鎌腹』、時蔵は岡本綺堂作、久保田万太郎演出による『おさだの仇討』だったが、『彌作の鎌腹』は義士外伝というものがまだ一般の身近にあった当時では、大家でありながら大衆的で明快な芸風の猿之助にふさわしい演目と考えられたし、『おさだの仇討』は、時蔵の私淑する六代目尾上梅幸が昭和初年に初演した、綺堂晩年の佳作だった。猿之助としては戦中の昭和十九年に演じて以来だったが「このたび初めて東横ホールへ賛助出演するについて、何か当劇場のご見物の皆様をお喜ばせする好適な狂言はないかといろいろ選考した結果、この『彌作の鎌腹』こそ最も適当した作と決した」のだと筋書にある。小芝居種と識者から見做されがちなこうした作品が、東横ホールの客層にふさわしいという考え方があったことを窺わせる。つい最近、当代吉右衛門が国立劇場で出したのがこの時以来の上演ということになる。『おさだの仇討』にしてもつい二年前の二十八年八月に新橋演舞場で初役で演じていたが、それを東横で、というところに、客層の違いという発想があったことを思わせる。『彌作の鎌腹』は吉右衛門が「秀山十種」として演じていたが、その吉右衛門の名番頭ともいわれた老巧の吉之丞が持ち役の代官七太夫の役で出演、女房おさよに芝鶴、千崎弥五郎に勘弥と配役も揃い、好評だった。

しかもこの月は、猿之助・時蔵ともに歌舞伎座の吉右衛門劇団の公演にも出演し、猿之助は昼の部の開幕に自分の出し物として真山青果の『血笑記』に主演するほか、途中を抜けて東横へ行き、戻ってくると夜の部に歌右衛門が三島由紀夫の新作『熊野』を初演するのに平宗盛の役をつき合い、さらに『鈴ヶ森』で勘三郎の権八に長兵衛をつき合う。一方時蔵は、昼の部に幸四郎の弁慶、大阪から参加の鴈治郎の義経という『勧進帳』で富樫を演じた後、『時雨の炬燵』の治兵衛を歌右衛門のおさんと小春を相手に演じ、更に夜の部の第一に『毛谷村』のおそのを幸四郎の六助を相手に勤めたのち、渋谷に駈け付けるという、壮者をしのぐ旺盛な働きだった。

猿之助はこの後、翌三十三年に再開場した新宿松竹座（のち新宿第一劇場と改称）に孫の團子と出演するようになり、東横ホールへはこれが終り初物となったが、時蔵はこの後も二度、出演している。翌々月の六月、提携第二十五回公演と三十三年六月の提携第三十三回公演で、特に後者の折は芸術院会員に選ばれたのを祝うという意味合いもあった。

提携第二十五回の六月公演は、名称は「六月興行大歌舞伎」と平凡だったが、時蔵は昼の部に長谷川伸作『雪の宿場街』と『伊勢音頭』、夜の部に谷崎潤一郎作・久保田万太郎演出の『十五夜物語』に『切られお富』と昼夜四本に出演するという旺盛な意欲だった。『十五夜物語』は前年七月に歌舞伎座で上演して好評だったものを東横の観客に見せようという企画だった。『伊勢音頭』では初役で貢をつとめた。「時蔵は近年その本領の女房役以外に、上方物の和事役の開拓に意欲を見せています」と筋書の解説にある。『切られお富』のような悪婆物にも、以前から時蔵は意欲を見せていた。元老という立場にあっても大劇場ではなかなか演じる機会のないものを、東横という場で実現しようという意図が窺える。

猿之助劇団側から松蔦が『白石噺』の信夫に『鏡獅子』、吉右衛門劇団側から芝雀が『伊勢音頭』のお紺に『雪の宿場街』と『十五夜物語』でも大きな役をつとめていた。のちの七代目門之助と四代目時蔵だが、この二人を花形の女形の代表格とすると、昨年来の『十五夜物語』で主人公の妻の役を演じ『白石噺』で宮城野をつとめる我童が一座の立女形格といえる。平成五年に亡くなるまで、常に孤高を持し、わが道を往く感のあった特異な存在だったが、前々年に我童を襲名して以来のこの当時が、その独特の芸を世に知らしめた晴れの季節であったかも知れない。

その他では昼の部の開幕劇に『裏表忠臣蔵』から「宅兵衛上使」が出たのが珍しい演目だった。この時が昭和二年以来であり、その後今日まで上演されることのない珍品である。『仮名手本』の七段目の「裏」として作られた小芝居種ともいえる作で、前々月猿之助の演じた『彌作の鎌腹』にしても、むしろ初心者にふさわしいという観点からこうした狂言が選ばれたのは、当時の東横という場を松竹がどういう風に見ていたかが窺われる。

宅兵衛じつは寺岡平右衛門を演じたのは八百蔵、妹のお軽と顔世御前を松蔦、大星の妻お石を秀調といった配役の中で、小林平内という師直の間者の役（つまり『仮名手本』の鷺坂伴内の裏である）をつとめた澤村宗弥は前名を澤

(2−12) 昭和33年6月「夏姿女團七」　お辰：⑧宗十郎　三婦：⑧團蔵　お梶：③時蔵

村千鳥といった七代目宗十郎の古参の弟子で、東横の歌舞伎が始まってから存在を目立たせていた。こうした例は宗弥ひとりに留まらない。これも、東横歌舞伎の果たした功績のひとつといえるだろう。（宗弥はその後、門之助の許に移り市川紅車と名乗っている。）

時蔵の三回目の東横出演は三十三年六月だったが、この月は東横ホールには時蔵、新宿松竹座には猿之助と、二人の長老が、それぞれ渋谷と新宿で芝居をしたのが目を惹いた。

猿之助は新宿松竹座には四月の歌舞伎公演としての再開場の折にも、『二人三番叟』を出して段四郎と團子の三番叟に翁をつとめているが、このときが松竹座として二回目の歌舞伎公演となる。その折のことは、新宿松竹座のところで述べるとして、東横ホールの時蔵も、『大蔵卿』に『女團七』、綺堂作・岸井良衛演出『両国の秋』に、芝雀が主役の北条秀司の源氏物語『末摘花』に光源氏を勤め、昼夜四役という奮闘ぶりを見せた。折から芸術院会員に推されたという祝賀気分もあって、筋書も常より紙質も上等のものを用い、高橋誠一郎日本芸術院々長の文章や、久保田万太郎の「よこがほのいつまでわかき袷かな」という自筆の句が載るやら、特別号といった感がある。この時点で、現役の歌舞伎俳優としては、舞踊の部選出の三津五郎、演劇の部選出の猿之助についで三人目だった。

猿之助の『遠山桜』といい、時蔵の『女團七』といい、大衆的な芝居を共感を以って面白く見せるところに、当代の第一線級にはないひと時代古い役者の値打ちがあると評されたが、特に『女團七』は本興行としてはこれ以降、ごく最近四代目猿之助が手掛けるまで上演が絶えていた。時蔵は翌三十四年七月に亡くなるが、明治二十八年生まれの六十四歳という没年はいま思うと信じ難い若さという他はない。明治はまだまだ遠くなかった。

❷ 六代目坂東簑助（八代目坂東三津五郎）

ところで、時蔵の芸術院入りを祝ったこの興行には、関西歌舞伎から坂東簑助が参加していた。のちの八代目三津五郎だが、芝雀の絶間姫で『鳴神』、珍しい『岸姫松轡鑑』で朝比奈三郎と二つの出し物の他、『両国の秋』では仁科林之助、『末摘花』では受領雅国と、昼夜六演目中五演目に出演している。『岸姫』は上演がきわめて稀な、成果の上がりにくい作で、この時も好評を得るには至らなかったが、古い脚本にも通じている簑助の博識があっての企画だったろう。やがて国立劇場が開場して、当初、復活上演をさかんに行ったとき、三津五郎と勘弥の二人の故実に通じた博識がなければ不可能であったろうと言われたが、この時もその一端を披歴したのである。

藤巻を勤めた宗十郎も『女團七』では一寸お辰を演じ、さすがに古色ある味わいを示していた。歌右衛門、梅幸といった、菊吉両劇団の立女形より一世代年長者としての蘊蓄というものだった。一方、のちの四代目時蔵の芝雀が、『鳴神』で簑助を相手に雲の絶間姫を演じ、北条源氏の『末摘花』で実力を示したのは、昭和初期生まれという戦後派世代として、ひとつの礎石を築くものといえた。

簑助の東横ホール出演はこの時限りで終る。勘弥とは従兄弟同士であり、戦前の若き日には青年歌舞伎でも一緒だった時期もあるが、やがて東宝劇団に転じ、戦中戦後は関西歌舞伎で過すなど波乱の多い半生を送ってきた。このの ち、三十七年九月、八代目三津五郎を襲名してからは東京劇壇に定着し、師直、意休など最重要の脇の役を引き受ける重鎮として高い評価を得ることになるのだが、この当時は関西歌舞伎が壊滅状態となってフリーを宣言するなど、苦境にあった時期に当っていた。

❸三代目市川左團次

猿之助や時蔵が「元老」として地位を保っていた行き方に対し、三代目左團次の場合は、常に菊五郎劇団の中にいて劇団と行を共にしていたために、東横ホールとの関わりも、劇団の「若手花形公演」の補導的立場として出演するという形を取っていた。それだけ実質的であり、出演の回数もおのずから多い。劇団の長老であり、参謀であり、みずから別働隊の部隊長として働いていたと言える。東横の菊五郎劇団の公演が「若手の道場」の色彩がひと際鮮明だったのは、左團次が演目の選定から配役まで目を光らせていたためとも言える。しかし同時に、長老として遇されてはいても、劇団の一員として必ずしも驥足を思うがままに伸ばすことも出来ないという一面が、左團次に、自分のしたいことを実現する場として東横の舞台に出演させたという一面もあったのは確かだろう。実は左團次が、梅幸・松緑等に比べさすがに一日の長があるといった評価を得、その真価が「定評」として認められるようになったのは、若い頃ライバルとされた三代目時蔵などと比べても、随分遅かったのだ。そう考えると、左團次自身にとっての東横ホールの存在は決して小さくなかった筈である。

昭和三十一年二月に行われた松竹東横提携第十三回の公演は、いつもの通り「尾上菊五郎劇団若手歌舞伎」というタイトルがついていたが、この時もしかすると劇団内で大英断が行われたのかも知れないというのは、三代目左團次という大物が出演したことだった。左團次は、劇団の主軸である梅幸・松緑とは年配・芸歴ともにかなり開きのある先輩俳優だったが、劇団のまとめ役として構えを低く保っていた。二月公演の筋書の巻頭全面に、裃袴でこれから口上を述べようという姿の左團次の写真が載り、それにつけたキャプションに利倉幸一がこう書いている。

「左團次は、野球で言うと、菊五郎劇団の五番打者である。トップバッターの俊敏さはないかも知れないし、三、四番打者の華麗さは求められないかもしれないが、出塁した走者を還す確実な打力を持っている。怖いバッターというよりもいやなバッターだ。無論、チャンスには強い。味方にとっては頼みになる打者である」「ほんとうは苦労人なのだ。菊五郎劇団が今日のようにしっかり結ばれているのに、努めている左團次の役割は大きい。自分が先に立たないで、そして参謀じみた格好もしないで、うるさい世界をまとめ上げてきた力は、なまじな慾や恰好づけようとする見栄をきれいさっぱり洗い上げたような左團次だからこそ出来たのだ」

明治三十一年（一八九八）生まれの左團次はこのとき五十七歳、三つ違いで若いころお神酒徳利と呼ばれた三代目時蔵が、一年前の提携第三回の公演の時に、七代目三津五郎や二代目猿之助とともに長老として「指導」という名目で名前を連ねたのに比べると、今度の左團次の東横への関わり方は、ずっと実質的だった。昼の部の『素襖落』で太郎冠者、夜の部の『名工柿右衛門』で柿右衛門と、自ら主役をつとめたのである。

左團次の『素襖落』は六代目菊五郎の衣鉢を継ぐものと評されていたが、もうひとりの後継者である松緑がいるために歌舞伎座の大舞台で踊る機会は必ずしもあるとは言えなかったし、『名工柿右衛門』は、かつて十一代目仁左衛門の独特の名人芸を見せる一種の名物戯曲として知られていたのを、六代目菊五郎が宇野信夫の脚色で六代目流のリアリズムの劇に面目を一新させたものだった。亡くなる年の二月のことだったが、映画にして六代目がみずから出演

(2−13) 昭和31年2月「素襖落」 太郎冠者：③左團次

する計画もあったと伝えられていた。左團次がみずからそうした菊五郎の遺風を見せるのに東横ホールをふさわしい場と考えたとしても不思議はなかった。

この公演にはまた、尾上九朗右衛門も東横ホール初出演したり、つい昨年坂東簑助の女婿となって大和屋の人となった八十助が、妻の祖父である七代目三津五郎から珍しい『藤弥太物語』を教わって演じたり、老巧の脇役尾上鯉三郎が黙阿弥初期の作『因果小僧』を権三郎、橋蔵、八十助らと出すなど、演目選定の上でも意欲が見て取れた。これも、左團次がみずから出演して東横ホールの歌舞伎公演を筋目の通ったものにしようとした反映とも見える。

当時毎号、東横公演の筋書に演目の解説を書いていた劇評家の古老三宅周太郎は、『藤弥太』は三津五郎の傑作でありその健在な中にぜひ若手に教えて後世に残したいと、松竹に再三進言していたのだが、それが孫娘の聟の八十助によって実現したのはうれしいと、大正四年の昔に横浜座で見て以来の思いを達する喜びを手放しで開陳している。周太郎はまた『因果小僧』についても、『藤弥太』を見た前月、市村座で名人松助の小兵衛、菊五郎の六之助、菊次郎のおそのという配役で復活上演したのが大当りだったことを昂揚した筆致で述べている。昭和三十一年の三宅にとって、大正四年はついこの間の話に過ぎなかった。

『因果小僧』はこの後、三十五年二月にもやはり鯉三郎によって再演されている。六代目菊五郎のもとにあって叩き上げた世話物役者としての真骨頂を示すものとして、東横ホールの果たした、これもひとつの側面というべきだろう。果して、のちの九代目三津五郎である八十助がこのとき演じたこの二つの珍しい演目が、約四〇年後、七代目から見れば曾孫の十代目三津五郎によって演じられる基になったのである。

◉

左團次が再度、東横の舞台に出演したのは同じ昭和三十一年の九月興行だった。半年ぶりに「尾上菊五郎劇団若手歌舞伎」と銘打った公演で、つまり左團次は、菊五郎劇団としての東横公演に連続して出演したのである。

昼の部が『青砥稿花紅彩画』、夜の部が『怪異談牡丹燈籠』の通しで、それに昼は『夕立』と『保名』の舞踊二本を上下として出し、夜は『神田祭』で一日を華やかに打ち上げるという、菊五郎劇団の本興行さながらの演目立てで、東横ホールといえば若手歌舞伎という定評が、このあたりからひとつのイメージとして定着していく。連名の書出しが福助、留めの位置に別格の形で左團次、さらに初出演として尾上多賀之丞の名前が見える。『牡丹燈籠』で左團次の伴蔵に、多賀之丞が女房のお峰を演じたのである。

菊五郎劇団は、六代目菊五郎という総帥を失い、梅幸・松緑すらまだ定評を確立していなかった時期に通し上演を積極的に行なって評価を得たが、『青砥稿花紅彩画』も『怪異談牡丹燈籠』もその記念すべきひとつだった。東横ホールの若手たちに、それを追体験させようという意図が読み取れる。

『青砥稿』は「初瀬寺花見」の序幕から「稲村ヶ崎勢揃」を大詰とする全四幕六場で、権三郎改め権十郎が弁天小僧、八十助が南郷力丸、菊蔵が赤星十三、大輔が忠信利平に市蔵が日本駄右衛門の五人男に、若手としては由次郎が千寿姫、秀公が宗之助という配役で、赤星頼母の飛鶴、浜松屋幸兵衛の小伝次、ほかに新七、多賀蔵など、菊五郎劇団ならではの脇役たちを揃えていた。『牡丹燈籠』は「柳島飯島寮」の序幕から「碓氷峠仇討」の大詰までの七幕十四場で、左團次の伴蔵と幸助、福助の萩原新三郎とお国、権十郎の宮野辺源次郎、多賀之丞のお峰、鯉三郎の山本志丈、市蔵の馬子久蔵といった配役だった。踊りは『夕立』が福助に『保名』が左團次、『神田祭』は権十郎、八十助以下若手連中の出演だった。

左團次が東横の舞台で主役をつとめるのは、東横の歌舞伎の格を上げる上での効果の一方、平素はどうしても脇に回ることが多いために、東横の舞台に機会を求めるという意味合いもあったろう。それはまた同時に、梅幸や松緑、あるいは海老蔵等より一世代も古くからの経歴を持ち、古風な芸の味といい、豊かな知識といい、左團次ならではの舞台を期待する見巧者の観客たちの欲求に応えるものでもあった。

またこの時代は、戦前に小芝居や地芝居などで大きな役をつとめた経歴をもちながら、戦後、大歌舞伎に戻って下回りのような役に甘んじている古強者も少なくなく、東横ホールの舞台は、そうした人々が同じ脇役でも目に付く役を与えられる機会にもなっていた。こうして、東横の舞台は、さまざまなレベルさまざまな意味合いで、歌舞伎座などの大劇場では叶えられない副産物をも産み始めていたのである。

左團次の三度目の東横出演は、翌三十二年二月、左團次と福助を別格に、権十郎を書き出しとする恒例となった顔ぶれだったが、多賀之丞と鯉三郎が加わったのは、左團次が左官の長兵衛になる『文七元結』に女房のおかねと和泉屋清兵衛をつとめるためだった。八十助の文七に由次郎のお久、梅花の角海老女房に権十郎が鳶頭、市蔵が角海老の若い者藤七でつき合う、といったあたりの配役は、東横をホームグラウンドとする菊五郎劇団第二軍として、既にお馴染みの顔ぶれといえた。渋谷の海老様のニックネームをすでに得た座頭格の権十郎、ぽっちゃりとかわいらしいと女性客に人気を得、識者にも存在を注目され始めた由次郎、踊りとさっくりとした動きのいい八十助、敵役に手強さを見せる市蔵、二枚目立役から女形に手堅い実力を示す菊蔵などが中核を形成、また、福助の股肱の臣という立場から、劇団の中で脇役として自身の存在を鮮明にした梅花や、第一軍ではまだつとめない老け役の大役を引き受けるようになった小伝次なども、脇役として馴染みの存在となっていた。

昼の部に権十郎の松王丸、八十助の梅王丸、由次郎の桜丸に市蔵の時平の『車引』、権十郎の松王丸、八十助の源蔵、菊蔵の千代、梅花の戸浪、市蔵の玄蕃による『寺小屋』という『菅原伝授手習鑑』や、八十助の源九郎狐、菊蔵の義経、秀公の静、大輔の弁慶という『鳥居前』、権十郎の権太、由次郎のお里、菊蔵の維盛、市蔵の梶原、小伝次の弥左衛門による『鮓屋』という『義経千本桜』のそれぞれ半通しという顔ぶれを見ると、そっくりそのまま、昭和から平成へと歌舞伎を支えた人たちであり、役どころであることがわかる。

もっとも、ある意味でのこの月の眼目は、左團次の地主スチェパン、福助の客イワンという配役のアントン・チエホフ作『犬（結婚申込）』であったというべきだろう。演出の岡倉士郎が筋書に書いている「西洋お狂言『犬』」という文章によると、はじめ劇団の企画部から演出の依頼があったときは、伊賀山昌三による翻案物の『結婚申込』のことかと思っていたら、「あっしゃあ、松助のおやじのやった『犬』をやりたいんですよ」と左團次本人から聞かされ驚いたという。外題の『犬』に（結婚申込）と括弧書きで添えてあるのは、この伊賀山昌三翻案の、日本の農村に舞台を設定した劇が、当時の観客になじみがあったからだった。舞台装置を引き受けた洋画家の木村荘八は、岡倉から上演の趣意を聞くと、「西洋お狂言ですな」と言って快諾したという。

左團次の言にある松助のおやじとは、天保十四年生まれで五代目菊五郎の門弟だった四代目尾上松助のことで、昭和三年に八十五歳で亡くなるまで、たとえば『源氏店』の蝙蝠安などで名人と呼ばれた脇役者だったが、明治四十四年に帝劇が開場すると専属となり、帝劇が養成した女優たちを売り出すための女優劇にも補導的な立場で出演したり、帝劇名物だった益田太郎冠者作の現代喜劇でも常連の出演者だった。

左團次は、二代目左團次の自由劇場も坪内逍遥の文芸協会も十代の若き日に見ていた。チエホフの『犬』は築地小劇場で小山内薫の演出で二度、上演しており、左團次はその折の小山内薫訳の脚本でやりたいというのだった。これ

(2−14) 昭和32年2月「犬（結婚申込）」より、
イワン：⑦福助　スチェパン：③左團次

からの歌舞伎は新しい脚本も手掛けなければならないし女形の役者も女形の役だけではやっていけない時代が来るであろう、だから福助に『犬』のような芝居をさせようというのが、左團次の真意だった。「そういう遠大な考えがあってやったんだ。福助なればこそあそこまで出来る。ほかの若い役者にはあの役はできない」と岡倉士郎との対談で語っている。「ぼくには恩師だからね、小山内さんは」と左團次は言う。

海老蔵の光源氏で大評判だった『源氏物語』なども、女形では不自然で、女優を使うようになるだろうと左團次は考えていたらしい。但しそれには女優が歌舞伎に慣れてこなければならない、今の新劇の女優ではいきなり使えないというのが左團次の考えで、今回ナタリアの役に新派女優の渡辺千世を起用したのもそうした配慮からだった。

左團次は、九代目團十郎の最晩年に入門した直門の弟子だった。歌舞伎の演技演出に革新をもたらした團十郎に接し、自由劇場や文芸協会以来の新演劇に親しみ、長じてからは踏影会を起して新舞踊を試み、六代目菊五郎のもとで新しい演技に開眼した左團次は、戦後というこの時点にあってなお、先人たちの模索した新しい芝居、新しい演技を希求していたのだった。

「うちに現在いる若い役者にあの役はできないな。第一、本も読まなくちゃいけないよ。われわれ、年齢のいかない時分、ずいぶん読んだし理屈っぽいことも言った。うちの方の若い者はあんまり読まないね。菊蔵ぐらいだろう、読んでるのは」

菊五郎劇団の長老格で、梅幸や松緑を立ててみずからは補佐役をもって任じ、決してしゃしゃり出ることをしないハイカラ紳士と見られていた左團次だったが、ただの温厚な人格者といって片づけられない気概と、同時に辛辣な目をもっていたことがわかる。晩年、『妹背山道行』の求女などで古風な歌舞伎味を珍重された左團次だが、その古風さとは、左團次にとって、若き日に学んだ新しい演劇と表裏ひとつのものだったに違いない。

次いで同じ年の九月、左團次はまたまた東横ホールに出演する。菊五郎劇団の公演は、前年来、二月と九月が恒例となった感があった。今度も「市川左團次出演」の添書きがついていたが、常連の花形の出し物は、「渋谷の海老様」の愛称がすっかり身に付いた権十郎が『黒手組助六』、八十助が『蘭平物狂』で、権十郎は行平、八十助は牛若伝次の役で互いにつき合っていた。由次郎が『蘭平』では水無瀬、『黒手組』では揚巻と、この顔ぶれでの立女形の役をつとめ、市蔵が音人と鳥居新左衛門、梅花が明石と白玉と、このあたりは常連の顔ぶれといってよい。

しかしこの公演の主役は、仕事の量の上でも長老の左團次であったというべきで、十二時開演の第一部の真っ先に、福助の深雪を相手に『朝顔日記』の駒沢をつとめ、当時評判の小説、子母澤寛作の『父子鷹』の勝小吉を演じ、更にシェイクスピアの『ベニスの商人』の「法廷の場」一幕を坪内逍遥訳で、福助のポーシャを相手にシャイロックを演じるという獅子奮迅ぶりだった。上置きでも補導出演でもなく、東横を自分のしたいものを実現する場としている風だった。もっとも批評家連からは、駒沢はさすがだがシャイロックは微苦笑物という評価だった。因みにこの「沙翁劇」には、権十郎がアントニオー、市蔵がバッサニオー、当時松緑の許に預かりの形で修行中だった仁左衛門の長男の秀公が、ポーシャ姫の侍女のネリッサの役で出演している。現在の我當である。

左團次の五回目の東横出演は半年後の昭和三十三年二月、「市川左團次舞台生活五十五年記念」と謳っていた。前

(2−15) 昭和32年9月「黒手組曲輪達引」　助六：③権十郎　揚巻：④由次郎

年菊五郎劇団に加入した坂東鶴之助が東横初お目見えで連名の留めの位地に座っていた。左團次は東横ホールをむしろ自分の居場所と心得ているかのように、昼の部の切りに福助と『二人道成寺』を踊り、夜の部の一番目に福助が浅岡を勤める『実録先代萩』に片倉小十郎をつき合った後、『弁天娘女男白浪』の「浜松屋」と「勢揃い」に弁天小僧を勤め、『道成寺』と「勢揃い」の終ったあと、幕外で扮装のまま挨拶をするという働きぶりだった。

舞台生活五十五年とは、西暦一九五八年のこの年、西暦一九〇二年の明治三十五年十月に初舞台を踏んで以来という計算だった。父親は九代目團十郎の相手役を勤めた六代目市川門之助で、その門之助が若き日の六代目菊五郎を見込んでわが子を託して以来、その門にあってひと筋に歩んできた。この月の筋書に各界の名士が寄せた文章が載っている中に、作家の吉屋信子が、娘の頃に『演芸画報』で見た写真に、美少年男寅がパジャマを着て縁側の柱にもたれて朝の庭を見ているのがあった、という思い出から、昨年秋の文士劇で顔世御前の役を指導してもらうことになった折に、「昔、パジャマを着、六代目に愛された幸福な青年俳優の俤はそのままに、優雅で瀟洒な老紳士の中に残っていて、そして在りし日の菊五郎吉右衛門たちの醸していた歌舞伎の伝統と雰囲気をたっぷりと身につけている、生きている尊い文化財に思えた」と記しているのが、左團次の面影をよく伝えて間然するところない証言と思われる。

文化人に左團次贔屓が多いのもその洒脱な人柄ゆえで、話が先になるが、この年七月に東横ホールの舞台で大佛次郎の『鞍馬天狗』を劇化、左團次が天狗の役を勤めた折に、趣味の茶杓を作って「天狗様参る」と箱書きして作者に贈るという間柄だった。ベル・エポックと言われた大正期に若き日を過ごした人ならではのシックなたたずまいを持ち続けていた。筋書に文章を寄せた名士連の中に、小西徳郎、鈴木惣太郎など、往年の野球界のＶＩＰ達の名前が見えるのも、若き日の悪童仲間がそれぞれの道で大を成した同士のつき合いなのだった。そういう広い範囲の交際を持っているところに、左團次ぶりの優雅さがあった。

今度も、左團次は『二人道成寺』『実録先代萩』と、福助、のちの中村芝翫を相手に舞台を勤めているが、六代目菊五郎の芸の正統を学んだ者として、はるか後輩ではあっても最も望ましい共演者と認めていたと思われる。東横ホールでの舞台は、左團次にとってオアシスのようなものであったかも知れない。

(2−16) 昭和32年9月「ベニスの商人」
グラシャーノ：③薪蔵　シャイロック：③左團次　ポーシャ：⑦福助

この年の七月も菊五郎劇団の花形たちの出演だったが、「市川左團

(2–17) いずれも昭和３３年２月公演より
（上）「弁天娘女男白浪」南郷力丸：③権十郎　弁天小僧：③左團次　駄右衛門：④鶴之助
（下）「二人道成寺」を終え幕外で挨拶をする③左團次

次出演」と添書があって、今度も左團次が上置きとして働くという体制だった。左團次の出し物は、先に触れたように大佛次郎の原作小説を高橋博が脚色演出した『鞍馬天狗』で、これを第二部の一番目に出した他に、第一部の中幕に福助の『女伊達』と上・下にして『杏花丹前』を踊るのと、福助の豊志賀、鶴之助の新吉、由次郎のお久という配役の『真景累ヶ淵』に新吉の伯父の勘蔵の役で出演というスタンスである。

もうひとつ、第一部の「序開き」として『鏡台山龍救奇談』という一幕物を作って、劇団の大部屋俳優たちに五日替りで修行芝居をさせるという試みが、左團次の提唱により行われた。「猿若町の昔を偲び古式にならう見立狂言」と添書きにあるように、江戸の猿若町時代の歌舞伎では、一日の芝居は朝まだ暗い頃に最初の幕が始まったが、それは下廻りの役者たちの修行の場でもあったというところから、その修行法を現代に復活しようというのが趣旨だった。もっとも識者の間では、勉強させようというのなら本格的な演目に取り組ませるべきで、封建体制の中での修行方法の復活など時代錯誤であるといった批判が多かった。出演者を見ると、今も健在の尾上菊十郎の尾上梅五郎、最近まで活躍していた山崎権一の山崎宝などの名前が見える。

その他では権十郎の十郎、八十助の五郎、鶴之助の仁田四郎、由次郎の喜瀬川の『夜討曽我』、鶴之助の宗五郎、市蔵の浦戸十左衛門、八十助の浦戸門三郎、由次郎のお蔦、権十郎の主計之介、菊蔵のお浜、飛鶴の太兵衛、梅花のおなぎという『新皿屋舗』の通しなどで、当時の劇評は概してこれら花形たちに厳しい中に、鶴之助の宗五郎について、菊五郎から松緑という継承線をしっかりと受け継いでいるのが心強くも楽しくもあった、といった評価が目につく。

◉

左團次の七回目の東横出演は三十五年二月、例年通り菊五郎劇団の若手に補導出演するという形だったが、タイトルから「若手」「花形」という文字が取れて、代わりに「第一回歌舞伎道場」という文字が添えられていた。筋書グラビアに「春梅薫若衆姿絵」の文字に（うめにかおるおとわやいちもん）と読ませるルビを振って、福助と九朗右衛門が別格風に並んだ下に、権十郎、鶴之助、八十助、芦燕、菊蔵、秀公、由次郎、市蔵らの扮装写真が並んでいる。つまりこれが「道場」の門人たちというわけだが、顔ぶれとしては毎度お馴染みの面々である。

左團次はこの中で、昼の部第二に近松の『壽の門松』で山崎浄閑、第二部第一の『修禅寺物語』の夜叉王を初役でつとめて関心を惹いた。『壽の門松』は近松の名作と言われながら地味な作品なために滅多に上演されない。鯉三郎の治部右衛門ともども、のちに歌舞伎座で再演されている。東横で初演したものが、このように、やがて歌舞伎座などで再演、三演されるという例も少なくない。

『修禅寺物語』は二代目左團次の新歌舞伎の代表として名高いが、芸統を異にする音羽屋門の三代目には縁のない狂言と思われた。たまたま三代目として左團次の名を名乗ることになったが故の上演というところに興味が持たれたが、左團次自身も、演出の松浦武夫も戦前の二代目左團次の舞台を見ていなかった。松浦は文学座所属の演出家で、夙に新作物の演出を手掛けていて今度が四回目の起用だった。左團次の演技は、夜叉王を下級の職人という解釈で、セリフも謳わず日常語的にするという、『名工柿右衛門』で試みたのと同じ、六代目菊五郎がもし演じたならそうするであろうと思われる行き方だった。「大統領」と大向こうから声が掛ったという二代目左團次の「新しい芝居」は、古色漂うセピア色をした古いアルバムの一頁と思われていた。（なおこのとき、下田五郎を男寅がつとめている。現・四代目左團次である。）

ところでこの「歌舞伎道場」は、「第一回」と称せられたにも拘わらず、この時限りで立ち消えになってしまう。東横の歌舞伎公演はこの年、大きな方向転換を見ることになり、左團次の意欲は潰えたのである。

左團次が「菊五郎劇団若手歌舞伎」として東横ホールの舞台を踏んだのは以上の七回だが、この他にもう一度、東横歌舞伎の公演に出演している。昭和三十七年十二月、松竹東横提携第六十三回の公演だが、これについては、第四章の「昭和三十七年のクロニクル」の項で述べることにする。それと別に、四十二年四月、歌右衛門の自主公演「莟会」に客演して『日蓮上人御法海』と『廿四孝』の「道行」を演じているが、これについても別に述べることにしよう。

❹八代目市川中車

八代目中車が前名の八百蔵から襲名したのは東横ホールが開場する前年の昭和二十八年六月のことで、『絵本太功記』の光秀が披露の役だったが、それから間もない九月の歌舞伎座で初代の吉右衛門が『時今也桔梗旗揚』の光秀をした時、「本能寺」だけは自分でしたが次の「愛宕山」の場は中車が引き継いでつとめている。当時の猿之助劇団が吉右衛門劇団と合同公演という形を取ることが多かったせいもあって、両劇団の間にあって独歩していたという感が強い。中車は二代目猿之助の実弟であり、名人と評された七代目中車の名前養子という身で、前名の八百蔵時代からラジオの『宮本武蔵』の朗読で徳川夢声と名声を二分するなど、歌舞伎界の外にまで知名度が高かった。

中車がはじめて東横ホールの舞台に登場したのは昭和三十一年三月の提携第十四回公演だった。猿之助劇団と吉右衛門劇団の出演で、この時も「合同歌舞伎」という名称が使われた。前月の菊五郎劇団公演に三代目左團次が出演したのが話題となった後だけに、中車が東横ホールに初登場するのが注目された。左團次が出演した先月は一等料金が四五〇円、中車参加の今月は四〇〇円と、従来の三五〇円を続けて上回ったので、『演劇界』では、「時のことば」という時評欄で警告を発している。

既に四回目の東横出演となる勘弥、これも初登場の八代目宗十郎に中車が加わると、やや二軍的とはいえそれなりの安定感をもつ座組みが出来る。もっとも、中車も勘弥も、同じ月明治座で行われている吉右衛門劇団の公演にも掛持ちしていて、中車は東横の夜の部で『石切梶原』の梶原の他、半四郎の知盛の『船弁慶』に間狂言の舟長をつとめ、昼は明治座で勘弥と落語種の『らくだ』を出しているし、その勘弥は、東横の昼の部第一に『一条大蔵譚』を勤めてから、浜町まで駈け付けて『らくだ』と、夜の部に幸四郎が珍しく岡鬼太郎作『今様薩摩歌』を出して菱川源五兵衛をするのに笹野三五兵衛をつとめるという具合である。ついでに言えば八代目澤村宗十郎も、倅の訥升、後の九代目宗十郎の夕霧を相手に『廓文章』の伊左衛門を演じている。

中車といい勘弥といい、手練れの万能選手と見られていた。勘弥は戦前の青年歌舞伎に於ける花形であり、宗十郎はある時期までは、当代の立女形である歌右衛門の上位にあった人だった。この人たちの立場や在り方は、当時の通念でいうなら「一流半」の処遇ということになる。但し宗十郎の場合、この伊左衛門のように一演目の主役をつとめて流石と言われることはあっても、中車や勘弥のようにひとつの興行をリードすることがなかったために、東横ホールの上演史に強い印象を留めることなく終っているのが残念である。

中車の驥尾に付す形で八百蔵が『修禅寺物語』の夜叉王を演じたり、中堅の又五郎と高麗蔵で『かさね』を踊ったり、というあたりが東横ならではの配役だったが、半四郎が『船弁慶』で知盛と静、松蔦が『八重桐廓話』で八重桐、訥

(2−18) 昭和31年4月「俊寛」⑧中車

升が父宗十郎の伊左衛門に夕霧をつとめる辺りに、若手の道場らしい路線が継承されているのが見える。

翌月の四月も、中車を筆頭とする猿・吉両劇団の「合同歌舞伎」が居座って、宗十郎と代って前月大阪歌舞伎座で襲名披露をすませた我童が入るなど、多少の異同はあったがほぼ前の月の持越しだった。

この月の「合同歌舞伎」一座は、座頭格の中車が『引窓』と『俊寛』で南方十次兵衛と俊寛、段四郎が『毛谷村』の六助と『茨木』の綱、勘弥が『吉野山』の忠信に『茨木』で伯母真柴実ハ茨木童子に『俊寛』で丹左衛門、我童が『毛谷村』のお園に大森痴雪作の『封印切』の後日談『後の梅川』の梅川といった、中年組が元気なところを見せるプロだったが、このうち、中車の出し物が二本とも昼の部なのは、「吉右衛門一座、猿之助一座、三津五郎・時蔵参加」という歌舞伎座と掛持ちをしていたからで、その夜の部で中車は『逆櫓』の権四郎、めずらしい『都鳥廓白浪』で宵寝の丑市という難役を引き受けていた。こうした活躍ぶりを見ても、この頃が中車一代の最も脂の乗った盛りであったと思われる。

この時の『引窓』で、引窓の開閉に合わせて照明で月の光の明暗を見せるという試みをしたのが珍しいと、後々まで例に引かれたが、三宅三郎によれば、吉右衛門の行った試みを踏襲したのであったという。中車はこの当時、何かにつけ吉右衛門に私淑したやり方を見せることが多かったが、『俊寛』では父の二代目段四郎から伝わった赦免の船の着くのを下手側にするなど、一家言ある理論派らしいところを見せた。（赦免の船を下手側に着船させる型は、当代の猿之助も「亀治郎の会」で試みている。）

八代目中車が東横の舞台に登場した三回目は、翌昭和三十二年三月、猿之助劇団単独の出演で『仮名手本忠臣蔵』の昼夜通しだった。中車が大星と勘平、現猿翁の團子がまだ十七歳という若さで若狭助と力弥を演じ、若狭助は義理にも褒められない拙さ加減だがこういう若手が全力で取り組むところに明日の歌舞伎がある、四段目の力弥などいかにも期待の星だ、と当時の劇評にある。孫の團子のためだけでなく、猿之助が毎日のように劇場まで通って目を光らせたので、これといった魅力はないが東横ホールのお客さま向きの解説版として統率が取れている、という少々皮肉な評が残っている。師直・定九郎・不破が八百蔵、石堂と千崎が五代目田之助、塩冶判官・平右衛門が段四郎、一文字屋お才が源之助、おかやが秀調といった配役は、たしかに魅力には乏しくとも、一定の水準でしっかりした舞台であったろうとは充分推察される。猿之助劇団として、最後の踏ん張りであったろう。

もっとも、見巧者の客にも喜ばれる配役もあった。我童が顔世をつとめるといえばこういう時しかなかったろうから、これは滅多にない機会といえた。（歌右衛門・梅幸という当代の立女形に対して、密かに我童礼賛を開陳するのが芝居通の見識というものだった。）

おかるは松蔦だったが、この時点での若手花形の中でおそらく誰よりも安定した芸を見せていたのはこの人だった。半四郎が東宝に移籍したために相手役がいなくなった半面、親子ほども年の違う中車の勘平を相手に一座の立女形の位置に坐ることになったわけだが、このときの團子がやがて三代目猿之助となって天馬が空を往くような活躍を見せるようになった時、門之助となっていたこの人は、常に一座にあって行を共にすることになる。因縁を思わないわけに行かないが、猿之助との縁は、それぞれ代が変って子である現・門之助にまで続くことになる。

中車の大星は初役、勘平は十何年ぶりだかというもので、腕で見せるという勘平であったと思われる。それにして

(2−19) 昭和32年3月「仮名手本忠臣蔵」
勘平：⑧中車

も中車ほどのベテランにしてこの時の大星が初役であったというのは、東横の舞台がこうした古強者たちに貴重なチャンスを提供する場であったことを物語るものだろう。

中車は理論派として知られていたが、この時に演じた「七段目」の大星が、上手の二階座敷からおかるを下してやった後の梯子の扱いについて、『演劇界』に載った古老の批評家濱村米蔵の評と、読売新聞の安藤鶴夫の評の意見が正反対であったことに関して、『演劇界』の編集部へ直接電話をかけ、あくまでも抗議の意味はなく、ただこういうとき役者としては戸惑いを覚えざるを得ない。ついては、役者と学者や批評家の間で演出会議のようなものを持つ機会があっていいのではないか、という提言をしている。中車の大星が、縁の下に潜んでいる九太夫にちょっと思い入れをしてから梯子を元のところに戻したのを、安藤はよしとし、濱村はあの梯子は縁の下をふさぐようにしなければいけないとしたことを捉えての、申し入れだった。こうした場合、俳優側から直接こうした挙に出るのは普通はないことといってよい。理論派で、圭角の多いとされていた中車らしいエピソードである。

◉

蛇足のようだが、ひとつの話題を間奏曲風に述べておくことにしよう。昭和三十三年の十二月といえば、歌舞伎座と東横ホールと双方で、戦後初の顔見世興行が行われた時だが、その同じ月、新宿に開場したコマ劇場で「第一回コマ歌舞伎」と称した公演が行われ、霜川遠志作『西遊記』は榎本健一、つまりエノケン主演だったが、『三人道成寺』

では扇雀・半四郎・松蔦の花形三人がそれぞれ白拍子花子・桜子・梅子という役名で踊り、瀬戸英一作『耕鹿乃子纏』という捕物芝居にこの三人に加え中車が新門辰五郎の役で出演するということがあった。こうした興行の形もこの頃から頻繁に見られるようになる。中車にせよ、次に述べる勘弥にせよ、こうした時に何かと引っ張り出されることがよくあった。置かれている立場、何でもこなせる腕達者ぶりなど、理由はいろいろ考えられるのだが、「器用貧乏」というあまりありがたくない呼称がとかくついて回る因ともなった。

◎

閑話休題として、中車の東横出演は意外に少なく全部で四回だったが、その最後になったのは昭和三十五年五月、提携第四十六回の公演で「東西花形歌舞伎」と銘打っていたが、友右衛門の参加があった他は、中車と段四郎を中心に八百蔵、松蔦、團子と並び、『小栗栖の長兵衛』『高野物狂』『怪談蚊喰鳥』『蚤取男』と、演目の上でもむしろ澤瀉屋公演の趣きだった。花形の名にふさわしいのは、團子が祖父から家の芸を伝授された『高野物狂』だったが、一番注目され、評価を受けたのは中車が澤瀉屋式で演じた『傾城反魂香』だった。鋭利な芸風で理論家の中車が、最後に手水鉢を切ると吃りが直るという土俗的、大衆的な色合いの濃い型で演じるのが注目されたが、そうした古風なやり方を面白く見せたところが芝居巧者と評された。『怪談蚊喰鳥』は、宇野信夫が六代目菊五郎に書いて名作とされる『巷談宵宮雨』などと同工の市井の怪談で、猿之助の十八番とされていたのを、中車らしい緻密な工夫で巧みに見せてこれも好評だった。どちらも友右衛門との共演だったが、東横という場を得て中車が座頭役者として最も輝いたいっときであったろう。

中車は、翌三十六年、電撃的に発表された八代目松本幸四郎の東宝移籍に呼応する形で、自身も東宝と契約を結ぶこととなったため、東横ホールへの出演はこれ切りとなる。以後は、三年後の團子の三代目猿之助襲名披露の折を別にすれば、松竹系の舞台に出ることがなくなったため、中車の歌舞伎の舞台を見る機会は、数少ない東宝での歌舞伎公演と、国立劇場に出演する折りしかなくなってしまったのが残念である。結果的に東宝移籍がやや裏目に出た感もあって、国立では主役を勤める機会はなかった。最後の舞台となった松緑主演の『髪結新三』での家主や、その二年前、勘弥主演の『与話情浮名横櫛』通し上演の折の蝙蝠安など、老巧ぶりを示して好評だったとはいえ、往年の中車を知る者にはやや寂しい役回りとも言えた。むしろ、逝去の前月の昭和四十六年五月、「綺堂傑作集」として久々に上演された『室町御所』の松永弾正が、脇の役とはいえ、さすがに大正の新歌舞伎の骨法を知る人らしい風格だったのを、最後に見せた輝きと見るべきであろう。

三代目左團次よりも二歳年長という同世代で、共に幼くして九代目團十郎の門に連なるという同時代に生きた中車だったが、左團次より二年遅れて昭和四十六年、国立劇場出演中に急死するという、左團次とは対照的に波乱に満ちた人生の締め括り方だった。

❺ 十四代目守田勘弥

ベテランの俳優の中で東横ホールの舞台に最も多く立ったのは守田勘弥である。開場三回目の昭和三十年二月に早くも出演、開場十周年記念の三十九年十二月まで都合十三回に及んでいる。もっとも勘弥の場合は、長かった不遇不振の時期からようやく脱しようとしながらもう一つ腕を揮う機会にめぐまれない感のあったところへ、東横という格好の場が目の前に拓けたという方がふさわしい。当時は多く吉右衛門劇団と行を共にしていたが、フリーの立場にあったので、芯の役として自分の出し物をするには東横は絶好の舞台となった。

先に引いた第一回公演の折の筋書に寄せた劇評家秋山安三郎の文章にある「いずれも老巧者で、舞台経歴何十年、芝居裏では酸いも甘いも知り知っている芸達者です。それでいながら兎角歌舞伎座ではいい役の滅多に付かない不遇の人達」という、菊・吉両劇団の体制が確立されてゆく中で、各々それなりの家柄と経歴と腕前を持ちながら活躍の場を狭められてゆく、四〇代・五〇代という働き盛りの俳優たちを如何に処遇するかということは、松竹の側でも頭を悩ませる問題であったろう。重宝に使われながら確固とした居場所を得られない。もっと言うなら、猿之助や時蔵、左團次といった長老として遇されていた大物たちといえども、両劇団体制の間で立場や活躍の場を窮屈に感じるようになっていたことに変りはなかった。そうした中で、自身の失地回復の足掛かりとして東横の舞台を最大限に活かしたのが勘弥であったと見ることができる。

◉

勘弥の東横初登場は、既に見たように昭和三十年二月、「若手歌舞伎特別興行」と謳った提携第三回公演の『仮名手本忠臣蔵』の通し上演で大星由良之助と「八段目」の戸無瀬をつとめた舞台である。前年十二月の歌舞伎座の吉右衛門劇団の『仮名手本』の通しでは若狭助をつとめていた。つまりその程度には劇団の中でも遇されていたわけだが、八代目幸四郎がいる以上、勘弥に大星の役が巡ってくる機会はまず考えにくい。（三年後の三十三年三月、歌舞伎座で『仮名手本』の通しが出ていた時、時ならぬインフルエンザの大流行で歌右衛門、幸四郎らが次々と休演、勘弥が本来の持役の石堂・定九郎・不破数右衛門の三役に加え、塩冶判官、道行の勘平、桃井若狭助に大星を代役で勤めるということをしてのけて、勘弥再評価の一大ステップとなるという事態が生じている。）しかしこの東横の舞台は、初日に四段目の開幕前に猿之助と三代目時蔵の元老二人が幕外で挨拶をするということがあったように、そうした権威に守られての公演だった。忌憚なく言うと、この時の勘弥の座頭役は「一流半」と見られていたのである。

この年、勘弥はひと月置いた四月、さらに九月と、都合三度、東横の舞台を踏む。いずれも連名の筆頭に置かれ、又五郎、芝鶴、高砂屋福助らのフリーランス組と、半四郎・松蔦の花形に、段四郎を書き出しに芦燕を留めにした猿之助劇団の面々の合同だった。芦燕はこのすぐ後の五月、歌舞伎座で十三代目我童を襲名し、その貴重な女形ぶりが一躍、識者の注目を集めることになる。おそらくその役者人生で最も脚光を浴びたさなかにあった。

（2－20）昭和30年9月「心中天網島」　小春：⑬我童　三五郎：③半蔵　治兵衛：⑭勘弥

勘弥はここで、芝鶴の延寿、又五郎の千鳥で『源太勘当』の源太、松蔦の梅川、高砂屋福助の八右衛門で『封印切』の忠兵衛、段四郎の弁慶で『勧進帳』の富樫、九月には我童のおさんと小春で『心中天網島』紙治内の治兵衛、松蔦のお浜、我童のおなぎで『新皿屋舗』の宗五郎といった、歌舞伎座にいてはこれだけ集中的に勤めることは叶いそうもない大きな役を引き受けている。勘弥の他にも、我童の『酒屋』のお園など、歌舞伎座の第一軍にもまさる面白さと指摘する声も一部の見巧者などから上がったが、当時の方針としては第二軍であり、劇評でも大方はそうした線で片づけられている。一度固まってしまった「定評」は、容易なことでは覆らないのだ。

◎

勘弥の次の東横出演は、翌年三十一年の三月と四月、既に触れた、中車が東横にはじめて出演した二つの公演である。当時の序列からすれば中車の名が連名の首位に並ぶことになる。中車の項で触れたように、中車も勘弥も明治座の吉右衛門劇団の公演と掛持ちで、勘弥は東横の昼の部の第一に『一条大蔵譚』をつとめてから明治座へ移動し、明治座で中車と『らくだ』をつとめるというややこしいことになっていた。『大蔵譚』は亡父十三代目も得意とした、当時定評のあった初代吉右衛門とは一風異なるユニークなもので、この時東横で演じた実績が、後年、国立劇場で『鬼一法眼三略巻』として通し上演した折、大蔵卿をつとめる下地となったのだった。

翌四月も引き続き中車を筆頭とする公演で、勘弥は又五郎の静で『吉野山』の忠信、段四郎の綱を相手に『茨木』で伯母真柴実ハ茨木童子、中車の『俊寛』で丹左衛門をつとめた。ここでも、中車にしても勘弥にしても相当の技量を認められつつも、「大一座の残党」といった冷淡な評語につきまとわれるのだ。

勘弥が次に東横に出演した昭和三十二年四月は、これも前に触れた、猿之助と時蔵の元老二人が揃って東横に初出演するという話題の多い公演だったが、この中で勘弥が演じた『盛綱陣屋』は歌舞伎座に出しても遜色ないものと評価され、再評価と復権のための大きな足掛かりとなったとされている。この頃からようやく、勘弥に対する識者の評価に変化が見られるようになって行く。この公演ではもうひとつ、かつて父の十三代目が演じた『大経師昔暦』を近代的解釈で書換えた木川慶二郎作『おさん茂兵衛破れ暦』を自分の出し物として出している。猿之助と時蔵は別格であり、勘弥がこの公演の実質上の芯であったことがわかる。勘弥はまた猿之助の『彌作の鎌腹』でも千崎弥五郎をつとめて好評だった。

その年の十二月は、開場三周年記念の「顔見世若手歌舞伎」と題して、勘弥、段四郎、我童を芯に、権十郎、八十助、訥升、由次郎という菊・吉両劇団の花形の常連に加え、このところ出演が多くなり存在が目につくようになってきた團子の名が連名に並んだ。菊・吉・猿三劇団から誰かしらが出ているから顔見世には違いないと揶揄する声もあったのは、この月、歌舞伎座では待望久しかった吉右衛門劇団と菊五郎劇団の合同が実現して豪華版の顔見世興行が行われていたのと比較しての冗談で、たしかに、東横の顔見世は、皮肉に取れば歌舞伎座の大所帯からはみだした面々によるマイナー版の顔見世ともいえた。とかくこうした場合に、別働隊の首位の座につかされるという巡り合わせが、勘弥には後々までつきまとうことになる。

歌舞伎座の菊吉両劇団合同の顔見世は、戦後歌舞伎の一大エポックと受け止められた。海老蔵と歌右衛門が『其小唄夢廓』で権八と小紫を、『廓文章』で梅幸と勘三郎が夕霧と伊左衛門を、『野崎村』では梅幸のお光、歌右衛門のお染、勘三郎の久松に左團次の久作、『絵本太功記』では幸四郎の光秀、梅幸の十次郎、左團次の操、歌右衛門の初菊、松緑の久吉といった大顔合わせが実現したのである。こうした顔合わせは、歌舞伎座が昭和二十六年に再開場して以来初めてのことであり、これを契機に、東京での顔見世興行が毎年恒例となったのだった。

さて東横ホールの顔見世だが、話題としては、段四郎の弁慶、勘弥の富樫に伍して、十八歳の團子が義経を勤めた『勧進帳』があり、権十郎が「渋谷の海老様」そのままに『雪暮夜入谷畦道』で直侍、『お祭佐七』で佐七と、本家の海老蔵さながらの役を演じたり、訥升の三千歳や由次郎の八重垣姫が識者からも好評を得たり、八十助が『太刀盗人』や『連獅子』など舞踊で評価を得たり、渋谷で歌舞伎に親しむことを知った若いファンの関心をとらえていたことも事実である。訥升は、勘弥の松王丸、段四郎の源蔵、我童の千代という顔ぶれの『寺子屋』で戸浪をつとめるなど、存在感を示し始めていた。言うまでもないが後の九代目宗十郎である。

しかしこの公演で最も評価を得たのは、勘弥が、東京では永らく上演されなかった『敵討檻褸錦』通称「大安寺堤」の春藤治郎左衛門を演じて実力を示したことだった。若き日に初代吉右衛門が演じたのを見て、覚えていたのを披歴したのである。後に国立劇場が開場し、復活狂言が盛んに行われるようになってから、この例のような勘弥の蘊蓄は随所にものを言いその博識が評価・喧伝されるようになるが、東横の舞台は、勘弥にとって、こうした面でも実力の一端を知らしめる場ともなった。

この顔見世公演では、もうひとつ、勘弥にとって特筆されることがあった。この時の『寺子屋』で、七歳の幼い少年が、喜の字という芸名を名乗って小太郎の役で初舞台を踏んだのである。勘弥夫人の舞踊家藤間勘紫恵の許に入門していたのを、素質を見込んでのことだったが、これ以後、喜の字の子役時代の多くは勘弥と共に東横ホールの舞台でつとめることになる。勘弥の屋号である喜の字屋から取った芸名だった。七年後の昭和三十九年六月、五代目坂東玉三郎を襲名して正式に養子になるわけだが、永い不遇と不振から復活への足掛りを築きつつあった勘弥に、自身の芸の上だけでなく、身辺に明るい光がさし始めたのもこの頃だった。

翌昭和三十三年秋、提携三十五回目になる九月興行は、「九月興行大歌舞伎」という角書のついた「合同公演」というタイトルで、筋書の中ほどに勘弥と友右衛門の一ページ全面の大きな顔写真と、それぞれの「御挨拶」「初出演の御挨拶」という文章がやはりページ全面を使って掲載されている。もっともその割には、勘弥の写真は平服とはいえ初秋らしい和服姿だが、友右衛門の方はシャツの襟を立てた至極くだけた姿なのが対照的だった。「御挨拶」の文も、勘弥の方は「私事半歳振りにまたこのホールで御贔屓の皆々様にお目見得叶いましたことは大きな欣びで御座居まして」云々という改まったものだったが、友右衛門のは、「戦後復員して以来しばらく親父の家に住み、其の後現在の松濤町に転居して以来、ずっと渋谷に住んで居り、在京中は朝晩東横ホールを見ながら通って居りますので、東横ホールに出演さして頂く事を念願と致して居りました」云々という、地元ご贔屓ということを述べた、いうなら世話の口調の挨拶だった。大谷友右衛門とは、いうまでもなく、このちょうど六年後の九月に四代目を襲名する中村雀右衛門だが、こうした、従来の女形俳優にはなかった新感覚が、とりわけこの頃の友右衛門を彩るものだった。

勘弥の場合は、既に何度も出演していてもこうした別格的な扱いはこれまでされてこなかった。友右衛門の東横初登場と併せて座頭格としての格別の扱いは、前に触れた、この年三月の『忠臣蔵』での代役の一件以来、劇壇の中での立場の変化が反映しているかに見える。

一方の友右衛門は、この少し前から、やはり菊吉両劇団の体制の中で東京劇壇に居場所を得られず、関西歌舞伎に活動の拠点を移していたが、その関西の歌舞伎がここにきていよいよ壊滅的な状態に陥り、不安定な状況に立たされていた時期だった。東横にはこの時が初出演だったが、以後、東京での活動の一拠点としてしばしば登場することになる。勘弥とは、東横のみならず、新橋演舞場や、やがて開場する国立劇場などでしばしば共演するようになるが、その意味でも、このときの東横ホール出演がひとつの機縁となったと見ることも出来る。

二人の顔合わせとしては、第一部の『藤十郎の恋』で坂田藤十郎とお梶、第二部の新作、八木隆一郎作・演出『残月記』と、『籠釣瓶』で次郎左衛門と八ッ橋の三狂言で、この他に勘弥は松蔦のおきぬで長谷川伸の『沓掛時次郎』と、團子の三番叟で『操三番』の翁をつとめ、友右衛門は『鷺娘』を踊るというそれぞれの奮闘ぶりだった。勘弥としては得意な役というより、芸域の広さ多彩さを見せるのにふさわしいものを選んでいる感じで、こうしたことも、歌舞伎座などでは機会を得にくいことであったろう。『残月記』は、ついこの六月に京都の南座で友右衛門と共演したものだった。この『沓掛時次郎』に、太郎吉という芝居の枷となる重要な子供の役で喜の字が出ている。

この他には、訥升の勝五郎、松蔦の初花、高砂屋福助の滝口上野、八百蔵の筆助という『箱根権現躄仇討』、訥升のお光、松蔦のお染、團子の久松、八百蔵の久作、秀調の油屋後家という配役の『野崎村』という、吉・猿両劇団の花形による演目が用意されていた。この少し前から、義務教育を終えた團子が若手として本格的な役をつとめるようになったのが目につく。訥升が大きな役をつとめて、現代の若手には稀な歌舞伎味の持主であることが注目されはじめたのもこの頃で、この月訥升は『籠釣瓶』でも栄之丞を演じている。

◉

開場以来三年、東横ホールもこの公演が松竹との提携も三十五回となり、軌道に乗ったかと見えていたが、この年から、松竹では浅草の常盤座、新宿の松竹座という、下町と山の手とに所有する二つの劇場でも歌舞伎の公演を始めるようになった。とりわけ新宿は、戦前の青年歌舞伎の本拠地として、その記憶は一定の年齢層の観客の記憶にまだ古くはなっていなかった。勘弥はその青年歌舞伎のいわば代名詞的存在であったので、松竹では、座頭格としてしばしば勘弥を出演させるようになっていた。明けて三十四年一月にはなつかしい旧名の新宿第一劇場に名を復し、勘弥を上置きとして團子、染五郎、萬之助といったまだ十代も半ばの若手の活躍の場としようという試みも見せた。結果的には、新宿での興行は思うほどの成果を挙げることが出来ず、三十五年六月限りで閉鎖となるのだが、こうした時期と重なるように、勘弥の東横ホールへの出演は年一回程度になってゆく。

新宿第一劇場については、常盤座と併せ項を改めて述べることにしたい。

翌三十四年十二月は、歌舞伎座が恒例になった「菊・吉顔見世大歌舞伎」で両劇団合同での初の『仮名手本忠臣蔵』という大舞台だった。勘三郎の師直と松緑の若狭助、梅幸の判官とか、海老蔵の勘平に歌右衛門のおかるに勘三郎の伴内で「道行旅路の花聟」といった顔合わせは、この時がはじめてだったのである。東横ホールでも、提携第四十三

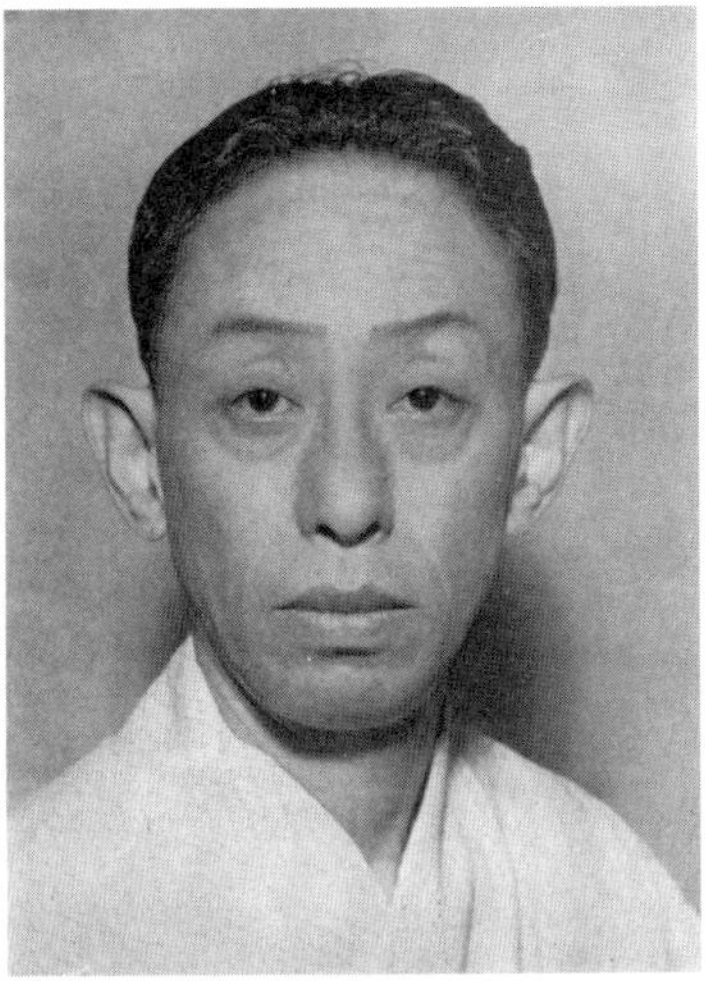

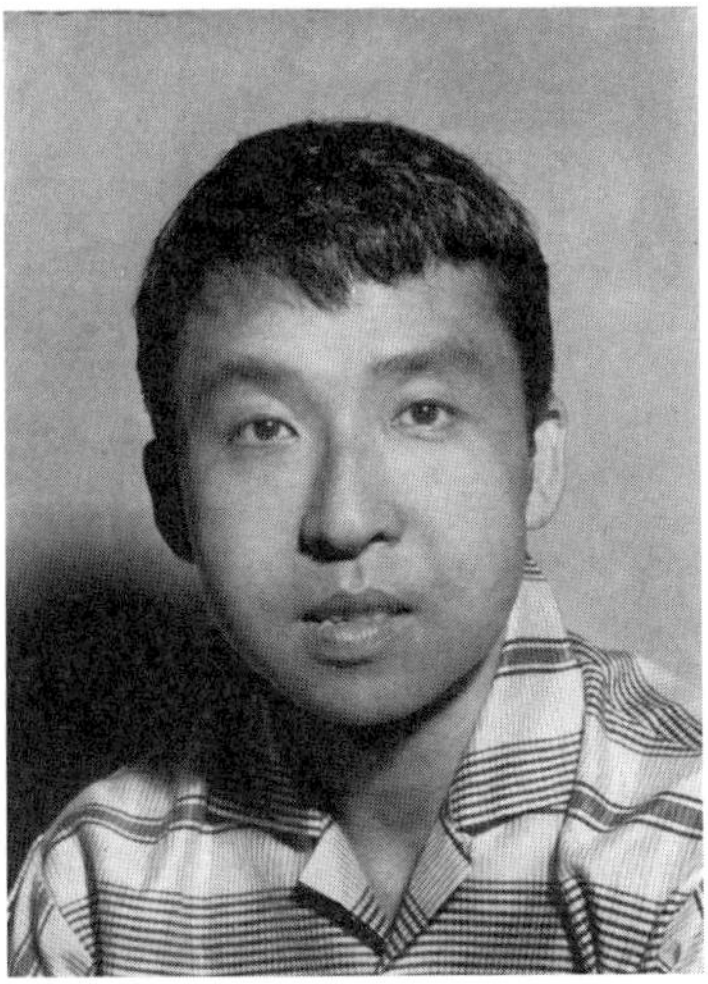

昭和33年９月公演パンフレット掲載の⑭勘弥と⑦友右衛門

回・開場五周年記念として「吉例顔見世若手歌舞伎」と銘打った興行を行った。

この場合も、勘弥はいうなら別働隊の部隊長の立場なのだが、権十郎、鶴之助、八十助、由次郎の菊五郎劇団、松蔦、八百蔵の猿之助劇団、訥升、高麗蔵、家橘の吉右衛門劇団の若手たちに宗十郎、我童という上置きのベテランたちという顔ぶれは、東横歌舞伎の観客に最も馴染深い常連メンバーといってよかったし、若手、古強者たちそれぞれに発揮する好機を与えるものだったと言える。権十郎の駄右衛門、鶴之助の弁天小僧で『白浪五人男』の通し、我童の袖萩、権十郎の貞任、喜の字のお君で『奥州安達原』といった演目の並ぶ中で、勘弥は、昼の部の切りに『芝浜の革財布』で左官の長兵衛、夜の部では真山青果の『新門辰五郎』で、辰五郎と公家の山井実久の二役を演じて座頭の実力を示した。戦前、青年歌舞伎が解散となった後、勘弥はいっとき、まだ健在だった二代目左團次の一座に身を寄せていた時期があり、そこで青果劇に親しんでいた。後に国立劇場で『元禄忠臣蔵』を連続上演した折にその蘊蓄を披歴したが、『新門辰五郎』も歌舞伎座で再演している。不遇時代のやつれも影をひそめ、風姿にも渋みが加わって、復調はほぼ成ったように見えた。

勘弥が次に東横の舞台に登場したのは、二年後の昭和三十六年十月のことで、これだけ間隔があいたのは、新宿第一劇場のこともあるが、勘弥自身の歌舞伎界での処遇のされ方にも変化が生じていたためでもあった。また二月には幸四郎一門の東宝移籍という激震が走り、八月には浪曲師出身の流行歌手の三波春夫の第一回の歌舞伎座公演が行われ、以後二十年、恒例として続くことになるなど、歌舞伎を取り巻く社会環境にも大きな変化が現われていた。東横ホールも友右衛門、延若、四代目時蔵等の公演が主力になりつつあった。

こうした中で、十月の東横ホールは「芸術祭特別公演」として勘弥、友右衛門、松蔦に藤間紫と新派から英つや子が加わるという異色の顔ぶれだったが、友右衛門は昼の部で『鏡獅子』を踊り、勘弥の与三郎にお富をつき合うだけで、夜の部は歌舞伎座へ掛持ちだったから、事実上、勘弥奮闘公演の趣きだった。通し上演と角書を付けた『与話情浮名横櫛』は「木更津」から「和泉屋」まで、これのみは相手役は友右衛門だが、その他は松蔦に変わって、矢田弥八作の太鼓持ちシリーズ第三作『品川心中』、菊池寛作『茅の屋根』に『お祭佐七』という旺盛な活躍ぶりは、この数年来の勘弥自身の心身両面での復調を物語るものと言えた。零落した与三郎が父に会いに来る『与話情』の「和泉屋」の場は昭和二年六月、帝劇で十五代目羽左衛門が演じて以来の上演だったが、こうした、戦前に演じた切り上演の途絶えているような演目や場面を、若き日に自分の目で実際に見、型や演出まで知悉しているのも、他にすぐれた勘弥の財産だった。その蘊蓄は、やがて国立劇場が開場し積極的に行った復活上演の際、大いにものを言うことになる。矢田弥八作の太鼓持ちシリーズは、勘弥が太鼓持ちの一八の役で松蔦の女房とのコンビで好評を得ているものだった。なお、友右衛門の『鏡獅子』はこの時が三演目だったが、喜の字が胡蝶をつとめている。

ついでだがこの時のもう一つの演目、「笑劇」と銘打った『女の按摩』はシナリオライターの中沢信の新作で、藤間紫、英つや子、松蔦らの出演だったが、紫の歌舞伎出演が一年ほど前から目につくようになっていた。弟の藤太郎、玉太郎も歌右衛門の一門として働いていた。藤太郎はのちの舞踊家藤間大助、玉太郎は現在の中村東蔵である。

◉

翌三十七年四月、十一代目團十郎の襲名という戦後歌舞伎最大の興行が開幕する中で、東横ホールではその別働隊ともいうべき公演が行われた。ここでも連名の筆頭は勘弥だったが、我童・延二郎・友右衛門・門之助といった、東横の舞台で実績を積み重ね、劇場の顔としての馴染の多い面々によるもので、歌舞伎座とはひと味違う内容で盛況だった。第一部が延二郎の又平、友右衛門のお徳、八百蔵・福之助の将監夫婦、半四郎の雅楽之助、藤太郎の修理之助で『吃又』、同じく延二郎・友右衛門に我童で永井路子作・村上元三演出『順慶と秀頼』、勘弥の清心に友右衛門の十六夜、延二郎の白蓮で『十六夜清心』、第二部が勘弥の松王、我童の千代、延二郎の源蔵、源之助の戸浪、八百蔵の玄蕃という『寺子屋』、勘弥の蘭蝶とお宮、我童の此糸、八百蔵のあげ羽源左衛門で『蘭蝶此糸ゆかりの紫頭巾』、門之助、延二郎で大森痴雪作『恋の湖』というもので、中堅どころの演者がそろって実力を示し、内実のある公演として好評だったが、勘弥の清心は案外にも初役、延二郎の又平もこれが東京での初目見得だったが、これらは後々、持ち役としてくり返し演じられることになる。

同じ年の十二月、松竹東横提携第六十三回公演は、既に左團次の項で述べた「松竹顔見世大歌舞伎」である。勘弥はここで、左團次の『素襖落』に大名をつき合い、逆に友右衛門のお仲で手取りの半太郎を演じる『刺青奇偶』では左團次に鮫の政五郎をつき合ってもらっている。しかしそれ以上にこの時好評を得たのは勘弥の長右衛門、友右衛門のおきぬとお半二役という『桂川連理柵』から「六角堂」と「帯屋」だった。上方が舞台の、江戸前の芸風の勘弥の一見イメージにない狂言だが、辛抱立役で見せた芸の深まりが絶賛された。『帯屋』も『刺青奇偶』も友右衛門が相手役だったが、この前後から、二人の共演による佳作が目立つようになる。開場間もない国立劇場で復活、人気作となるきっかけを作った『桜姫東文章』などもその流れに立つものだったといえる。

この後しばらく、勘弥の東横出演は途絶える。歌舞伎座などでも脇の重要な役と並んで自分の出し物を持つようになったことも、理由のひとつだったろう。二年ぶりに、そしてこれが最後の東横出演となったのは、昭和三十九年十二月、松竹・東横提携第七十三回の「東横ホール開場十周年記念」を謳った「松竹顔見世大歌舞伎」だった。勘弥、宗十郎、雀右衛門に権十郎、門之助といった東横の舞台で今日の地位を築いてきたともいえるベテラン・中堅勢に、この後東横歌舞伎の主力となってゆく竹之丞、猿之助、訥升、田之助の四人を中心とする顔ぶれは、この劇場の越し方とこれからを物語るにふさわしい人選と言えた。猿之助の弟の團子、訥升の弟の精四郎の名前も見える。竹之丞は前名の鶴之助から、田之助は由次郎から、この年の四月に二人同時に襲名していた。竹之丞はのちにもう一度名前を変えて、五代目中村富十郎となる。團子は現在の段四郎、精四郎は澤村藤十郎である。

もっとも、この月の歌舞伎座は團十郎・歌右衛門をはじめとする大一座で、勘弥以下の東横ホールの主要出演者はほぼ全員、歌舞伎座と掛持ちだった。勘弥は、昼は東横で『実盛物語』を演じ、夜は歌舞伎座で團十郎の『大菩薩峠』に宇津木文之丞をつとめていたし、権十郎も夜は『大菩薩峠』に出ている。竹之丞は昼は歌舞伎座で歌右衛門の『蜘蛛の拍子舞』に碓井貞光を演じ、猿之助と『三社祭』を踊り、夜は東横で再び猿之助と『乗合船』を、猿之助は歌舞伎座で『三社祭』を踊った後、夜は東横で『千本桜』の四の切の忠信をつとめる、といった具合だった。

こうした掛持ちの様子からも察しられるように、この公演で奮闘したのは権十郎であり竹之丞、猿之助、訥升等だったが、勘弥は別格の形で、昼の部の中幕に秀作『実盛物語』を演じて東横ホールの十周年を祝うと共に、自身のこの劇場での活動を締め括ったのだった。

こうして開場十周年を迎えた東横ホールだったが、東横歌舞伎の歴史はこの十周年をもってひとつの綴じ目とし、以後、少し前から始まっていた出演俳優の世代交代が顕著になっていく。雀右衛門も、このときは昼の部は歌舞伎座に出勤、夜は東横で『英執着獅子』を踊って十周年を祝ったが、さらに七年後、東横最後の歌舞伎公演を締め括ったのも雀右衛門だった。

(2−21)昭和39年12月「源平布引滝(実盛物語)」　実盛：⑭勘弥

❻十三代目片岡仁左衛門

十三代目仁左衛門が東横に初出演したのは昭和三十六年一月、提携第五十一回というひとつの節目とも見られる公演だったが、これまでの路線とはちょっと色合いが違っていた。関西の歌舞伎の危機的な状況がその背後にあるのは明らかだった。『演劇界』昭和三十六年新年号に載った当時の松竹演劇担当重役の香取伝のインタビュー記事を読むと、すべてについて積極的に今までと違ったやり方を取り入れてゆくという方針の一貫として、「たとえば大阪の芝居がはやらないということがあるのですが、これなど、仁左衛門とか延二郎とかなど大阪の役者を東横ホールへ連れて来て、ここで芝居をする。そこで、東京で好評を受けて信用をつけたものを今度逆に大阪に持って行く。いっぽう、東京の若手を中座や南座に送って溌剌とした雰囲気をつくる。現在の固定したやり方を改めるつもりです」とある。

仁左衛門の東横初出演にはこうした背景があったことが知れる。「仁左衛門とか延二郎とかなど大阪の役者を東横ホールへ連れて来て」という表現に、経営に携わる者としてのある種の口吻が読み取れる。この後、仁左衛門は、壊滅状態となった関西にあって孤軍奮闘、毎夏、仁左衛門歌舞伎の公演で気を吐くことになる。

この時の東横は、仁左衛門が「十一代目仁左衛門当り狂言」という角書をつけて『名工柿右衛門』をつとめるのがひとつの眼目だったが、仁左衛門の他にも、友右衛門と扇雀も加わり、東京に活動の場を置いて久しいとはいえ『廓文章』では喜左衛門、『野崎村』では久作を高砂屋福助がつとめるなど、生粋の上方俳優だけで行っていた「七人の会」の内の三人が顔を揃え、関西歌舞伎の引っ越し公演のような感もあった。仁左衛門は『名工柿右衛門』のほかに、宇野信夫作の『難波の芦』でも主役の春彦を演じ、友右衛門が浅岡をつとめる『実録先代萩』では片倉小十郎をつき合っている。『難波の芦』は昭和三十年の初演も大阪の歌舞伎座で、真弓の役も同じ扇雀、今度はその再現だった

その扇雀も、大森痴雪作の『あかね染』で友右衛門の三勝に半七、『廓文章』では友右衛門の夕霧に伊左衛門、『野崎村』では友右衛門のお光にお染をつとめた。『あかね染』は前月の『椀久末松山』に続いて、祖父初代鴈治郎の新作物での当り役をつとめるのが売り物だった。こうした作品で、父の二代目よりもむしろ祖父初代鴈治郎に近いものを示したこの折の体験が、のちの坂田藤十郎の芸の上になにがしかの蓄積となっているのは間違いないだろう。

十三代目仁左衛門の東横出演は、のちにもう一度、昭和四十一年六月に当時の上方勢を結集して行なわれた「上方歌舞伎六月特別公演」があるが、それについては改めて述べることにする。

〈番外〉八代目松本幸四郎と六代目中村歌右衛門

この二人の大御所俳優はいわゆる東横歌舞伎の公演には出演していないが、東横ホールの舞台で、話題性と重要性の上から、触れずにおくわけには行かない活動を行っている。ここに番外として二人に登場してもらうことにしよう。

❶八代目松本幸四郎（初代松本白鸚）

昭和三十二年八月の東横ホールは、文学座の公演に八代目幸四郎が一門を率いて参加、福田恒存作・演出の『明智光秀』を演じるという、この月の演劇界の話題を浚う舞台となった。いまなお、八代目幸四郎即ち松本白鸚を語る時しばしば引き合いに出される話柄だが、八月二日が初日の公演に、ひと月余りも前の六月十四日には文学座の稽古場で杉村春子ほかの座員と初顔合わせ、配役発表をすませ、ただちに稽古に入るという意気込みを見せ話題を集めていた。ひとつの公演の稽古にこれだけの日数を取るのは、文学座側としては通常のことだったが、歌舞伎の稽古は、新作でもせいぜい三、四日ですませるのが通例だったから、幸四郎の意欲の程が窺われ、稽古の模様は連日のように演劇ジャーナリズムによって伝えられていた。一方、新劇界に風雲児的な存在として旋風を巻き起こしていた福田は、『マクベス』などシェイクスピア劇の観点から史劇俳優として幸四郎に関心を抱いていた。歌舞伎には『時今也桔梗旗揚』、『絵本太功記』など光秀の謀反を題材にした作品があり、それらをヒントにして、まず福田が幸四郎の演じるべき光秀を念頭に置いて脚本を書いたのだった。

もっとも、これを新劇と歌舞伎が手を握っての快挙という風に喧伝したのには、ジャーナリズム特有の先走りがあって、実際の経緯にはもう少し現実的な事情があったようで、本来福田の脚本は、歌舞伎の興行の中で新作として上演されるものとして書かれたのだったが、実現せず、めぐり巡って、文学座の公演に幸四郎が一門を率いて参加するという形に落ち着いたのだった。そうは言っても、歌舞伎界の大立者が、しかも一門を率いるという規模で新劇の舞台に出演するというのは前例のないことだったから、幸四郎の先見性を褒めたたえ、勇気ある行動に喝采が送られたのももっともなことと言えた。

主要な配役は幸四郎の明智光秀のほか、妻の皐月と光秀をそそのかす妖婆の二役を杉村春子、織田信長を芥川比呂志、羽柴秀吉を又五郎、斎藤内蔵助を宮口精二、小栗栖長兵衛を三津田健というもので、妖婆の役はあきらかにマクベスからの輸入であり、一方、光秀が信長から理不尽な扱いを受け謀反を決意する経緯は、鶴屋南北の『馬盥』に依るところが多かった。大方の劇評は、圧倒的に歌舞伎側の優勢とし、文学座側には厳しい評が多かったが、上演に至る経緯を考えればそれも当然であったといえるだろう。歌舞伎での上演が実現しなかったのは、光秀の妻の皐月の役に擬せられた歌右衛門が乗気でなかったためとも言われ、脚本の不十分さへの指摘もあった。文学座の若い俳優たちが、付け人に団扇で仰がせたりお茶を汲んだり、楽屋で幸四郎の見せる悠然たる姿を諧謔的に真似をする「幸四郎ごっこ」に興じていたというゴシップが流れたのも、このときの一風景だった。

❷六代目中村歌右衛門

歌右衛門をこの章に登場させるのは、年代記の記述からするなら実はまだ早すぎる。昭和四十年の四月だから、まだそこまで話が進んでいないのだ。しかし東横ホールを彩った役者たちという人物誌としてなら、ここで登場させても差支えないだろう。

その月は、もし歌右衛門による東横ホールでの自主公演がなかったなら、極めて寂しい月だった。前月の歌舞伎座を熱狂させた高麗屋三兄弟による七代目幸四郎追善興行は関西へ引っ越し、当時映画界から舞台への転身が注目の的となっていた女優山本富士子の歌舞伎座初出演が社会的な話題となっていた。テレビの発達普及と反比例して映画の退潮が著しいこの頃、映画女優の舞台進出が相次いでいたが、劇場側としても集客力のあるドル箱女優は垂涎の的だった。歌舞伎座公演ともなれば、誰かしら、大物俳優が相手をつとめることになる。この月、富士子の相手をしたのは十七世勘三郎だった。そういうさなか、歌右衛門が自主公演「莟会」を一ヵ月興行として行なったのである。

莟会は歌右衛門の自主公演の形を取った研究会として、過去に三回ほど行っていたが、いずれも歌舞伎座で本興行の合間を縫っての数日間の短期公演であり、歌右衛門自身の劇界での存在が大きくなるとともに、永らく途絶えた形になっていた。今度は三日から二十三日までという長期公演で、東横ホールという格式からいえば一段下がった劇場でもあり、出演者も、左團次が応援出演したのと、他に八代目團蔵や多賀之丞の出演があったのを別として、延若、福助、竹之丞以下の中堅若手だったので、歌右衛門みずから一座を率い、導くという形に見えた。敢えて古典の作品ばかりを選んだことにも、歌右衛門の主張があるものと見られた。いずれにせよ、歌右衛門の強い意欲と目的意識が如実に表れた公演で、高い評価を受けることになる。公演名としては「莟会第四回特別公演」と称した。東横ホールの歌舞伎上演史の上でも、別格的な意義を持つ公演だったことは間違いない。

演目は昼の部が見取り形式で、珍しい演目の復活や掘り起しに主眼があった。第一は「舞競《まいきそう》 茲成駒《ここになりこま》」と題して踊り三題。『柱立』は「曽我対面」を長唄による踊りの趣向にしたもので、男女蔵の工藤、玉太郎の十郎、加賀屋福之助の五郎、橋之助の虎、玉之介の少将という若手の出演（玉之介は一門の中堅の女形として重用されていたが、のちに廃業した）、『紅かん』は常磐津の風俗舞踊で竹之丞に、一座の門弟たちの中でも古株の面々の出演、常磐津と長唄による『蘭平』は「蘭平物狂」から舞踊化したもので、延若の写楽の大首絵のようと言われたマスクが存分に生かされた。第二が『日蓮上人御法海』から「勘作住家」で、歌右衛門、延若、多賀之丞、八百蔵に左團次が日蓮上人で出演した。

老母役の多賀之丞は、是非にと乞われて、大阪の追善興行出演を取りやめての出演だった。第三が『傾城買指南所二人夕霧』で延若の伊左衛門、歌右衛門の先の夕霧、福助の後の夕霧、竹之丞の吉田屋女房おきさに、大阪から嵐璃珏がこれも特に招かれて出演した。『廓文章』の後日談の形を取ったユニークな作で、以後歌右衛門のレパートリーとしてくり返し上演された。識者の間では『日蓮上人御法海』が最も評価が高かったが、レパートリーに定着させるという意味では『二人夕霧』が成功だったことになる。もっとも歌右衛門没後は上演が絶えているのは残念である。

夜の部は『本朝廿四孝』の通しで、「諏訪明神お百度の場」「武田館勝頼切腹」「道行似合の女夫丸」に「謙信館」を「鉄砲渡し」から出し、「奥庭」に斎藤道三の見顕わしをつけるというもので、その後、国立劇場で再演している。歌右衛門の八重垣姫、延若の偽の勝頼に斎藤道三、福助の濡衣、竹之丞の勝頼、「道行」のみ左團次が勝頼、歌右衛門が濡衣をつとめた。偽勝頼の切腹を見せる「武田館」は、以前歌舞伎座の本興行で手掛けたものだったが、改めて通し上演の枠の中に入れることによって「謙信館」へつながる筋が明確になり、国立劇場での通し上演への道を拓くこととなった。その後の上演の機会は必ずしも多くはないが、勝頼の筋を一貫して見せる筋道を立てた意義は小さくない。

この公演は、松竹と東横の提携によるいわゆる「東横歌舞伎」とは別だが、東横ホールという劇場にひとつの在り方を示したという上からも、意義深いものであった。

〈Ⅳ〉中堅たちの季節

既に見たように、東横ホールの歌舞伎公演は昭和三十五年という年を境に、さま変わりを見せ始める。方針の転換というより、方向を定めかねつつ進んでゆくといった趣きとも見える。この時期、集中的に登場したのが、関西での活動の場を失った大谷友右衛門と實川延二郎であり、それに四代目を襲名して伸長を図る時蔵を加えた公演だった。

❶七代目大谷友右衛門（四代目中村雀右衛門）

七代目大谷友右衛門とは、平成二十四年に亡くなった四代目中村雀右衛門のことだが、東横ホールへの出演は十四代目勘弥と並んで十三回の多きにわたっている。初登場は勘弥の項で述べたように昭和三十三年九月と比較的遅かったが、これは一面、友右衛門の曲折の多かった役者人生とも無縁ではない。今ではよく知られているように、歌舞伎俳優としてこれからという二〇歳からの六年間を兵役に取られてスマトラのジャングルで過ごすという体験をし、帰還して七代目松本幸四郎の許に身を寄せ、二十七歳にして女形として再出発し注目されたが、その後映画出演をめぐるトラブルから一時歌舞伎への出演が途絶え、その間約三年を映画俳優大谷友右衛門として過ごすという時期があったりした。歌舞伎に復帰したのは昭和三十年四月だったが、東京の劇壇に居場所を得られず関西歌舞伎に身を移したのはちょうど関西の歌舞伎が困難な状態に陥ろうとするさなかだった。それでも立女形四代目中村富十郎の不振、新進の中村扇雀の映画界への転進といった穴を埋める形で、事実上、関西の立女形的存在として市川寿海、十三代目仁左衛門、後の三代目延若の實川延二郎などの相手をほとんど一身でつとめるようになっていた。いわば不退転の覚悟で貪欲に歌舞伎に取り組んでいた時代と見ることが出来る。

初登場のこの月は、これも勘弥の項で述べた通り、二人の顔合わせとしては、第一部の『藤十郎の恋』で坂田藤十郎とお梶、第二部でこの六月に京都の南座で共演した八木隆一郎作・演出『残月記』と、『籠釣瓶』で次郎左衛門と八ッ橋の三狂言で、この他に友右衛門は『鷺娘』を踊っている。

翌々月の十一月には新宿松竹座に出演し、大阪から延二郎を迎え、松蔦、芝雀という顔ぶれで芸術祭参加公演と銘打った公演を持ち、大阪で初演して話題となっていた白井鉄造作・演出の『妲己』を演じている。京劇風の衣裳や扮装、演技・演出を歌舞伎とミックスさせ、歌舞伎レビューという試みが目を惹いたのだったが、賛否両論を呼び、友右衛門にとってはこの後永いこと、批判の材料にされることになる。友右衛門は、新旧双方に意欲を示すものとして、

(2−22)〈新宿松竹座〉昭和33年11月公演「妲己」
⑦友右衛門

この公演で『鏡獅子』を踊っているが、評判は善悪ともに『妲己』に集中した。

この当時、友右衛門を、歌右衛門・梅幸に次ぐ第三の女形とする声が高かったが、この場合「第三の女形」とは、梅幸の行き方を新とし歌右衛門を旧と見た上で、そのいずれとも違う第三の道を目指すもの、という意味が重ねられていたのだったが、そういう時この『妲己』が格好の事例として引き合いに出されたのだった。東京の観客にとっては、これは、久し振りに帰って来た友右衛門の新奇な土産であったことになる。

因みにこの当時の関西の状況について述べておくと、年を越えた翌三十四年一月、「花梢会」というグループが発会している。寿海を主軸に仁左衛門・延二郎・友右衛門の四人を中心に、必要に応じ他の俳優たちに出演を依頼するという方式で運営してゆくというもので、これによって組織体としての関西歌舞伎は実質上解散したことになる。鴈治郎と扇雀父子は既に映画会社と契約、鴈治郎に至っては本心とも冗談ともとれる映画俳優宣言をしていた。簑助はフリーを宣言、声がかからなかった又一郎、四代目富十郎、八代目訥子らは事実上、この時点で歌舞伎俳優としての活動をほぼ終えることとなった。関西の歌舞伎は冬の時代を迎えたのだった。いかに劣勢とはいっても、つい数年前には想像もしなかった事態である。おのずから、友右衛門も東京での仕事が多くなるが、事実、東横出演も三十四年後半から三十七年前半に集中している。

友右衛門の二回目の東横ホール出演は約一年後の昭和三十四年十月だった。「東西若手人気歌舞伎」というタイトルで、関西で中心的な活躍を見せている延二郎と友右衛門を招き、東京方から鶴之助、訥升という顔ぶれで開けた。延二郎の岩藤、鶴之助の尾上、友右衛門のお初で『鏡山』、延二郎の友之丞、友右衛門のお国、鶴之助の五平で『お国と五平』、友右衛門の八重垣姫、延二郎の勝頼、訥升の濡衣で『廿四孝』、延二郎が忠兵衛と孫右衛門の二役に友右衛門の梅川という『封印切・新口村』など、たしかに新鮮であり、この時点での精鋭を集めた陣容といえた。この九月に逝去した大劇通渥美清太郎追憶上演として、故人の構成・藤間勘十郎振付の舞踊劇『西鶴五人女』では友右衛門が五人女を一人で踊り、延二郎が四役をつきあった。どれも好評だったがとりわけ『鏡山』で示した第一線級に遜色のない実力と、『お国と五平』で一層新しい歌舞伎感覚を示したところが評価された。

（もうひとり、この公演で目覚ましい印象を与えた若手がいた。團子である。新宿第一劇場の再開は澤瀉屋一門のために場を与えたとも見えたが、新作の『常盤の曲』の牛若丸でも、祖父の猿之助がわざわざ舞台稽古に出向いて指導する姿も見られた。四年後に三代目猿之助を襲名することになる團子の、この頃が修行時代であったといえる。『廿四孝』では白須賀六郎の溌剌とした演技がめざましく、原小文治をつとめた老二枚目役者田之助が可哀そうに見えた、と劇評に書かれるありさまだった。）

友右衛門と延二郎の顔合わせは、翌十一月には新宿第一劇場に余勢を駆った形で持ち越される。延二郎の『研辰の討たれ』に友右衛門の『京鹿子娘道成寺』、近松の作を巌谷槇一脚色演出、延二郎の伊左衛門、友右衛門の夕霧で『夕霧阿波鳴門』、延二郎の半兵衛、友右衛門のお千代で『心中宵庚申』、友右衛門の鬼女、権十郎の惟茂、八十助の山神の『紅葉狩』というものだった。延二郎は、前月の東横ホールから引き続くこの二ヵ月で示した実力で東京での足場を築いたといえる。四年後、関西に先立って東京で三代目延若を襲名することになる。私などには非常に印象深い延若襲名以後の活躍の素地は、ここで種が蒔かれたといっても過言でない。

こうして東京に足場を築いた友右衛門と延二郎は、翌三十五年から六年にかけしきりに東横の舞台に登場するようになる。三十五年には歌舞伎公演五回の内三回、三十六年には六回中四回の多きに及んでいるが、三十五年五月は中車の項に書いたように澤瀉屋一門が中心の公演であったにも拘わらず、友右衛門は、中車の又平にお徳をつとめて『吃又』、中車が主人公辰の市と徳の市の二役をつとめる『怪談蚊喰鳥』では常磐津菊次をつき合った上、自分の出し物として段四郎、中車と新作の『唐船物語』、『春曙五彩画』では三番叟・女太夫・井筒姫の霊・童・女歌舞伎の五役を一人で踊り抜いた。

この後、東横ホールの松竹と東横の提携公演は、六月の第四十七回が大宮デン助、石井均といった当時絶大な人気を誇っていた喜劇人を結集した「東横喜劇まつり」、九月の第四十八回はこれも隆盛を誇っていた女剣戟の大江美智子一座と続く。大江美智子は、ひと頃の人気が下火になった「市川少女歌舞伎」と入れ替わるように、前年九月に続きこれが二度目の登場だった。

さてその大江美智子一座に続く十月は松竹・東横提携七周年を謳っていた。巻頭に寄せた大矢知昇東横社長の文章によると、松竹との提携は、五島昇東急会長が戦前の新宿第一劇場の青年歌舞伎のような若手俳優の育成を目的とする常設劇場を作って「山手に歌舞伎を上演して古典文化の啓蒙に資したい､同時に青年俳優の活躍の花道を作りたい」との念願から松竹大谷会長の賛同を得て始まったものであるとある。

「十月の東横ホールの若手歌舞伎の顔ぶれは近ごろの名企画でありますまいか。関西から實川延二郎と大谷友右衛門、菊劇団から鶴之助、吉劇団から時蔵と、いずれも前途有望な若手を集めて、各自柄にあったよき出し物を与えているからです」と毎回、筋書に解説の文を寄せている三宅周太郎が書いている。たしかに、この四人をこの時点での若手中の俊秀と見るのは大方の首肯するところであったろう。

周太郎の言う「各自柄に合ったよき出し物」とは、古典では延二郎の高綱、鶴之助の三浦之助、友右衛門の時姫という『鎌倉三代記』、延二郎の滝口上野、時蔵の勝五郎、友右衛門の初花という『箱根権現躄仇討』、時蔵と延二郎による大森痴雪作『九十九折』の一方、菊島隆三作『殺生石』、泉鏡花作・久保田万太郎演出・花柳章太郎演技指導という新派の当り狂言『通夜物語』、宇野信夫作・演出、團伊玖磨作曲の洋楽による『春恨譜』といった一風変わったものだった。『殺生石』は黒沢明監督の映画脚本で知られたシナリオライターの菊島隆三が藤間紫の慫慂で舞踊劇を書き改めたものだったが、友右衛門が関わったのは他の二作で、『通夜物語』は、鏡花劇の中でも河合武雄から花柳章太郎に受け継がれた大時代なもので、それを友右衛門の丁山に鶴之助の玉川清という配役で歌舞伎俳優に演じさせようというところにミソがあったと考えられる。この時点で既に新派の俳優には演じられなくなりつつあり、それを歌舞伎俳優中の新鋭に演じさせようという企画だった。また『春恨譜』は、『牡丹燈籠』の原作とされる『剪燈新話』に取材した新作で、友右衛門の花城に團子が相手役の喬生をつとめ、團伊玖磨作曲の洋楽による音楽劇というところに新味を求めていた。團伊玖磨は『殺生石』の作曲も引き受けている。

東横ホールはひと月おいた十二月は歌舞伎座の顔見世の第二陣といった格で、「顔見世新鋭大歌舞伎」と銘打った公演だった。友右衛門と扇雀が参加、鶴之助、松蔦、権十郎、市蔵、高麗蔵等に芝鶴、八百蔵、秀調、源之助などで、入場料が一等席五五〇円と東横としてははじめて五〇〇円を超えた。

鶴之助の彦九郎、扇雀のお種で『堀川波の鼓』も売り物のひとつだったが、友右衛門は、鶴之助の忠信で『吉野山』の静、成沢昌成作・演出『妖婦伝』で扇雀の浪之助を相手に高橋お伝、権十郎の範頼、市蔵の鯰、芝鶴の舞台番などで『女暫』の巴御前、『椀久末松山』を扇雀の椀屋久兵衛で松山太夫の四役をつとめたが、友右衛門に高橋お伝をさせようという企画は、あきらかに『妲己』の広げた波紋の中で生まれたものだったろう。友右衛門としては座頭の格で『女暫』をつとめたよりも、鶴之助との『吉野山』がピカ一という評価を得たことの方が本懐であったろう。

この一年の東横歌舞伎は、五回という公演数はともかく、「歌舞伎道場」と銘打った公演が立ち消えたような状態になり、友右衛門、鶴之助らに主力が移りつつあった。話題性ではむしろ東横を圧するかと見えた新宿第一劇場は七月限りで閉場となった。

明けて三十六年一月は、既に見たように十三代目仁左衛門が初出演した公演だが、友右衛門は自分の出し物として『実録先代萩』で浅岡を演じ、『廓文章』では扇雀の伊左衛門の夕霧をつとめるという、事実上一座の立女形だった。

ところがこの東横ホールの一月公演の楽日の夜の部が休演になるという椿事が、ゴシップ欄を賑わせるという事態があった。翌月の歌舞伎座で七代目幸四郎の追善興行が催される、この日はその披露パーティが帝国ホテルで行われ、友右衛門がそれに出席するために舞台の方が休演になったというのだった。父とも思う七代目幸四郎のためとはいえ、舞台を休演にして披露パーティを優先するというのは、義兄たちに気を兼ねる当時の友右衛門の立場が思い遣られる。物議をかもした映画界入りから復帰してまだ日の浅いこの頃、傷はまだ癒えていなかったのである。

翌二月、歌舞伎座で行われたその七代目幸四郎追善公演では昼の部と夜の部にそれぞれ追善の「口上」があり、昼は大一座の顔ぶれがずらりと並び、夜は幸四郎・海老蔵・松緑の高麗屋三兄弟にそれぞれの子の染五郎・萬之助・新之助・左近、女婿の友右衛門に子の廣太郎・廣松という一家水入らずで行なった。新之助はのちの十二代目團十郎、左近は初代辰之助、廣太郎は現・友右衛門、廣松は現・芝雀であるのはいわずもがなとして、この追善興行の一日、幸四郎の東宝移籍が突如発表されるという事件が起きたのである。

提携第五十三回の公演はひと月置いた四月で、タイトルは「四月歌舞伎公演」という変哲もないものだったが、友右衛門・延二郎・鶴之助というこの時点で最も興味深い三人の顔合せという、注目に値するものだった。東横ではつい先頃の二月にも、延二郎と時蔵で『仮名手本忠臣蔵』を通し上演、時蔵が判官とおかる、延二郎が大星と師直に勘平、さらに定九郎と与市兵衛まで早変わりで見せるというので評判を取った。今度は時蔵が抜けて友右衛門と鶴之助が加わったわけだが、この四人が、第一線クラスに続くものとして俄かに脚光が当っていた。東横でも昨年来、彼等の出演が集中的に多くなっている。こうした公演はさらに六月、七月と続き、これらの顔ぶれが東横に定着したかのような観を呈していた。

四月は鶴之助の『供奴』、友右衛門の『藤娘』、延二郎の『女殺油地獄』と、それぞれの当り芸を並べたのがミソだったが（鶴之助の『供奴』など、この時点ですでに天下一品であったろう）、三人の顔合せと言えば、友右衛門に春琴、鶴之助に佐助をさせようという狙いの、川口松太郎作・大江良太郎演出の『春琴抄』、延二郎と友右衛門で村上元三が前に幸四郎に当てて書いて好評だった、ひとひねりした股旅ものの『ひとり狼』、延二郎の十兵衛に鶴之助の文弥という顔合わせの『宇都谷峠』（これには「市川左團次演技指導」という文字がついていた）といったところで、二月の『仮名手本』級の顔合せを期待した向きには、やや肩透かしの感もないではなかった。友右衛門に『春琴抄』のお琴をさせる企画にも、当時の友右衛門に対する見方が窺われる。丸本の時代物がひとつもないことにも批判の声が上がったが、東横に限らず、それこそが各劇場頭痛の種というところだった。いま改めて思うと、こうしたメニューの立て方そのものがいかにも三十年代の歌舞伎の風景なのだとも見えて、一種懐かしい感すらしないでもない。（なおこの公演に、もう一人、東横歌舞伎最初のスターともいえた半四郎が、東宝から帰り新参の形で名を連ねていた。既に二月の『忠臣蔵』でも、若狭助というよい役を与えられている。）

六月は鶴之助は出なかったが権十郎、松蔦に半四郎が加わっていた。六月公演のタイトルは「歌舞伎六月名作公演」というものだったが、昼の部第一に菊池寛作の『萩寺の仇討』、夜の部の中幕に長谷川時雨作の『海潮音』と、大正文学趣味の作が並んだのがこの少々奇妙なタイトルの由来だった。

『萩寺の仇討』は、仇討をする当人が仇討の矛盾に悩むという大正趣味の一典型のような作品で時蔵と延二郎の出し物だったが、一方の『海潮音』は明治末に舞台を取った浪漫趣味の新派作品で、かつて喜多村緑郎と花柳章太郎で出して以来のもので、ヒロインの狂気に陥る才媛を時蔵にさせ、友右衛門が絣の着物に小倉の袴姿の明治青年をつとめるというものだった。本家の新派ではすでに演じきれなくなった一種の「古典」を、こうした若手の歌舞伎俳優に演じさせようというのは、昭和三十年代というこの時点でのひとつの試みだったといえるだろう。十数年後、吉右衛門、初代辰之助、孝夫当時の仁左衛門らが新派に参加して『婦系図』『日本橋』『白鷺』『不如帰』『金色夜叉』といった新派古典を演じて一定の成果を挙げたのも、この延長線に置いて見ることも出来る。

その他の演目は、延二郎の團七、権十郎の徳兵衛、友右衛門のお辰、松蔦のお梶、八百蔵の釣舟三婦と三河屋義平次、半四郎の磯之丞、城太郎の琴浦という配役で『夏祭浪花鑑』を「三婦内」から「田島町」までという出し方で、河内屋流の演出で見せた。延二郎はまた池田大悟作の『名月八幡祭』で好評、まだこの演目が今日のように頻繁に上演されていなかったこの当時として、その面白さを知らしめるひとつの礎石となったとも考えられる。美代吉は友右衛門で、のちに新橋演舞場の夏芝居で勘弥の新助を相手につとめることになる。友右衛門は自分の出し物として『合邦』の玉手を演じたが、こうしたれっきとした古典の大役の場合、もっぱら歌右衛門にまねぶという姿勢を貫いていた。延二郎の合邦、時蔵の俊徳丸という配役で、延二郎はここでも老け役の巧さを東京の劇壇にアピールすることに成功した。

七月は時蔵・鶴之助の奮闘公演で友右衛門は出なかったが、次に東横ホールの舞台に登場したのはその年十月の「芸術祭特別公演」で、勘弥の項で述べたように友右衛門は昼の部で『鏡獅子』を踊り、『与話情浮名横櫛』の通しでお富をつき合った後、夜の部は歌舞伎座へ掛持ちだった。友右衛門の『鏡獅子』はこの時が三演目だった。

この公演あたりで友右衛門の東横出演はひとつの曲り角に来た感が強い。四代目時蔵が翌三十七年一月に不慮の死を遂げ、延二郎が三十八年二月、三代目延若を襲名するなど、周囲の状況が変わってきたこともあろうし、鶴之助は、後に述べるように團子の三代目猿之助、訥升、由次郎の六代目田之助等と組んでの公演が多くなる。状況は微妙に変化しつつあった。

友右衛門が次に東横に出演したのは、勘弥や左團次の項で触れた、ひとつは三十七年四月、歌舞伎座で十一代目團十郎襲名が行われた際の別働隊といった形で行われた公演に昼の部のみ出演、『吃又』で延二郎の又平にお徳を、『十六夜清心』で勘弥の清心に十六夜をつとめ、更に永井路子作『順慶と秀頼』で延二郎、我童らと出演し、夜の部は歌舞伎座で團十郎の『助六』で白玉をつとめている。もう一つは、同じ三十七年の十二月、「松竹顔見世大歌舞伎」と謳った公演で、この月の東京で唯一の歌舞伎公演とあって三代目左團次、勘弥以下大所帯の一座で、友右衛門は、八代目團蔵の久作、権十郎の久松、この年二月に松蔦から襲名した七代目門之助のお染、八代目宗十郎のお常といった顔合わせで『野崎村』のお光、勘弥が半太郎を演じ左團次が鮫の政五郎をつき合った『刺青奇偶』で女房お仲、更にもうひとつ、勘弥の長右衛門で『桂川連理柵』を「帯屋」の前に「六角堂」を出し、女房のお絹と信濃屋のお半の二役をつとめるという、実質上の立女形という働きだった。

東横ホールに限らず、これからのち友右衛門は、歌舞伎座、新橋演舞場、やがて開場する国立劇場などに数多く出演するが、定まった亭主役を持たず、仁左衛門や勘弥のような大先輩から、延若などの同年代、更にははるか年下の若手まで、さまざまな年代の立役の役者と夫婦になり恋人になりというのが、むしろ常態となってゆく。ある意味でそれは終生続くことになるのだが、いま話のさしかかっている時期に話を戻して言えば、立役で似たような立場にあっ

(2−23) 昭和39年12月「英執着獅子」④雀右衛門

た勘弥との共演が比較的多く、且つ印象に残るものが多い。

東横ホール開場十周年の三十九年十二月の公演は、権十郎、門之助、竹之丞、訥升、猿之助、田之助ら、東横の舞台で育ったとも言える中堅級が主力だった中で、勘弥と友右衛門（実はこの年九月、既に四代目雀右衛門を襲名していた）は別格的な形で出演、先に言ったように勘弥は『実盛物語』、雀右衛門は『英執着獅子』を演じて十周年に花を添えている。

以後、雀右衛門の東横出演は最後の東横歌舞伎となる昭和四十六年一月までない。しばらくは、先の竹之丞ら「四人組」、四十年代に入ってからは「三之助」と呼ばれた現・菊五郎等がかかるようになったからである。都合十三回目となるその最後の東横出演では、『廿四孝』の「十種香」と「狐火」に、この時も『英執着獅子』を踊っている。「十種香」は猿之助の勝頼、田之助の濡衣、八百蔵の謙信という配役で、「狐火」は京屋の型として人形振りで演じた。人形遣いは今の友右衛門がつとめている。更に猿之助の茂兵衛で川口松太郎作の『おさん茂兵衛』、猿之助の『荒川の佐吉』に八重次までつとめるという大奮闘だった。いわば雀右衛門は、東横歌舞伎の幕引きの役をつとめたと言える。

こうして、さまざまな可能性を残しながら、東横歌舞伎は幕を閉じることになるのだが、しかしこの時点ではまだその終焉は既定の事実ではなかった。筋書の冒頭のページを飾る年頭の挨拶は、当時演劇担当の常務取締役だった永山雅啓で、「歌舞伎座と並んで東横劇場で初春の歌舞伎公演を行うことは松竹演劇部にとって大いなる誇りであります」と語り出して、今回を以てお終いといった文言はまったく見当たらない。

❷實川延二郎（三代目實川延若）と六代目中村芝雀（四代目中村時蔵）

三代目延若が東横ホールに登場したのは、全部で七公演だが、その内の六回はまだ延二郎時代、昭和三十四年から三十七年にかけて、二年半ほどの時期に集中している。既に友右衛門の項で触れたように、この時期は東横公演の路線に変化が見られた時期で、関西での働きの場を減らした友右衛門、延二郎を東上させ、四代目時蔵、鶴之助らとの顔合せでの公演が集中的に行われたのだった。関西での歌舞伎の興行が絶望的な状況に追い込まれたことがひとつ、若手世代の先輩組が成長し、第一線級の次の世代として台頭してきたことが、もうひとつの理由であったろう。歌舞伎人気の低迷は東京にも及ぼうとしていた。新しいスターの登場が求められてもいた。

それまで東上する機会が少なかった延二郎にとっては、東横の舞台は東京の観客にその実力をアピールする絶好の機会でもあったわけで、三十八年三月の延若襲名とその後の鮮烈な活躍に直結することになる。三十四年十月、三十五年十月、三十六年四月、同じく六月の四回の公演はどれも友右衛門との一座であり、三十七年四月の勘弥を主軸とする公演についても、それぞれの項で既に触れているので、ここでは三十六年二月の「延二郎・時蔵奮闘公演」について述べることにする。

一方、後の四代目時蔵は前名の芝雀時代から、吉右衛門劇団の花形として東横に出演している。勘弥の項で述べた提携第三回の昭和三十年二月の『仮名手本忠臣蔵』の通しの折に塩冶判官をつとめ、二回目はその二年後、父の三世時蔵が東横初目見得の折は、時蔵の出し物の『おさだの仇討』には出ず、勘弥の出し物の『おさん茂兵衛敗れ暦』でおさんをつとめただけだったが、時蔵が今度は大乗り気で昼夜四役をつとめるという大奮闘をした三十三年六月の折には、父の『大蔵卿』に常盤御前、綺堂の『両国の秋』にお君、大阪から特別参加の簑助が鳴神上人をつとめる『鳴神』で絶間姫をつとめた上、自分の演目として『源氏物語』の「末摘花」を演じている。これは先に歌舞伎座で勘三郎の代役をつとめて好評だったことへのご褒美の意味もあったろう。美貌で評判の芝雀が醜女の末摘花で評判を取っ

昭和36年2月公演パンフレットの表紙

たのは、皮肉というより演技力の向上を大方に認めさせる結果となった。時蔵がこのとき、光の君を買って出ている。

四回目は翌三十四年六月で、「東横歌舞伎祭り」と銘打ったこの月は、松蔦、訥升と同世代の若女形三人が競い合う形で、松蔦が『四谷怪談』でお岩・小平と与茂七、訥升の伊左衛門の『廓文章』で夕霧をつとめ、訥升が段四郎の大膳で『金閣寺』の雪姫をつとめるという中で、芝雀は東上間もない評判の鶴之助と『延命院日当』でおころをつとめ、『京鹿子娘道成寺』を踊るというものだった。（押戻しを長兄の二代目歌昇がつとめている。）

芝雀という名前は、本来時蔵の家のものではなく、大阪の中村雀右衛門の家の名前だが、三代目雀右衛門の子の中村章景が中国戦線に出征中、二十一歳の若さで病没して後継者がなかった関係から六代目として名乗っていたものだったが、この翌年七月に三代目時蔵が亡くなると、翌三十五年四月、芝雀の名前を返して四代目時蔵を名乗ることとなったのだった。（芝雀の名はその後、三十九年九月、友右衛門が四代目雀右衛門を襲名した折に、当時八歳だった現・芝雀が七代目として継いで今日に至っている。なお前記の兄歌昇は弟の四代目時蔵襲名と同時に廃業、のちに二男の現・三代目又五郎が三代目、更に近年、その子が四代目を継いでいる。）四代目時蔵としての東横出演は、先に言った三十六年二月の「延二郎・時蔵奮闘公演」と同じ年の六月の「名作公演」、次いで七月の「時蔵・鶴之助奮闘公演」の三回ということになる。

この月の、延二郎・時蔵の二人による『仮名手本忠臣蔵』の通し上演というのも、実は前月、「東西花形延二郎・時蔵公演」というタイトルで、中座で行なったもののいわば引越公演だったが、これも、前に触れた当時の松竹演劇担当重役の談話にある「仁左衛門とか延二郎とかなど大阪の役者を東横ホールへ連れて来て、東京で好評を受けて信

（2−24）昭和 36 年２月「仮名手本忠臣蔵」　塩冶判官：④時蔵　師直：②延二郎

用をつけたものを今度逆に大阪に持って行く。一方、東京の若手を中座や南座に送って溌剌とした雰囲気をつくる。現在の固定したやり方を改めるつもりです」という発言に該当するとも読める。なるほど、延二郎は東京では、時蔵は関西では、この時点ではまだまだ知名度は充分に浸透していたとは言えなかったろう。

それはそれとして「延二郎・時蔵奮闘公演」というタイトルは決して伊達ではなかった。延二郎は師直・勘平・由良之助・与市兵衛・定九郎の五役、時蔵は塩冶判官・おかる・戸無瀬の三役を引き受けた上、とりわけ延二郎は、亡父二代目延若がかつて七役を変って見せたやり方に倣って「四段目」から幕無しで「五段目」の与市兵衛・定九郎・勘平の三役を早変わりで演じるという意欲的な上演だった。プログラムには「實川延二郎 与市兵衛・定九郎・勘平三役早替り」とあったが、実際は「四段目」の由良之助が送り三重で入ると、そのまま幕無しで「五段目」になって与市兵衛に変るのだったし、「六段目」の勘平でも「音羽屋型」にほぼ統一された東京のやり方に対し上方独自の型を見せた意義は多大なものがあった。東京の観客がこうした上方独特の演出を目の当たりにしたの

(2−25) 昭和36年2月「仮名手本忠臣蔵」
おかる：④時蔵　勘平：②延二郎

は、実にこのときが初めてといってよかった。

延二郎自身は、延若襲名後、東京では昭和四十二年三月にもう一度、東京の観客に「六段目」の勘平を見せる機会があった他、五十二年十一月に、東京の歌舞伎座と大阪の中座に東西の俳優が結集して見せたいわゆる東西忠臣蔵の折、再演して広く知らしめることが出来たのが、この悲運の俳優のせめてもの慰めとなったが、はるか後年、坂田藤十郎が関西に伝わる型として五役早変わりを演じたのも、延二郎が見せたこのときのものを基本にしていることを思えば、これもまた東横歌舞伎が残した大いなる遺産のひとつといえる。

こうした中で、話題性の上ではやや割りを食った形になりはしたが、時蔵は判官におかる、「八段目」の道行で現・梅玉の加賀屋福之助の小浪を相手に戸無瀬をつとめて、力量の上では充分拮抗する存在感を示した。このときは、三段目の「松の間刃傷の場」の次に、清元「道行旅路の花聟」を出し、それから「四段目」につなげるという場割りだった。先に言ったように、「四段目」の「明渡し」からすぐ「五段目」、更に「六段目」へと幕無しで続くのである。トイレに立つ暇もない残酷芝居という冗談が囁かれたという。

その他の配役では、東宝歌舞伎の発足とともに東宝へ去って久しく、またその東宝でも、扇雀の厚い遇され方に比べ鳴かず飛ばずの観のあった岩井半四郎が（「居ない半四郎」という陰口がその頃あった）久々に松竹の歌舞伎の舞台に登場し、若狭助に「道行」の伴内、千崎弥五郎を演じた。

菊五郎劇団の東横ホール常連組からは八十助が平右衛門、福助に次ぐ若女形として著しい進境を認められつつあった由次郎が顔世といったところが出演したほか、舞踊家から転進した中村藤太郎が直義、明治初期に関西の名優として高名の中村宗十郎の家筋に連なる人で、手練れとして記憶に残る二代目中村霞仙がおかや、地味ながら実力を評価されつつあった市川九蔵が石堂に不破、小芝居で鳴らし義太夫物で定評のあった市川福之助が一文字屋おオ、初代吉右衛門の門弟で、脇役の名手として知られた初代吉之丞亡き後、その占めていた位置に座ろうとしていた中村吉十郎が「進物場」の伴内・薬師寺・判人源六、二代目左團次の門弟だった市川左文字が「進物場」の本蔵・九太夫・猟師めっぽう弥八といった古強者たちが所を得て、脇の要所を占めていた。そうした中に、当時加賀屋福之助といった現在の梅玉が力弥と「八段目」の小浪をつとめているのが目につく。

（福之助という芸名の役者が、老練の女形の市川福之助と、歌右衛門の膝下で大切に育てられていた御曹司の加賀屋福之助と、昭和四十二年に加賀屋福之助が八代目中村福助を襲名するまで、二人、存在したのだった。もっともその中村福助という名前も、昭和四十四年に高砂屋の中村福助が亡くなるまで、二人、いたのだったが。）

上方流の通し上演だと「六段目」まで昼の部でやってしまうので、夜の部の時間が余る。そこで宇野信夫が昭和三十四年に書いた『おちくぼ物語』を再演として時蔵のおちくぼの君、延二郎の左近の少将、半四郎の帯刀といった中に、現在の中村魁春の加賀屋橋之助が牛飼の童三郎という役で出演している。兄の福之助と共に、珍しく親の許を離れての他流試合だった。福之助が十四歳、橋之助が十三歳だった。

六月の「名作公演」は友右衛門の項で述べたように菊池寛作『萩寺の仇討』、長谷川時雨作『海潮音』といった文学趣味の勝った演目が並んだが、時蔵はこの両作品いずれにも主演した。『萩寺の仇討』は延二郎が相手役で、仇討という旧道徳に疑いを抱くという大正ヒューマニズムの典型ともいえる作だが、仇討をするのが男装の娘であるところにひとひねりがあり、先に歌右衛門が出したのが先鞭をつけた形となって、それを時蔵にさせようという狙いだった。女形に違和感を抱きがちな新しい観客も美しいと思い、同時に亡父三代目を彷彿させる正統性を併せ持つ時蔵の美貌は、識者の間にも注目を集めていた。

しかしこの公演では、延二郎が「三婦内・田島町・屋根捕物」と出す『夏祭浪花鑑』で團七を初役でつとめ、更に『摂州合邦辻』で合邦、『名月八幡祭』で新助を演じた奮闘の方が目立つことになった。徳兵衛を権十郎、お辰を友右衛門、お梶を松蔦、三婦と義平次を八百蔵と、この公演は菊五郎劇団・猿之助一座も合同の顔ぶれだった。

七月の鶴之助との奮闘公演では、時蔵は『鮓屋』で鶴之助の権太に弥助、八木隆一郎作『女の勝敗』では娘時代から老婆になるまで五〇年の争いを鶴之助とライバル役を演じ、鶴之助の蝙蝠安で『切られお富』、鶴之助の『暗闇の丑松』でお米と、すべて鶴之助と共演した上に、新派古典の佐藤紅緑作『侠艶録』で坂東力枝を演じ、五演目すべてに出づっぱりという積極的な姿勢を示した。(『侠艶録』の劇中劇「重の井の子別れ」でももちろん重の井も演じたが、この時、現・歌六の米吉が三吉をつとめている。米吉としては、祖父の三代目時蔵の相手で既に心得のある役だった。)

前年の襲名後、旺盛な意欲とそれに伴う成果を見せていた時蔵だったが、翌年一月、歌舞伎座で叔父十七代目勘三郎の『め組の喧嘩』に女房お時をつとめた楽日の朝、不慮の死を遂げることになる。時蔵個人としてだけでなく、その死は、ちょうど困難な時期に差し掛かっていた東横歌舞伎のその後にも、少なからぬ影響を及ぼすものだった。

◉

延二郎はこの後、歌舞伎座で十一代目團十郎襲名興行が行われていた三十七年四月、勘弥を座頭とする一座に参加、自分の出し物として友右衛門のお徳で『吃又』、大森痴雪作『小稲半兵衛・恋の湖』で門之助の錦屋小稲を相手に桐野谷半兵衛を演じた上、勘弥が松王丸の『寺子屋』で源蔵、永井路子作『順慶と秀姫』で勘弥の筒井順慶、友右衛門の秀姫で筒井定次、勘弥と友右衛門の『十六夜清心』で白蓮をつとめるという奮闘ぶりだったが、この後、翌三十八年三月、歌舞伎座で三代目延若を襲名してからは、幸四郎の東宝入りの穴を埋める形で歌右衛門に重用されたこともあって東横への出演はなくなる。延若という大阪根生いの名跡の襲名を、東京で先に行なったことにはさまざまな意見があったが、現実を見極めた上での決断だった。昭和四十一年六月の上方歌舞伎公演では仁左衛門と共に中心的な働きをするが、これについては別に扱うことにする。

第3章　中　幕——浅草常盤座と新宿第一劇場

これまでにも折につけ触れてきたが、東横歌舞伎が軌道に乗ってきた昭和三十二年ごろから三十五年にかけて、浅草常盤座と新宿第一劇場という、第二、第三の東横ホールともいうべき劇場で花形歌舞伎の公演が行われた。三つの劇場は微妙に色合いを異にしながらも、若手花形の活躍の場として相乗してゆく。結果としては経営的に失敗に終わるのだが、この時期の東横歌舞伎を見てゆく上で、この二つの劇場との関わり合いを抜きに考えるわけには行かない。この章では、この二劇場の歩みを簡単に眺めることにする。詳しくは、巻末の『上演年表』を参照していただきたい。

浅草常盤座

浅草常盤座に歌舞伎がかかったのは昭和三十二年七月から翌三十三年八月までの一年余、公演数にして六回に過ぎない。浅草という土地柄から言って、花形歌舞伎といっても東横とは別趣の構想から始まったようだ。

第一回は昭和三十二年七月三日から二十五日まで、この月は東横ホールは休みだったが、それに代るかのように花形歌舞伎が浅草の常盤座にかかった。歌舞伎に由緒の深い土地ではあったが、本格の歌舞伎がかかるのは戦後はじめてである。「猿吉劇団花形歌舞伎」と称して松蔦と訥升を看板に、『源氏店』『真景累ケ淵 豊志賀』『白浪五人男 浜松屋』に巌谷慎一作・演出『権八小紫比翼傘』という番組で、一日二回公演というところが浅草風だった。「猿吉劇団」とは少々語呂のよくない命名だが、松蔦が「猿」劇団、訥升が「吉」劇団の花形ということだろう。松蔦がお富、豊志賀、弁天小僧、訥升が与三郎、新吉、権八という役どころだったが、松蔦が弁天小僧、訥升がお富でなく与三郎を演じるというのも話題となった。（もっとも訥升はのちに東横でも与三郎を演じている。）『演劇界』七月号の秋山安三郎の劇評

(3−1)〈浅草常盤座〉昭和３２年７月「弁天娘女男白浪」
宗之助：①春猿　幸兵衛：②左文次　弁天小僧：③松蔦　駄右衛門：④秀調

を兼ねたルポを読むと、実はこの公演は、当初、左文次と秀調を老練株として猿之助一門の春猿、升太郎、時蔵一門の時蝶、宗十郎門下の宗五郎、吉右衛門門下の万之丞、それに市川九蔵を一座とするプランが下地になっており、松蔦と訥升は看板としての上置きの筈であったのが、興行上の理由からこの二人の公演のようになってしまったというのが実情であったらしい。つまり東横が御曹司連のための登竜門とすれば、浅草は門閥外の連中にも開かれた登竜門というのが、構想の大元にあったというわけである。それでも、松蔦の豊志賀、訥升の新吉で時蝶がお久をしたり、万之丞が『権八小紫比翼傘』で訥升の権八を相手に小紫を演じている辺りに本来の趣旨がせめても生かされていたということだろうか。万之丞は先ごろ亡くなった老女役の名手二代目中村吉之丞の若き日である。

当時の浅草は、戦前の賑わいとは異なるにせよ、街の形態としては戦前以来の大衆娯楽街の様相を維持していた。戦後の二十年代に隆盛を見た女剣劇に席巻されたとはいえ、戦前以来の劇場はまだかなりの数、健在だった。

常盤座は松竹の経営で、女剣劇の中でも別格のように見られていた大江美智子一座の本拠とされていたが（大江美智子はやがて市川少女歌舞伎と入れ替わるように東横ホールに登場し、常連となる）、この月は京都での公演で留守になった間を利用しての企画だった。「常盤座も本格的歌舞伎興行に大慌て。まず今までやったこともないような指定席切符の用意やら、その案内係に同じ松竹経営の歌舞伎座、新橋演舞場の女の子を呼んでくるやら、大劇場並みに新聞関係、劇評家のお社の連中を招待するやら、その他私などには判らない芝居裏の忽忙がウンとあったらしい」と秋山は書く。（今日なら「女性社員」と書くべきところを「女の子」という表現は、秋山に限らず当時は男性がごく普通に使う「用語」だった。）

大正期に隆盛を見せ、戦前までは存続していた小芝居の存在は、この当時まだ人々の記憶から遠くなかった。小芝居で大きな役を経験しながら、戦中の統制で活動の場を狭められたために大歌舞伎に戻って、脇役に甘んじている実力のある役者も、この時代、まだ少なくなかった。大歌舞伎と小芝居の境界は、決して画一されたものではなく、多分に流動的であったと推察される。松竹が、山の手の渋谷で成功しつつある第二軍としての歌舞伎公演を、下町の浅草でもと考えたとしても、決して不思議ではない。

(3−2)〈浅草常盤座〉昭和32年7月「権八小紫比翼傘」　小紫：万之丞　権八：⑤訥升

（その浅草を本拠にして、昭和二十五年ごろから興行を続け、最後の小芝居と呼ばれることになる「かたばみ座」が、この時、折からの常盤座の花形歌舞伎と公演日が重なる中で苦闘を続けていた。座を率いていた坂東鶴蔵を失いながらなお、松屋百貨店の六階にあったスミダ劇場で公演中だった。）

浅草花形歌舞伎二回目の公演は三十二年十月、東横ホールを市川少女歌舞伎に明け渡した代りのように、常盤座で興行があった。前回は浅草風に同一狂言を一日二回という出し方だったが、今度は普段の歌舞伎興行の方式で昼夜二部制、料金は三五〇円・二一〇円・一三〇円、但し開演後は一等席でも割引料金でご覧になれますという方式だった。結果は、夜の部の入りが思わしくなく、浅草の観客の実情を見ないやり方だと批判が出た。

浅草に歌舞伎を根付かせようというなら、指定席や二部制をやめ、御曹司の花形より、美貌で隠れた人気のある春猿とか時蝶といった門閥のない若手で一座を組ませた方が往年の小芝居に通じる意義があるといった意見も聞えたが、猿之助の古参の弟子の猿三郎が『三人吉三』で芝雀のお嬢、半四郎の和尚にお坊吉三をつとめたり、時蔵門下で美貌で人気の時蝶が『三人吉三』のおとせ、これも美貌で鳴る猿之助門下の春猿が半四郎と絡む役をつとめたり、若干ながら当初の趣意が生かされた配役もあった。

「合同花形歌舞伎」という看板は、吉右衛門劇団の芝雀や、猿之助劇団の半四郎が中心だからで、東宝歌舞伎に出演して物議をかもした半四郎が出演したのは、この当時、歌舞伎ファンの間ではちょっとした話題だった。舞踊家の猿若吉代、映画女優の野上千鶴子、鴈治郎の落し胤という林雄太郎など外部からの出演は、当時放送中だった芝雀主演のテレビドラマ『若君行状記』や、半四郎の『佐々木小次郎』といった大衆時代劇が演目にあるためだった。半四郎は他に『鳥辺山心中』の半九郎を芝雀のお染と、『慶安太平記』では八百蔵の丸橋忠弥に伊豆守をつとめている。

『高田の馬場』は、戦後関西歌舞伎の幹部として当時まだ健在だった八代目澤村訥子が、小芝居の人気者だった若き日に得意にしていた演目で、八百蔵は訥子を訪ねて教わったという。典型的な小芝居種と思われていた『高田の馬場』だが、何とこの後間もない翌年八月、今度は新宿第一劇場の菊五郎劇団の公演で羽左衛門が出すことになる。

第三回の常盤座花形歌舞伎は翌三十三年二月、前回二部制にして不評だったので同一演目を二回公演にして、第一が菊池寛作の現代劇『時の氏神』、第二が『明治一代女』、第三『絵本太功記』、第四『切られお富』というもので、第一は猿若吉代、花柳春という舞踊家の出演、第二はお梅が松蔦、箱屋の己之吉が八百蔵、澤村仙糸が市川九蔵ほか、歌舞伎勢による新派狂言だった。『太功記』は八百蔵が光秀、操が松蔦、訥升が十次郎、久吉が九蔵に、皐月が七代目宗十郎門下で戦前永らく小芝居で座頭級の役を勤めていた鐵之助、初菊が猿之助の弟子で初代水谷八重子に似ているという評判だった美貌の女形春猿、正清が升太郎と、門閥外の実力者や有望株を登用する姿勢がかなり出ている。

正清を勤める升太郎は全狂言に出づっぱりで、『時の氏神』では主役をつとめている。五年後の昭和三十八年五月、團子が三代目猿之助を襲名する折、二代目市川段猿と改名したといえば覚えている読者もあるだろう。二代に亙る猿之助門下として達者で重宝な脇役者であると同時に、殺陣師として、古典は元より、復活狂言やスーパー歌舞伎まで大きな功績を残すことになる。春猿も『一代女』で秀吉をつとめている。

『切られお富』は訥升のお富で、往年の宮戸座を根城に田圃の太夫の異名で知られた四代目澤村源之助に強い関心をもっていた訥升は、後年九代目宗十郎になってからも演じているが、この時が端緒かと見られる。井筒与三郎は九蔵で、『明治一代女』の仙糸といい、筆者の印象にある九蔵の、控えめで消極的ともいえる芸風の、思い浮かぶ役といえば『四谷怪談』の四谷左門のような老けの役の多かったイメージからは、目を瞠る思いがする。

●

続く三月、引き続いて第四回の花形歌舞伎が行われた。やはり同一狂言による昼夜二回公演で、春猿の求女、猿若吉代のお三輪、花柳春の橘姫で『妹背山道行』、八百蔵の夜叉王、訥升の頼家、松蔦の桂、吉代の楓、春猿の春彦で『修禅寺物語』、松蔦のお園、源之助の三勝、左文字の半兵衛、鐵之助の半兵衛女房、宗五郎の宗岸の『酒屋』、訥升の五郎蔵、八百蔵の土右衛門、春猿の皐月、澤村精四郎の逢州による『御所五郎蔵』という陣立てで、顔ぶれもほぼ定まり、東横ともう一つの花形歌舞伎として定着しつつあるかに見えた。

五月も常盤座の花形歌舞伎が行われ、訥升に代って又五郎が出演。松蔦のお里に沢市を勤めた『壺坂』が好評だった。川口松太郎作の現代劇『児故の春』、黙阿弥作・平田都改補『毒婦小松』に、八百蔵が『小栗栖長兵衛』という演目建てで、他に源之助、秀調、春猿、升太郎という猿之助一座の出演だった。『児故の春』など、源之助、春猿に秀調という顔ぶれで一幕を持つなど、他の劇場では考えられなかったろう。

『毒婦小松』というのは黙阿弥の『恋闇鵜飼燎』のことで大正三年以来の上演という触れ込みだった。これもまた小芝居路線といえる。のちに加賀屋歌江が自主公演葉月会で演じている。

二月、三月、ついで五月と、花形歌舞伎がかかり軌道に乗ったかと見えた常盤座だったが、この年の八月、六回目の公演を限りに撤退ということになった。理由は、期待したほどの入りがなかったというに尽きた。この月は幹部俳優は夏休みで、新宿松竹座と浅草常盤座にふたつの花形歌舞伎の公演がかかるのみとなった。どちらも二十五日間、松竹座は菊五郎劇団の出演で長老の左團次が上置き、十七代目羽左衛門が座頭格で出演した他は（昨年、常盤座で八百蔵がした『高田馬場』を演じた）、権十郎・鶴之助以下の若手花形が東横から引っ越してきたような陣容だった。

常盤座の方は「花形歌舞伎」と銘打っていたが、段四郎を座頭格に、花形らしいのは新宿と掛持ちの芝雀と松蔦ぐらいで、演目も芝雀の大森痴雪作『抜打ち権八』、松蔦・八百蔵の瀬戸英一作『新四谷怪談』、芝雀が美登里になる『たけくらべ』、段四郎が森の石松になる木村錦花作『森の石松幽霊道中』という納涼気分のものだった。これらの作品はどれも大正から昭和初年の新作であり、戦後十年余というこの当時、苦肉の策としてこれらの作品を埃を払って取り出してくる物知り・知恵者が、部内に存在していたことが窺える。

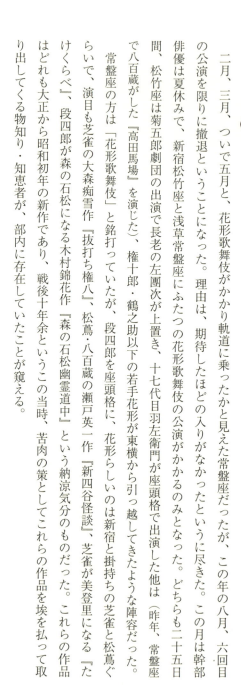

こうして、撤退宣言も終結の辞もない自然消滅の形で、短かった浅草の花形歌舞伎は終わった。花形は松蔦・芝雀・訥升それから又五郎、座頭級の役をつとめ実のある仕事をしたのが八百蔵、それに秀調、源之助、九蔵、更には鐵之助、宗也、左文字、猿三郎、升太郎といった人たちであり、せめても春猿、時蝶などが目立つ役をする機会に恵まれたのが、常盤座歌舞伎の特徴といえるだろう。経営的に成功していたなら、東横歌舞伎とまた一風違う足跡を戦後歌舞伎史上に残せたであろうが、あまりにも短命であったために忘れられたようになっているのは残念という他はない。

因みにこの前月の三十三年七月、常盤座に市川少女歌舞伎がかかっている。古典に混じって北条誠作・演出『若衆くずし』といった新作物を出しているのは、女役者として大人の一座への脱皮をめざすものだった。常盤座は少女歌舞伎には一番ふさわしい器との評もあった。

新宿松竹座（新宿第一劇場）

新宿松竹座の花形歌舞伎が始まったのは昭和三十三年四月である。常盤座の終わりとやや重なりつつ始まったことになるが、浅草の歌舞伎を引き継ぐという考えはなかったと思われる。

松竹座とは戦前に青年歌舞伎の本拠だったかつての新宿第一劇場だが、戦後永らく映画館に転じていたのを、前月、曾我廼家十吾の家庭劇で劇場として再開場したのだった。昭和七年に当時四代目我當の十三代目仁左衛門を座頭格、当時三代目坂東しうかの十四代目勘弥を書出し格として始まった青年歌舞伎は、新宿という山の手の地以西に歌舞伎が進出したはじまりだった。築地小劇場の新劇と新宿第一劇場の青年歌舞伎が自分にとっての青春の思い出であると、ベテラン演芸記者の久住良三が書いているように、ある年齢層の観客にはまだその記憶は古びていなかった。

歌舞伎劇場としての再開を祝って猿之助が『二人三番叟』の翁を勤めたが、歌舞伎座で二本の新作物に時蔵と共演して、帰路、新宿に回っての出演だった。（猿之助は赤坂に住んでいた。）三番叟が段四郎に孫の團子、もう一人の孫の、

(3−3)〈新宿松竹座〉昭和33年4月「お艶殺し」
新助：⑭勘弥　お艶：⑦友右衛門

このとき十一歳だった現・段四郎の亀治郎が付千歳という澤瀉屋一家の総出演だった。千歳だけは勘弥だったが、『二人三番叟』は二日初日から十九日までで、二十日からの八日間は『連獅子』に変ったが、これも段四郎の親獅子に團子の子獅子という父子共演だった。

段四郎が昼夜五狂言に出演していわば座頭格であり、開幕に八百蔵が川端康成原作・巖谷愼一脚色演出の『琵琶物語』の主役景清を勤めるなど、澤瀉屋一門の公演の趣きもあるが（段四郎は升太郎の猫を相手に『蚤取男』も踊っている）、この公演で話題となったのは、しばらく前から関西歌舞伎に活躍の場を移していた友右衛門が出演して谷崎潤一郎原作・久保田万太郎脚色演出の『お艶殺し』と真山青果作・巖谷愼一演出の『お夏清十郎』でタイトルロールを勤め、さらに『藤娘』を踊ったのと、先月の『忠臣蔵』の代役で実力を再認識された勘弥が『佐倉義民伝』の木内宗吾を勤めて好評だったことだった。『お艶殺し』の手代新助は勘弥、『お夏清十郎』の清十郎は段四郎、『義民伝』では又五郎が宗吾女房おさんに将軍家綱、八百蔵が松平伊豆守、段四郎が幻長吉、團之助が渡し守甚兵衛という配役だった。後の玉三郎の喜字が宗吾娘おとろの役で出演している。

この時の公演のことを、矢野誠一氏が都民劇場会報第七一八号に「舞台の記憶」という連載の一回分を割いて書いているのが興味深いので引用させていただく。

「新宿の甲州街道と明治通りの交差したところに、松竹系の第一劇場というのがあった。その時分東洋一を謳われた浅草の国際劇場を、ちょっとばかし寸詰まりにしたような構えの、新宿にあってはいちばん劇場らしい劇場だった。開場は一九二九年で、新歌舞伎座と称していた。三七年三月には、ドイツから帰国した千田是也が新劇人を結集した東京演劇集団の名のもとに、ブレヒトの『三文オペラ』を翻案した『乞食芝居』を上演し、これには喜劇王エノケン榎本健一も参加している」

と書き出して、戦後は映画館となったがよく実演がついて、活弁上りの美文調の司会で知られた西村小楽天に、当時の人気歌手や川田晴久とか「あきれたぼういず」といった喜劇人が出演していたのが、

「新宿松竹座と改称されふたたび本格的な演劇興行に乗り出したのは一九五七年のことだが、新しく靖国通り側に松竹系の映画館が建設されたためだろう。五八年四月の「大歌舞伎」に出かけたのは、守田勘弥の『佐倉義民伝』が観たかったからだ。モリタカンヤという名をはじめて耳にしたのは、中学生のときだった。民間放送が開局して、連日放送される時代劇ドラマの番組終了時に配役のアナウンスがあるのだが、それが「語り手守田勘弥」と結ばれるのがきまりで、強く印象に残ったのである。すぐに守田勘弥が歌舞伎役者で、水谷八重子の夫君と知ることになる。三越劇場や東横ホールで実際の舞台姿にふれ、ラジオで馴染んだ独特の口跡が心地よかった。そして小づくりなのに、適度の格調をそなえていて、すべてが本寸法にきまるお芝居に惹かれて、贔屓になった。このひとが「一六ミリの羽左衛門」と言われていたと知るのはそれからかなりたってからだが、はなしにきき、写真で舞台姿をしのぶだけの十五代目のミニチュアとは、言い得て妙と感心させられたものである。」

「新宿松竹座『佐倉義民伝』だが、守田勘弥の熱演はよかったが、あまりの客の入りの悪さにはたまげた。歌謡ショー実演のときの熱気がしのばれるばかりで、勘弥が気の毒になった。五九年に懐かしの第一劇場に改称されてから、滝澤修、山田五十鈴の『関漢郷』、永六輔、いずみたく音楽の『まずしい国のまずしい歌』などを観ているが、やはり客は入っていなかった。」

第一劇場の在りし日の様子を知るには間然するところのない文章だが、客の入りの悪さという問題は遂に改善されることのないままに、昭和三十五年七月に閉場となるのだが、その間、この劇場で行われる歌舞伎公演は東横ホールと微妙な関係を持ち合うことになる。

因みに、矢野氏の文中にある勘弥が語り手をつとめていた民間放送のラジオドラマというのは、当時小学生だった私もよく覚えているが、現在のＴＢＳが昭和二十六年十二月にラジオ東京として開局した当初から始まった『銭形平次捕物控』で、平次役が滝澤修、女房お静が市川紅梅（のちに翠扇）、がらっ八の八五郎が渡辺篤という配役で、昭和三十年代まで続いた長寿番組だった。

昭和三十三年六月は時蔵と猿之助の二人の長老が、それぞれ渋谷と新宿で芝居をしたのが目を惹いた。菊吉両劇団の体制が確固となるにつれ、長老たちの居場所が微妙になってゆくという現象が顕著になっていた。この時代は、後の戦後歌舞伎の大立者たちの技芸がようやく熟し、一定の高みへ到達しようとしていた時期で、その辺りの微妙な均衡の上に、東横ホールや新宿松竹座の在り方を重ね合わせて見るとき、単に若手の道場というだけの存在ではなかったことが見えてくる。

他には芝鶴・又五郎・松蔦・段四郎・我童・八百蔵他といった猿之助劇団水入らずといってもいい顔ぶれで、猿之助は『俊寛』と『人情噺文七元結』の左官長兵衛に、竹柴其水作『遠山桜天保日記』で遠山金四郎・浪人生田角太夫・按摩電庵・不動明王の四役を勤めるという元気さだった。前の演目の段四郎が弁慶をつとめる『御ひいき勧進帳』が終わったところで『遠山桜』の序幕、囃子方の喧嘩が始まる、つまり『御ひいき勧進帳』が『遠山桜』の劇中劇に見立てられるという演出を工夫したり、体力気力知力とも、まだ旺盛なところを発揮している。孫の團子が『御ひいき勧進帳』で義経をつとめ、追出しの舞踊で松蔦の『近江のお兼』と上下で『雨の五郎』を踊って、一人前の役者としていわば第一歩を踏み出したのも、ささやかな記念碑といえよう。猿之助にとっては晩年を彩る幸福な日々の始まりであったろう。團子としても、祖父の許に起居を共にして、その芸の蘊蓄をわがものとする、将来の飛躍への蓄積の日々の始まりであった。團子このとき十八歳である。

猿之助はこの後も、新宿第一劇場と改称したこの劇場に團子と共に二回出演している。昭和三十四年九月には珍しい『由良湊千軒長者』で三荘太夫、三十五年六月には菊池寛の『恩讐の彼方に』で團子の実之助を相手に了海を演じ、團子が上方和事に挑んだ『河庄』では孫右衛門をつとめるという孫孝行ぶりを見せた。

(3−4)〈新宿松竹座〉昭和33年7月「東海道四谷怪談」　伊右衛門：⑭勘弥　お岩：⑥歌右衛門

この年の七月の東京の大劇場から歌舞伎公演が消えるという椿事が出来《しゅったい》した。巡り合わせというべきだろうが、新橋演舞場は毎年恒例の松竹新喜劇の東上、明治座の前進座公演は前年四月、火災で取り消しになったのがこのほど再建されて出演約束を果たしたのだったが、歌舞伎座は新国劇の新登場で、結局この月の大歌舞伎は新宿松竹座が担うことになったのだった。謳ったタイトルが「中村歌右衛門七月大歌舞伎」、脇に小さく「中車・勘弥・友右衛門・吉三郎・宗十郎参加」とあった。この月の新宿松竹座は歌舞伎座の控え櫓の役を担ったわけだが、これも松竹直営なればこそで、東横との提携で公演を行なっている東横ホールとの違いとも言える。

第一部が友右衛門の夕しで・中車の新洞左衛門・高麗蔵の女之助で『守宮酒』、歌右衛門の新作で平林たい子原作・郷田悳脚色演出の『妲己のお百』（歌右衛門は五年後に歌舞伎座で再演している）、中車の長右衛門、歌右衛門のお絹、友右衛門のお半その他で『桂川連理柵』、第二部が歌右衛門のお岩、勘弥の伊右衛門、宗十郎の与茂七、友右衛門のお袖、中車の直助、吉三郎の宅悦その他で『四谷怪談』の通しに、歌右衛門が中幕に『浅妻船』を踊るというもので、評判は自ずから歌右衛門が二度目のお岩を勤める『四谷怪談』に集まった。それにしても『桂川』にせよ『四谷怪談』にせよ、この配役はいま思えば何という「大人たちの芝居」であることか。お袖をつとめた友右衛門はこの翌月、大阪の中座で十三代目仁左衛門の伊右衛門でお岩を演じている。

翌八月は歌舞伎座は新派の公演だったが、新橋演舞場で上方歌舞伎の公演が行われた他は（初代鴈治郎二十五年追憶という謳い文句で二代目鴈治郎・扇雀・又一郎の成駒屋一家に延二郎、我童、高砂屋福助といった顔ぶれで『心中天網島』に『緋ぢりめん卯月の紅葉』という近松物二篇を見せたり延二郎が『清水清玄』を出したりした。又一郎が東京の舞台に出るのもきわめて珍しいことだった）、東京方の幹部俳優は夏休みの形となり、ふたつの花形歌舞伎の公演が新宿松竹座と浅草常盤座にかかった。

新宿松竹座は菊五郎劇団の出演だが、長老の左團次が上置きとして先頭に立ち、梅幸・松緑に次ぐ幹部である十七代目羽左衛門が座頭格で出演した他は、権十郎・鶴之助以下の若手花形が東横から引っ越してきたような陣容だった。夏休みのさなかとあって、同じ納涼芝居でも昼の部は子供連れを配慮して、正午開演の開幕劇は当時ラジオとテレビ双方で放送中の人気ドラマ『赤胴鈴之助』というものだった。テレビで鈴之助を演じている十二歳の尾上緑也が舞台でも主役鈴之助を演じ、剣の師匠の千葉周作を左團次がつとめたが、この企画は他ならぬ左團次の発案だった。緑也はのちの六代目尾上松助、現・松也の父である。

中幕が『三人片輪』、第二が羽左衛門が中山安兵衛を勤める河竹新七作『高田の馬場』という親しみやすい演目を並べていた。（今日では別な事情で上演がむずかしい演目になっている『三人片輪』が初心者向けの演目として選ばれているのは、時世の変化という他はない。）テレビ放送草創期ともいえるこの当時、緑也の『赤胴鈴之助』ばかりでなく、高麗蔵が『鞍馬天狗』、芝雀が『恋さま』なるテレビドラマに出演中だったし、権十郎も『あばれ頭巾』という作品に主演スターとして出演した経験の持主だった。録画という技術がまだ開発されていなかったこの当時は、撮影はすべて生放送だった。

納涼気分は夜の部も同じで、五時開演の第一が『天竺徳兵衛』、中幕が舞踊『江島生島』、第三が榎本虎彦作『殿様勘次』、最後が『東海道中膝栗毛』というもので第一と第三が羽左衛門、中幕と『膝栗毛』が権十郎・鶴之助コンビの出し物だった。榎本虎彦は歌舞伎座創立時の座付作者だった福地桜痴の門下で、その後歌舞伎座の立作者として多くの新作品を書いた作者だが、片岡家の狂言として十三代目仁左衛門が『名工柿右衛門』を出すのをほとんど唯一の例外として、今ではその作品を見る機会はまずない。

新宿松竹座の十月は四時開演の一部公演という歌舞伎の興行としては珍しい方式だった。当時の識者やマスコミの論調は、昼夜二部制を難ずる声が高く、松竹としても、新宿という場でそうした声に応える試みをしたのだった。現在も踏襲されている昼夜二部制は、戦時下の統制の中で通例化したものと言われ、その形態が戦後にも持ち越され、定着したのにはそれなりの理由もあったわけだが、営利本位で観客無視の行き方であるとして二部制を批判する識者が多かった。（こうした声があまり聞かれなくなったのは、高度経済成長が進み社会の中での歌舞伎の在り方が、むしろ「伝統」を維持するものとして是認され、受け容れられて行った過程と、ほぼ一致している。）

十月興行の演目は、第一が芝雀の菊之助、松蔦のお徳、勘弥の五代目菊五郎という『残菊物語』、第二が染五郎の松王丸、團子の梅王丸、萬之助の桜丸、亀治郎の杉王丸、八百蔵の時平の『車引』、第三が勘弥の土蜘蛛、芝雀の頼光、

(3−5)〈新宿松竹座〉昭和33年10月「車引」
桜丸：萬之助　松王丸：⑥染五郎　梅王丸：③團子　時平：⑨八百蔵

松蔦の胡蝶、喜の字の石神という配役の『土蜘』、最後が矢田弥八作・演出の『露地の狐』という「鰻の幇間」などの落語種を二番目狂言に作った新作で、主人公の一八という幇間の夫婦を勘弥と松蔦で演じて好評、後に再演もされ続編も作られている。だがこの中で大きな反響を呼んだのが、花形というよりまだ莟ともいうべき、十代の少年達による『車引』だった。

松王丸の染五郎が十六歳、梅王丸の團子が十七歳、桜丸の萬之助が十四歳、杉王丸の亀治郎が十二歳という年齢で、何よりも基本を忠実に演じようとする以外、一切の余念を感じさせない真剣さと純真さが感動を呼んだのだった。絶賛の声が批評家の間からも湧き上がり、まだ小学生の亀治郎は別として、團子と染五郎・萬之助兄弟は、一躍、脚光の中に押し出されることとなった。とりわけ、年長の染五郎と團子のふたりは、以後、何かにつけてライバル視されるようになる。ハイティーンというカタカナ英語が流行現象を見せているさなかでもあったから、これは社会的にも、時代を先駆けるもののように受け止められ、評判となった。今日まで続く彼等の名声の、これがその端緒と言える。言うまでもないが染五郎が現・九代目幸四郎、團子がのちの三代目猿之助の現・二代目猿翁、萬之助が現・二代目吉右衛門、亀治郎が現・四代目段四郎である。

翌十一月の新宿松竹座は、急速に注目を集めつつある延二郎と友右衛門を大阪から迎え、東京方の中堅女形として松蔦・芝雀を配するという陣容で、今度も一部制、土日・祭日はマチネーという興行だった。開演を四時半にしたのは、前月が午後四時開演だったのが、五時まで仕事がある勤労者には早過ぎるという批判があったのへ幾分なりと応えたものだったろう。

延二郎の演目は、これも既に大阪で演じている上方狂言の『乳貰い』で、亡父二代目延若の伝説的な当り役に挑むものだった。仁も柄も違う延二郎には父の再来は望むべくもなかったが、身に付いた上方役者としてのたたずまいが得難いものとして評価を得た。ドイツの作家シュニッツラーの『盲目の兄弟』を巌谷槇一が脚色・演出した『盲目の姉とその妹』では姉妹に翻案され松蔦と芝雀の演目だった。だがこの公演で最も話題を集めたのは、先に友右衛門の項で述べた『妲己』で、賛否や是非善悪を越えてこの時期の友右衛門を象徴するものとなった。

昭和三十四年一月、新宿松竹座は往年の「新宿第一劇場」と旧名に復し、改名披露の「口上」の一幕があって、戦前の「青年歌舞伎」以来の勘弥・段四郎・我童以下の出演者が裃姿で口上を述べた。昭和七年から十三年にかけて青年歌舞伎の常打ちの劇場だった時代が最も知られるが、昭和四年九月に新宿歌舞伎座の名で開場、青年歌舞伎が軌道に乗った昭和九年九月、新宿第一劇場と名称を改めたが、第一劇場の名は青年歌舞伎と結びつけて記憶され、青年歌舞伎が解散して二〇年余が経ったいまも、その記憶は観客の側にもまだあったのである。四時開演の一回公演で料金は四五〇円・三〇〇円・一五〇円、青年歌舞伎随一の人気スターだった勘弥を座頭格に据え、新たな出発点としようという目論見はあながちアナクロニズムとも言い捨てられない。勘弥は「口上」も含め六本の出し物の内、五本に出演していた。

沙羅双樹作・村山知義脚色演出『獄門帳』は江戸の大火の折、伝馬町の牢で囚人の解き放ちをしたときのエピソードで、映画化も何度もされて知られた物語であり、牢役人の石出帯刀に勘弥、その信頼に応えて帰牢する三枝喬之介が段四郎という配役は、いかにもさこそと思われる。勘弥は他に『船弁慶』で静・知盛の霊、我童の三千歳で『雪暮夜入谷畦道』の直侍をつとめたが、注目されたのは、シナリオライターの成沢昌茂作・演出による『討入前夜』だった。萬之助の大石主税、染五郎の矢頭右衛門七に勘弥の大石という配役で、討入りを前にした二人の少年の心の葛藤を役とほぼ同年齢の演者がつとめるところに狙いがあった。つい先ごろ、このとき主税をつとめた萬之助の吉右衛門が座頭をつとめる国立劇場公演で『弥作の鎌腹』など忠臣蔵の外伝劇を上演したプログラムの中に、『討入前夜』があったのは記憶に新しいが、これは前年秋、大評判を取った『車引』の三人組へのご褒美であり、これを機に売り出そうという狙いでもあったろう。大石役もいっそ團子にさせたら、と書いた劇評もあったほど、在来の、若旦那然とした若手花形たちと一線を画した新時代のプリンスとして、三人がいよいよ脚光を浴びようとしていた。『奴道成寺』も團子がひとりで踊り抜く出し物である。この少年俳優たちも劇場名改名の「口上」に列座している。興行主大谷の脳裏には、彼等の姿がかつての青年歌舞伎の上に重ねられていたに違いない。

昭和三十四年三月、新宿第一劇場の歌舞伎公演は歌舞伎座並みの二十五日間興行だったが一日一回公演という原則は守られている。長谷川伸作『長脇差試合』『戻橋』巌谷槇一改補『酔月情話梅雨傘』渥美清太郎改訂『お染の七役』という演目で、花井お梅の箱屋殺しの新内で知られた『酔月情話』を鶴賀朝太夫出演、松蔦と高砂屋福助で出す他は、どれも友右衛門と中車の顔合わせが売り物の演目だった。『お染の七役』は先に歌右衛門が幸四郎の喜兵衛で復活上演して評判を得ており、友右衛門としても、既に大阪で演じて成果を得たものの引越し上演だった。『妲己』という歌舞伎レビューで京劇風の悪女を演じて話題を得た後で、今度は悪婆というのには、興行側の思惑も察しられる。ところで面白いのはこの時の『演劇界』の評に、『戻橋』で大薩摩に客席から拍手があったのを「モウイケマセン、末世的兆候」とあることで、半世紀余後の今日、当り前になっているこの種の「風景」はこの当時すでに始まっており、識者はそれに眉を顰めていたことがわかる。

翌四月は、現在の天皇皇后である皇太子殿下御成婚が行われる祝賀ムードの中、歌舞伎座では公演の話題は満四歳に満たない五代目中村勘九郎の初舞台だった。『昔噺桃太郎』というこのために作った新作品で、父勘三郎をはじめ幸四郎、歌右衛門らの出演で祝ったことはよく知られているが、同じ月、新宿第一劇場は勘弥・我童・松蔦という顔ぶれで、観客から希望狂言を募集するという試みを行い、二枚目役者の勘弥が法界坊を勤めるという珍しいことがあった。もうひとつ『春の勝札』は前作の落語種の幇間の一八役が好評だったための第二作だから事情は違うが、どちらも三枚目の役である。『法界坊』では不評でくさった勘弥がどんどん芝居を端折ったために終演予定よりずっと早くに上ってしまったという笑い話を聞いた覚えがあるが、この時に演じた大喜利の『双面』は、後年歌舞伎座で再演した折、お組役を雀右衛門の代役に十六歳の玉三郎につとめさせ、出世役となる奇縁を作る因となるのである。中幕の『白石噺』で我童の宮城野が見巧者の観客を喜ばせたのも、こういう機会なればこそのことだった。

昭和三十四年七月、新宿第一劇場では「映画・演劇・テレビ合同公演」と称して、各ジャンルの出演者を集めた公演を二日から二十八日までという長期間、途中「二の替り」として演目を入れ替えて行ない、興行としては大盛況だった。その一演目として（これだけは二の替りにも続演だった）『木曽節喧嘩状』という大衆時代劇があったが、主演は権十郎だった。権十郎はかつてＮＨＫテレビ「あばれ頭巾」でテレビスターとしての実績があったのである。このとき敵役を演じたのは、新東宝映画から売り出して当時日本テレビ『丹下左膳』で人気者だった丹波哲郎だったが舞台の経験はない。舞台の寸法から歩き方からすべて伝授しましたと、後年、権十郎が語っている。

続いて八月は、歌舞伎と新派の合同公演として毎夕五時開演という納涼気分の演目を並べた。『将軍の休日』というのは、題名からみてもオードリー・ヘプバーンの映画『ローマの休日』の焼き直しと露骨に分かる、芝雀扮する後に三代将軍家光になる竹千代が、大久保彦左衛門の計らいで一心太助夫婦の家に住み込み庶民の生活を体験するという徹底した娯楽作だったが、芝雀の竹千代に又五郎と訥升の一心太助夫婦という顔合わせの面白さが好評だった。新派側の出し物は菊池寛の『父帰る』だったが、新派勢の中にひとり又五郎が主役の長男の役で入って好演した。

九月の新宿第一劇場は、勘弥と扇雀を迎えて猿之助の一座の公演で、近松半二の『由良湊千軒長者』を猿之助の山椒太夫で復活したのが話題だった。中幕に勘弥の『荒川の佐吉』（卯之吉は喜の字だった）、扇雀は『千軒長者』の鶏娘をつとめた。猿之助、扇雀と勘弥の三人は歌舞伎座と掛持ちだったが、とりわけ猿之助は、新宿の『千軒長者』をはさんで歌舞伎座の開幕劇『鳴神』を初役で勤め、更に、新宿から取って返して「五世歌右衛門追善口上」に列席するという旺盛さを示していた。七月に時蔵が亡くなった後だけに、猿之助の元気さが一入思われた。

番外だが、翌三十五年三月の新宿第一劇場で、市川少女歌舞伎から「市川女優座女歌舞伎」と改名したその披露公演が行われている。昭和二十七年の創立以来十年近くが経ち、主力となる座員の年齢も少女という名称に納まらなくなると共に、少女のひたむきな愛らしさが人気の根拠であったものが失われるというジレンマに陥っていた。

翌三十五年四月の新宿第一劇場は、九朗右衛門・福助・権十郎・鶴之助等菊五郎劇団の若手に扇雀が加わるという、東横から一座ごと引き移ったような公演が行われた。しかし演目はかなりユニークで、昼の部が谷崎潤一郎作・観世栄夫演出で扇雀の伊織之介、九朗右衛門の太守、鶴之助のお銀の方という『恐怖時代』、為永春水の作を木村錦花脚色・荒川清演出、権十郎の丹次郎、鶴之助の仇吉、扇雀の米八で『梅ごよみ』、夜の部が戸板康二原作・加賀山直三脚色演出の『車引殺人事件』、福助と扇雀の『相生獅子』、岡鬼太郎作『御存知東男』を改題、鶴之助の此村大吉、権十郎の大河内善兵衛、扇雀の座光寺源三郎、福助のおこよその他で『旗本五人男』という、古典抜きの演目立てだった。

『恐怖時代』は昭和二十六年八月に京都の南座で武智鉄二演出で歌舞伎として初演したのが血みどろのショッキングな芝居として評判だったが、東京では誰も見たことがない。今度扇雀が参加して、かつて「扇鶴」と呼ばれた鶴之助との初演以来のコンビが再現したことになる。但し今度の演出は観世栄夫だった。

『梅ごよみ』の演出の荒川清というのは左團次の本名で、演出とはいうものの、「私たちが役者としていつも舞台でやっていることをそのまま助言しただけだ、たとえばこの芝居は、出来た時代と今の時代とでは大分ずれたところがあるから当時の時代をつかむのに苦労するだろう、そういうところを強調して助言するのだ」と演出者の弁として語っている。その中に「第一劇場で芝居をするという場合、歌舞伎座などと違って経費を出来るだけ節約しなければなりません。たとえば衣装にしても、新しく注文するのは避けるようにします」と言っているのが面白い。

『車引殺人事件』は劇評家戸板康二が前年直木賞を受賞した推理小説の劇化で、舞台で『車引』が上演されている最中に事件が起きるのを、劇中劇仕立てから話が現実に変る。松王丸を演じていた九朗右衛門と梅王丸を演じていた八十助は新聞記者と刑事に早変わりする、という趣向だった。名探偵中村雅楽役は鯉三郎、また殺される時平の役を劇中劇でつとめたのは、明治三十年生まれで五歳で九代目團十郎に入門したという市川升蔵だった。のちに現在の師匠である十一代目團十郎から破門され、市川ならぬ利根川金十郎と名乗り、昭和五十八年に引退するまで名物役者として知る人も多かった奇骨の主だった。『御存知東男』も珍しい上演で、権十郎が常にない光り方という評がされている。『旗本五人男』と改題されていたので『旗本退屈男』と間違えた観客がいたという記事がゴシップ欄に載った。

翌五月の新宿第一劇場は女剣劇の不二洋子と浅香光代合同公演だったが、続く六月、折から世情は日米安保条約改定をめぐる抗争が国会の期限切れを目前にして最高潮に達していたが、そうしたさなか、新宿第一劇場の猿之助一座と吉右衛門劇団の公演で、猿之助が自ら出演し、段四郎、團子と一家一門で中心的な活躍を示したのが話題だった。とりわけ、菊池寛の『恩讐の彼方に』を猿之助の了海、團子の実之助で祖父と孫の共演が評判だった（ＮＨＫでテレビ中継をしたのを見た記憶がある）。演出喜熨斗政泰とあるのは猿之助自身であり、食満南北脚色による義太夫狂言仕立てとか、幕切れの装置も新機軸を試みるなど、やや老いの影も差し始めていた猿之助が孫の團子との共演を機に「永遠の青年」と呼ばれた往年の覇気を甦らせ、團子またいよいよ進境著しいものを示したと言われた。この祖父と孫はまた、團子が上方狂言の『河庄』の治兵衛に挑み、猿之助が孫右衛門をつとめるという意欲を見せた。この公演あたりが、三年後の團子の三代目猿之助襲名へと向かうステップとなったと見られる。

しかしこの時の新宿第一劇場の公演は、まったく思いがけないところから、別の意味で脚光を浴びることになった。夜の部で勘弥が終り初物の『助六』を水入りまで演じ、揚巻を訥升がつとめていたが、翌年の『中央公論』五月号から連載のはじまった谷崎潤一郎の『瘋癲老人日記』の第一回は冒頭、こういう書き出しだった。

十六日。夜新宿ノ第一劇場夜ノ部ヲ見ニ行ク。出シ物ハ「恩讐の彼方へ」「彦市ばなし」「助六曲輪菊」デアルガ他ノモノハ見ズ、助六ダケガ目的デアル。勘弥の助六デハ物足リナイガ、訥升ガ揚巻ヲスルト云ウノデ、ソレガドンナニ美シイカト思ヒ、助六ヨリ揚巻ノ方ニ惹カレタノデアル。」「團十郎ノヲハッキリト見テヰルノハ予一人デアル。アレハ明治三十年前後、十三四ノ頃ダッタト思フ。團十郎ノ助六ハコノ時ガ最後デ、三十六年ニハ死ンデヰル。揚巻ハ先代歌右衛門、ソノ時ハマダ福助ト云ッテイタ。（中略）兎ニ角予ハ助六ノ芝居ガ好キナノデ、助六ガ出ルト聞クト、勘弥ノデモ見ニ行キタクナル。況ンヤ御贔屓ノ訥升ガ見ラレルニ於テヲヤ。」

「訥升ノ揚巻ハ十分満足シタ。コレダケデモ来タ甲斐ガアルト思ッタ。福助時代ノ昔ノ歌右衛門ハイザ知ラズ、近頃コンナ美シイ揚巻ヲ見タコトハナイ。」

主人公瘋癲老人は翌日も見に出かける。

「昨夜ハ夜デヨカツタケレドモ、コレカラダト時間ガ時間ダカラ、必ズドコカデデモ隊ニ打ツカリマス。米國大使館ト國会議事堂と南平臺ヲ結ブ線ヲドコカデ横切ラナケレバナリマセン。ソノ積リデ早目ニオ出カケニナツテ下サイト、運転手ガ云フ。已ムヲ得ズ一時ニ出カケル。」「「河庄」ハ小春訥升、治兵衛團子、孫右衛門猿之助、女房お庄宗十郎、多兵衛團之助等々デアル。（中略）團子の治兵衛ハ如何ニモ一生懸命デ、全力ヲ盡シテイルコトハ認メラレルガ、餘リ一生懸命過ギ、緊張シ過ギテコチコチニナツテヰル。尤モアノ若サデアノ大役ヲスルノデアルカラ無理モナイ。努力ニ免ジテ將來ノ大成ヲ祈ルノミデアル。（中略）訥升ハ今日モ綺麗デアッツタガ、揚巻ノ方ガヨカツタ気ガスル。後に「権三ト助十」ガアツタガ見残シテ出ル。」

といった具合で、瘋癲老人なる主人公に仮託してあるが、歌舞伎についての意見や感想はそのまま谷崎自身のものであろうと思われる。文豪谷崎の訥升礼賛はこれによって一躍知られるところとなるが、團子にもかなり好意的なのがわかる。因みに、デモ隊にぶつかる恐れがあるから早目に出かける云々というのは、ちょうどこの時期、安保条約改定をめぐる騒擾がちょうど最高潮に達していたのだった。

だが皮肉にも、新宿第一劇場の歌舞伎公演は翌月を以って終りとなる。この劇場の観客の入りの悪さは慢性的なものになっていたし、歌舞伎自体が観客動員の上で急速に下降線をたどっていた。まもなく谷崎から絶賛されることになる日を待たず、他ならぬその訥升は映画界へ去ることになる。

しばらく前から取り沙汰されていた歌舞伎の興行の不振が、誰の目にも明らかな形で露呈したのがこの七月だった。

五月末に旅立った歌右衛門・勘三郎・松緑を三巨頭とする一行のアメリカ公演がまだ続行中という事情もあったにせよ、この月の東京の劇場で「歌舞伎」と銘打った看板を挙げたのは新宿第一劇場だけだったが、その第一劇場が、この興行限りで歌舞伎公演を撤退させることが決まっていた。中車・訥升・我童・芝鶴・高麗蔵等に大阪から延二郎が参加したこじんまりとした一座で、昼の部が山田風太郎作、『おんな牢秘抄』、瀬川如皐改訂・演出、延二郎の菱川重信・蟒三次・下男正助の三役、中車の磯貝浪江、訥升のお関で『怪談乳房榎』、夜の部が柴田錬三郎原作、『孤剣は折れず』、宇野信夫作・演出、中車の竜達、延二郎の太十、源之助のおいち、我童のおとらで『巷談宵宮雨』という、有名作家の小説の脚色物に怪談物という、すっかり夏芝居の仕立てだったが、延二郎が亡父二代目延若ゆずりの『怪談乳房榎』を東京の観客に披露したのはこのときが最初だった。はるか後年、十八代目勘三郎が延若から伝授を受けて現代歌舞伎のレパートリーに甦らせる、その機縁がここにあったことになる。好評を博し、延二郎もこの後、繰り返し演じているが、新宿第一劇場の最後の歌舞伎公演が東京初演だったのも因縁めいている。新宿第一劇場の撤退自体は慢性的な不入りが原因だったが、歌舞伎そのものの退潮という大きな潮流の中に呑み込まれたものという他はない。

第4章　「四人組」の時代

（1）昭和三十五年から三十七年の年代記

東横ホールでの歌舞伎の公演は、第一回の昭和二十九年（一九五四）十二月の後、一年目の昭和三十年には年間八回行われたが、以後は、三十一年度が四回、三十二年度が六回、三十三年度が五回といった状態に一定していた。菊吉両劇団の体制が確固となり、その合間を縫うか、同じ月に掛持ちで行なうかというのが現実である限り、おのずからこうしたところに落ち着いたのが実情であったろう。松竹と東横との提携公演そのものは、歌舞伎の外に、新派、市川少女歌舞伎、さらに当時二派に分かれていた文楽の因会《ちなみかい》の公演など、歌舞伎を合せると年間八、九回ほどになった。（文楽の組合派である三和会《みつわかい》の方は、以前から三越劇場で東京公演を行なっていた。）

ホールとしては、提携公演以外に、文学座、民芸、俳優座の新劇の三大劇団の公演が定期的に行われた上、他の小劇団の短期公演も少なくなかった。たとえば昭和三十三年（一九五八）の秋は、十月に文学座の公演が十日から二十五日までシェイクスピアの『マクベス』を福田恒存訳・演出で、十一月には月末に五日間という短期間、ぶどうの会の公演で福田善之作『長い墓標の列』が上演される、といったように、戦後の新劇史に残る話題作、問題作のいくつかは東横ホールの舞台で生まれたのだった。八代目幸四郎が文学座と組んで福田恒存作・演出で『明智光秀』を演じたのはその前年のことだったが、この幸四郎の意欲を物語る事例として語られる話柄も、じつは文学座の東横ホールでの定期公演に一門を率いて参加したものであった。また三十二年一月からは、毎月末の一夕、東横落語会が行われるようになり、当時盛んだったホール落語の中でも別格のように見做されたし（東横劇場と名が改まった後も昭和六十年の閉場まで続いた）、その他各ジャンルの催しが定期不定期を問わず常に行われていた。山の手の知的な観客を対象にしたあらゆる舞台芸術の劇場を、という開場に当たっての識者の声は、曲がりなりにも反映されていたと言える。

こうした中で、歌舞伎公演の状況に微妙な翳りが見え始める。公演の回数を見る限りでは、三十四年が四回、三十五年が五回、三十六年が六回と安定を維持しているかに見えたが、三十七年には「特別公演」と称して歌舞伎俳優が主力を占めて行なった大衆劇の公演を含めても三回、三十八年も三回と歌舞伎の退潮は目に見えて明らかになってくる。もちろんこれは、ひとり東横歌舞伎だけの問題ではなく、当時の社会状況の中での歌舞伎そのものの在り様の反映であるわけだが、歌舞伎退潮の潮目をどこに読むかというなら、昭和三十五年という年がひとつのエポックであったと考えられる。

昭和三十二年に始まり一年余で終った浅草常盤座の撤退はともかくとして、三十三年から始めた新宿松竹座の公演を、往年の青年歌舞伎時代の旧名新宿第一劇場に復して團子、染五郎、萬之助等新時代にふさわしい新進たちの修養と売出しの場にしようとしたのが、突如、打ち切りになったのが三十五年七月だった。また東横ホールを若手の修行の場として最も順調な歩みを示していた菊五郎劇団が、「第一回歌舞伎道場」と銘打った公演を行なったのが同じ三十五年の二月だったが、皮肉にもこの公演を限りに「菊五郎劇団若手歌舞伎」としての公演は結果として終りになる。俄かな方針の変換があったのである。

この昭和三十五年（一九六〇）という年は、社会的には日米安保条約改定をめぐる大騒動のあった年であり、歌舞伎としても、その安保改定と裏表の形で初のアメリカ公演が行われたのだったが（日米通商条約締結百年記念事業の一環というのが歌舞伎訪米の名目だった）、その陰で、訪米の一行がまだ旅先にあった七月の歌舞伎座公演として、当時人気絶頂だった守屋浩、島倉千代子という若手の流行歌手が出演し、歌舞伎側から勘弥、扇雀、松蔦等々という、痩せても枯れてもれっきとした役者が共演するという歌舞伎ファンに少なからぬショックを与えた事態があった。（ここでも勘弥は、別働隊の部隊長の役回りを担わされた。）二十一日間という少し短めの日程で昼夜同一演目という、歌舞伎座としては変則の形とはいえ本興行に歌謡曲の歌手が加入して、青山圭男作・演出『花散る下田』という唐人お吉をヒロインとする作を呼び物にするというのである。島倉がお吉を演じ、松蔦が鶴松、勘弥が伊佐、高砂屋福助がハリス、市蔵がヒュースケンをつとめるというので、歌舞伎俳優の見識を問う、といった発言もあった。他に勘弥と扇雀で川口松太郎作・演出の『風流花笠祭』といういわば口直しの芝居がつき、最後に『四季の絵巻』という八景から成る歌謡レビューというメニューだった。（島倉千代子は歌謡曲歌手として大成したが、守屋浩の方はいっときの盛名を得ただけで終っている。）

つまりこれは、この後盛んに行われることになる「歌手芝居」の先駆だったわけで、事実、翌三十六年以降、毎年八月の歌舞伎座は浪曲出身の歌手三波春夫の公演が恒例となり、実に二〇年続くのである。歌舞伎の興行の行き詰まりが囁かれ、「曲り角に来た歌舞伎」という言葉がマスコミを通じて喧伝される。この月限りで閉鎖となる新宿第一劇場に出演中だった訥升が映画界に転身する決心をしたのは、この歌舞伎座の公演を見てのことだったと、後年自身で語っている。

またこの年の十月の歌舞伎座は菊五郎劇団の公演だったが、その夜の部で、エドモン・ロスタンの『シラノ・ド・ベルジュラック』を、名訳として名高い辰野隆・鈴木信太郎訳で上演したのが世間の耳目を集めた。三代目左團次が東横で演じた『ベニスの商人』やチェーホフの『犬』などは、「赤毛物」という古風な言い方がふさわしかったが、こちらは松浦竹夫演出・伊藤熹朔美術・穴沢喜美男照明・賀原夏子衣裳考案・林光音楽・園田芳竜効果というスタッフによる本格的な翻訳劇としての上演である。松緑のシラノ、海老蔵のド・ギッシュ、左團次のラグノオ、羽左衛門のルブレ、九朗右衛門のカステル・ジャルウといった中に、目を惹くのは鶴之助・八十助・菊蔵・由次郎・秀公・丑之助等々といった劇団の若手の面々によるガスコン青年隊で、それぞれ後の名前でいえば富十郎・九代目三津五郎・

菊蔵・田之助・我當・菊五郎というわけだが、鶴之助などは東横で『鎌倉三代記』の三浦之助を演じた足で歌舞伎座に駈け付けガスコン青年隊に加わったのだった。ロクサアヌは山田五十鈴、クリスチャンには当時はまだ新派入り以前の映画スター安井昌二という配役だった。

今日から見ればむしろ斬新な企画として華やかな話題を呼びそうだが、この企画は危機感の表われだった。「曲り角に来た歌舞伎といわれていますが、私にいわせればそんな言葉では生ぬるく、歌舞伎はまさに行き詰まりかけています。観客層はどんどん薄くなって行き、毎月の興行は団体客に依存している始末。演目も年中やり古したものではどうしても感激が伴わなくなるし、新作は稽古が満足にできないので満足な舞台を見せることはできません」と、シラノを演じた松緑が語っている。

松竹としても、低迷打破の対策として古典歌舞伎、新作と並行して泰西の名作を上演してはという案だった。七月の島倉・守屋の特別興行で連日当日売りの客で大入りだったのも、一面からすれば、一般客だけで満員になるという演劇興行の理想を実現したのだともいえた。「そこで歌舞伎座も新装されたこの月、画期的な興行を行うことにした」というのが松竹側の説明だった。それが『シラノ』だったわけだが、翌年の正月早々、やはり菊五郎劇団の公演でエミール・ゾラの『居酒屋』を翻案・脚色した『夢花火』という新作が上演され、梅幸が落剣の主人公を汚れ役で演じた。当時ゾラの原作を映画化したフランス映画『居酒屋』が日本でも大ヒットしたことが背景にあったのだったが、つまりこれが「泰西の名作」の路線というわけだった。

（もっとも、同じ三十五年の六月、幸四郎が『オセロー』を演じた公演は、この年の演劇界でも最も社会の耳目を集めたニュースだった。サンケイホールで六月一日から十九日まで毎夕六時十五分、土・日曜はマチネーで行われたこの公演は、吉田史子プロデュース、福田恒存訳・演出に主役オセロー役の幸四郎、イヤーゴー役の森雅之の四人が企画委員として共同の責任を持つプロデューサー・システムをはじめて導入した公演としても大きな話題となった。コラボレーションということが日常的になっている今日の状況を生み出すに至る、これがその遙か遠くで放たれた嚆矢であったと言っても過言ではないだろう。因みに「歌舞伎座も新装されたこの月」と松竹側の説明にあるのは、開場十周年を機に模様替えをしたもので、中でも一番大きな改修は、従来、三階席は正面玄関とは別の入口であったのが、一階席・二階席と同じ正面入口から出入りするように改められたことだった。現代の観客には信じ難いような事実だが、こうした「劇場の民主主義」が実現したのが六〇年安保の年であったというのも、奇妙な偶然というべきかもしれない。）

蛇足かとためらいつつもうひとつ些事をつけ加えるなら、同じ九月、大阪の中座では「歌舞伎カーニバル」という奇妙なタイトルの公演が行われた。内容は、仁左衛門、友右衛門、延二郎で『いもり酒』、仁左衛門と延二郎で『巷談宵宮雨』、友右衛門初役の『切られお富』、延二郎の『ひとり狼』、仁左衛門・延二郎で『らくだ』、友右衛門主演の沖縄民謡に取材した『唐船物語』といった、やや軽めのメニューにせよごく普通の歌舞伎公演だったが、それにもかかわらず「カーニバル」と名乗るところに当時の関西での歌舞伎の在り様が現われていた。関西では「歌舞伎」と名乗ることすらタブーと考えられたのだったが、事態は、もはや東京でも対岸の火事ではなくなろうとしていた。

◉

果して、二年後の昭和三十七年（一九六二）は四月・五月と当時としては異例の二ヵ月続きで十一代目團十郎の襲名披露公演が盛大に行われた年だが、同じ年の八月の東京の大劇場は、歌舞伎座が二年目となる三波春夫公演、新橋演舞場が中村竹弥の公演、明治座が東映歌舞伎という具合に、三大劇場がいずれも大衆演劇に席巻され歌舞伎の興行はひとつも行われないという事態が現出したが、これがこの夏だけでなく、以後恒例となるのである。三波春夫は、二年前に行なった大阪新歌舞伎座での公演の成功を踏まえての歌舞伎座進出であった。

中村竹弥は、中村竹三郎門下の歌舞伎の出身で、戦時中の移動演劇での活躍が注目されたという経歴を持ち、テレビの時代劇で売り出した俳優で、出自と言い、演技の質といい、風格といい、戦前派の時代劇映画のスターたちと共通する要素が多かった。以後長く、舞台とテレビを通じて活躍する。

明治座の東映歌舞伎というのは、この当時時代劇映画界を席巻する感のあった東映が、その余勢を駆って明治座の舞台で公演を行なうことになったものだった。「御大」と呼ばれた片岡千恵蔵、市川右太衛門は、それぞれ十一代目仁左衛門、二代目右團次の門から出て大を成した人たちだったし、中村錦之助、大川橋蔵らは戦後、歌舞伎の名門から映画界に転じて成功を収めた経歴の持主である。「歌舞伎」と称したものの実態は大衆時代劇だったが、右太衛門、橋蔵などは、歌舞伎舞踊の要素を盛り込んだ舞台を見せたりもした。（右太衛門が「助六」を踊って役者ぶりの大きさに批評家連を驚かせたということもあった。）映画から持ち越した人気は凄まじく、特別席千八百円、A席千五百円という入場料は、四月の團十郎襲名興行の折の一等千七百円、二等千二百円を越えるものだった。（因みに三波春夫公演の一等席は千円、中村竹弥公演は七五〇円である。）

この「東映歌舞伎」という名称について云々する声も聞こえたが、先行している東宝歌舞伎といい、こうした形で「歌舞伎」という言葉が方々で使われ出したのも、この頃の演劇界のひとつの光景だった。一方この当時、新聞などでは普通名詞としての歌舞伎を「カブキ」と片仮名で表記するのが通例だった。

◉

こうした潮流の変化を読むかのように、東横ホールの歌舞伎公演も方向転換を始める。三十五年秋頃から友右衛門、延二郎の参加が多くなったのは関西歌舞伎の退潮と絡んでのことだったが、この二人と、ひと足早く東京に出て菊五郎劇団の一員として活動していた鶴之助や、父三代目の没後四代目を襲名した時蔵等と組み合わせた公演が俄かに目につくようになったのは、菊五郎劇団の「歌舞伎道場」が第一回だけで打ち切りになったのと裏表になる方針変更の現われだった。公演の内容については既に述べたが、それまで東京での舞台が少なかった延二郎は、時蔵との奮闘公演で『忠臣蔵』の五役早変わりなど、めざましい働きで急速に東京の観客の支持を獲得した。三十八年三月に三代目延若の襲名披露を行なったのも、関西より先に歌舞伎座でのことだった。鶴之助が三十九年四月に六代目市村竹之丞を、友右衛門が三十九年九月に四代目中村雀右衛門を襲名したのも、この時期の活躍が足場となったと考えられる。第一線級の後詰のような位置づけで中堅クラスがクローズアップされたのだったが、東横歌舞伎の路線という観点からすると、三十七年一月の時蔵の不慮の死がこの流れにブレーキを掛ける結果となったのは否定できないであろう。

これとは別の潮目だが、三十六年二月、染五郎・萬之助兄弟が突如東宝に移籍したことも、松竹の方針に思わぬ計算違いをもたらしたと考えられる。前年七月限りで新宿第一劇場の公演が打ち切りになった後、兄弟が東横に出演する機会があり得たか否かは想像の外でしかないが、現在の九代目幸四郎と二代目吉右衛門の二人が、東横歌舞伎の公演には一度も出演したことがないという、クイズの問題のような巡り合わせになったことは事実である。

（兄弟は、東宝に移籍する少し前に、「木の芽会」という自主公演を立ち上げていた。第一回は三十五年四月、現在の文京シビックホールの前身である文京公会堂で行われ、一日だけの昼夜二回公演で、演目は萬之助の『一条大蔵卿』の「奥殿」と染五郎の勘平で『忠臣蔵』の「道行」と「五・六段目」。染五郎十八歳、萬之助は十六歳だった。二回目からは、すでに東宝移籍後であったので、日比谷の芸術座という場を与えられる幸運に恵まれることになる。）

昭和三十七年に入ると東横ホールの公演数が目に見えて少なくなる。東横との提携公演は六回に過ぎず、その内第五十八回の一月と第六十二回の十月は大江美智子一座、第六十回の六月はかつての市川少女歌舞伎が名称と組織を変えた「市川女優座女歌舞伎」公演で、三年ぶりのこの時が東横での最後の公演となった。三十四年頃から、人気が低迷した市川少女歌舞伎と入れ替わるように大江美智子一座の公演が目につくようになっていた。

こうした中で歌舞伎公演は四月、九月、十二月の三回に激減する。その背景には、幸四郎の東宝移籍に伴う吉右衛門劇団の解体や猿之助一座の衰退といったことが関連しつつ、團十郎劇団、歌右衛門劇団、勘三郎劇団など歌舞伎界の再編成が行われるとの憶測が飛び交うなど、波乱含みの情勢にあったことも反映していたが、團子など新しい世代の台頭も始まり、結局この年の東横ホールの歌舞伎は、前年来頓に多くなっていた友右衛門、延二郎、鶴之助等の公演と、左團次、勘弥らのベテランが上置きに出演する公演と在来の若手花形の公演が一回ずつという結果になった。

時蔵の死は歌舞伎座の一月公演の千秋楽の朝の出来事で、まったく突然のことだった。睡眠薬の服用量を間違えたのが死因とされた。時蔵はこの月、勘三郎の相手役として『石切梶原』の梢と『め組の喧嘩』のお仲をつとめ好評だったが、当人は芸の上での悩みに憔悴していたと言われ、さまざまな憶測が飛び交った。四月に小学校入学を控えているという幼さだった長男の現・五代目時蔵は、その朝の記憶を鮮明にもっているという。

◉

四月、十一代目團十郎の襲名興行という戦後歌舞伎最大の祭事が開幕する中で、東横ホールではその別働隊ともいうべき公演が行われた。この年はじめての歌舞伎公演だった。勘弥・我童・延二郎・友右衛門・松蔦改め門之助といった、東横の舞台で実績を積み重ね、劇場の顔としての馴染も多い面々によるもので、既に勘弥と友右衛門の項でもふれたように、第一部が延二郎の又平、友右衛門のお徳で『吃又』、同じく延二郎・友右衛門に我童で『順慶と秀頼』、勘弥の清心に友右衛門の十六夜、延二郎の白蓮で『十六夜清心』、第二部が勘弥の松王、我童の千代、延二郎の源蔵、源之助の戸浪で『寺子屋』、勘弥の蘭蝶とお宮、我童の此糸で『蘭蝶此糸ゆかりの紫頭巾』、門之助の小稲、延二郎の半兵衛で大森痴雪作『恋の湖』というもので、中堅どころの演者がそろって実力を示し、内実のある公演として好評だった。

◉

「若手合同大歌舞伎」と称する提携第六十一回の公演が行われたのは、四月以来ほぼ半年ぶり、ようやく九月になってからだった。合同と言ったのは、権十郎・由次郎・市蔵・菊蔵ら東横歌舞伎草創期以来の常連メンバーがいまや菊五郎劇団の中堅として出演、東横初出演として丑之助・男女蔵・亀三郎の劇団次世代の若手たちに、團子、この年二月に松蔦から改名した門之助、八百蔵、源之助、半四郎などこれも草創期以来の猿之助一座の面々が一座したからで、この他に変り種として、新派の若手中の異色として売り出していた金田龍之介が参加していた。

松蔦の門之助襲名というのは、松蔦が三代目左團次の養子となってその父の名跡である市川門之助を七代目として襲名したもので、傍目には唐突とも見えたが、戦前の子役時代は二代目左團次の夫婦役者として知られた二代目松蔦の養子として育ち、戦後は養父の名を継いで猿之助劇団の若女形として歩んできたのが、このほど左團次のめがねにかなって望まれての襲名だった。またこの時同時に、三代目左團次の子の男寅が五代目市川男女蔵を襲名した。現・四代目左團次である。

三代目としては、自身が本来縁故のない左團次の名を訳あって名乗るようになったという事情から、左團次の名跡は将来倅の男女蔵に継がせるとして、女形であった実父の名跡を、松蔦を養子に迎えて復活させようという考えであったと思われる。一般家庭の出で、先代松蔦や十五代目羽左衛門という後ろ楯を少年期に亡くした新・門之助は、歌舞伎界に係累を持っていなかった。新・門之助は、猿之助劇団の花形として東横

昭和37年（1962）9月公演パンフレット掲載の「車引」の稽古写真
（左より）⑤丑之助、⑤男女蔵、⑤市蔵、演出の武智鉄二、④亀三郎、指導する⑰羽左衛門

歌舞伎の最も初期からの出演者であり、出演数も最多の一人だったが、こののちは菊五郎劇団と行を共にすることが多くなり、昭和四十年代以降、菊之助・辰之助・新之助のいわゆる「三之助」を看板にした公演が主力になると、権十郎と共に上置き格で出演するようになる。

ところでこの公演が注目されたのは、当時劇界の異才として毀誉褒貶さまざまに多彩な活動を展開していた武智鉄二が演出・監修として関わっていたからで、昼の部では『妹背山婦女庭訓』の「蝦夷館」「杉酒屋」「道行恋苧環」「三笠山御殿」「入鹿誅戮」の四幕五場を「復活上演」として、夜の部では『菅原伝授手習鑑』から「車引」と「天拝山」（こちらにだけ「復活上演」と断りがついていた）の二幕を出していた。昼の『妹背山』には「監修」の字がつき、夜の「菅原」は肩書なしというのも奇異な感じを与えたが、世人は当然のように「武智演出」を期待していた。

しかし武智は、このときの筋書に寄せた小文に、武智歌舞伎は実験的、学術的な意味を持っていたが、今回は商業演劇の場の中での仕事であると断っている。事実、原典に準拠した復活を期待した向きからは、妥協的な復活であるという批判も聞える内容だった。とはいえ、権十郎の蘇我蝦夷と鱶七、門之助のお三輪、由次郎の橘姫、團子の入鹿と求女等々の『妹背山』、権十郎の菅丞相、八百蔵の白太夫による『菅原』の復活は一応ともの意義はあったというべきだった。初出演の菊五郎劇団の若手たちは、男女蔵が松王丸、亀三郎が梅王丸、丑之助が桜丸で「車引」をつとめた。いうまでもなく現在の四代目左團次、八代目彦三郎、七代目菊五郎である。市蔵が時平だった。

演目はこの他に、矢田弥八作の「新編権三と助十」と添書きのついた『めおと駕篭』、門之助のお吉、團子の鶴松、金田龍之介のハルリス、市蔵のヒウスケンなどで真山青果作・今日出海演出の『唐人お吉』に、踊り三題として由次郎の『たけくらべ』、権十郎の七之助に門之助の滝川で『夕立』、團子の『藤娘』といったものだった。團子がこうした形で『藤娘』を出し物にしているのが興味深い。

團子ばかりでなく、丑之助、亀三郎、男女蔵らの参加は、新しい世代の波が寄せつつあることの現われと言えた。

筋書巻頭を飾る数枚の写真に写っている出演者たちの驚くほど若い顔を見れば、感慨を抱かずにはいられない。

團子といえば、この当時の若手花形の中でも、染五郎と共にひと際衆目を集める存在だったが、折から『演劇界』十一月号でこの二人の対談が企画され、その中で團子はこの武智演出の『妹背山』の体験から次のように語っている。

「今度演出者を立ててやったわけです。いままで出ていないところはいいのですが「御殿」となると、武智さんがお三輪の嫉妬というところに焦点をしぼってやるでしょう。ところが実際にやってみると、何かやりにくいところがあるんですね。結局、昔からいろいろやってみた結果、今の演出になって残ったと思うのです。だから新しいことをするのが何か無駄な努力のような気がしてね」「歌舞伎にはあまりにうそが多いんですね。脚本がデコレーションばかりで深くないんです。求女なんかやっていて、実にばかばかしいのです。、ばかになれないわれわれが不幸なのか。とすれば、われわれは歌舞伎には不適当だということになるでしょう」

こうした團子の発言を受けて、染五郎が、やはりその頃東宝劇団の公演でつとめた『籠釣瓶』の栄之丞を、最もやりにくかった役として挙げているのが面白い。

「自分で一番勉強になり、かつ研究出来たのは栄之丞でしたね。とにかく栄之丞という役は、歌舞伎の中で一、二の難しさじゃないですか。」

團子にしても、染五郎にしても、後の彼らの活動の萌芽となるものが窺われるようにも読める。

（同じ頃、染五郎は芸術座の「東宝現代劇」の公演で、菊田一夫作・演出の『悲しき玩具―石川啄木の生涯―』で若き啄木を演じていた。妻節子の役は、『放浪記』を初演して一躍脚光を浴びたばかりの森光子だった。）

『妹背山』上演の前、東横ホールでは七月十日から二十二日まで劇団民芸の公演として木下順二作・宇野重吉演出の『オットーと呼ばれる日本人』が上演されている。初演である。またその後の十月は、提携第六十二回として大江美智子の公演だった。新劇の問題作あり、歌舞伎あり、大衆劇あり、東横ホールの面目躍如とも見える。

同じ九月、歌舞伎座で六代目坂東簑助改め八代目三津五郎、四代目坂東八十助改め七代目簑助、新三津五郎の孫の寿が初舞台で五代目八十助と、祖父・女婿・孫三代同時襲名という興行が行われ、四月の團十郎襲名とはまた別な意味で大きな話題を呼んでいた。言うまでもないがこの時の新・簑助が後の九代目、新・八十助が十代目三津五郎である。

松竹東横提携第六十三回の十二月公演は「松竹顔見世大歌舞伎」という名称だった。顔見世の頭になぜ〈松竹〉と冠せなければならないのかと諷する声もあったが、松竹の演劇担当取締役という肩書の香取伝の名で筋書の巻頭に掲げられた「掉尾の華の大歌舞伎」なる文章を読むと、「松竹」の二文字を掲げた意図がその気負った様子の中に読み取れて面白い。

東都劇壇ただ一つの大歌舞伎‼　これが当ホールを通して、往く年の最後に、そして実に多彩だった歌舞伎のこの一年間、松竹の歌舞伎、否、わが国の最高芸術として、その声価が世界のすみずみまでも伝えられ、あたかも天上輝く星のように、国際親善に役立った成果の一端を、心からの感謝の気持ちで御覧いただくのがこの公演であるのです。出演者はこれみな、「歌舞伎座十一月興行顔見世大歌舞伎」に出演した声明高い諸優であることも皆様御承知の筈と思います。

その声価が世界のすみずみまでも伝えられ国際親善に役立った成果というのは、前々年のアメリカ、前年のソ連公演の成功のことを指しているわけだが、それと、この東横ホールの師走興行がこの月の東京でただ一つの歌舞伎公演であり、出演者も、同じ月京都の南座で開かれている顔見世興行に少しもひけをとるものではないとする香取重役の熱弁には、微笑を覚えないわけには行かないが、その口裏から浮かび上がってくるのは興行実態への危機意識である。

「一時はこのホールをまったく見放すかと思わせた松竹が、ふたたびここで本腰を入れ直したかに見えるのはなによりだ」と読売新聞の演劇記者として鳴らしていた大木豊の文章と重ねると、歌舞伎興行の人気低落の中で、東横ホールをめぐる松竹の方針の揺れ方が透けて見えてくる。因みにこの月、歌舞伎座は『王将』が大ヒットして人気絶頂の歌手村田英雄の公演だった。八月の三波春夫公演と併せ、歌舞伎座は年間二ヵ月を歌手の公演に明け渡したのだった。

(4−1) 昭和37年12月「桂川連理柵（帯屋）」
おきぬ：⑦友右衛門　長右衛門：⑭勘弥

ところで、「出演俳優すべて十一月の顔見世公演に出場した声明高い諸優」であるというその顔触れは、左團次、勘弥、宗十郎、團蔵という大幹部に友右衛門、権十郎、簑助、門之助等の中堅から團子、芦燕、由次郎、丑之助、亀三郎、男女蔵らの若手花形、多賀之丞、鯉三郎、源之助、秀調、高砂屋福助、八百蔵、小伝次など老巧の脇役まで、二十名の顔写真が筋書の巻頭に並んでいる。皆、程度の差はあれこれまでも東横の舞台になじみの面々だが、これだけの顔ぶれが揃えば、たしかに、いつもの東横ホールの公演に比べ壮観であることは間違いない。

こうした中で左團次は、自分の出し物として、「市川宗家のお許しを得て」という添書きのついた『素襖落』の太郎冠者と『文七元結』で左官の長兵衛をつとめた上、勘弥の手取り半太郎、友右衛門のお仲という長谷川伸『刺青奇偶』で鮫の政五郎、團子の梶原など花形揃いの『石切梶原』で大庭、と全部で四狂言四役をつとめ、まずは座頭の貫録というところであった。詳しい演目と配役は上演年表にゆずるとして、昼夜を通じ最も評価が高かったのは勘弥の二役で、とりわけ『帯屋』の長右衛門は辛抱立役で見せたその芸の深まりが絶賛された。『帯屋』も『刺青奇偶』も友右衛門が相手役だったが、この前後からしばらく、二人の共演による佳作が目立つようになる。

（2）昭和三十八年（一九六三）の年代記

前年来、方向性に揺らぎが見え出した東横ホール公演は、昭和三十八年に入るとますます乱気流に巻き込まれたような様相を見せるようになる。この年、松竹と東横の提携公演は年間五回と激減し、歌舞伎が三回、後の二回は大江美智子一座の公演だった。

提携第六十四回の一月公演は「松竹歌舞伎新春特別公演」というタイトルだったが、演目を見てファンは途惑ったに違いない。昼夜二本ずつの昼の部が吉川英治作・巌谷槇一脚色『鳴門秘帖』に長谷川伸作『関の弥太っぺ』、夜の部が椎名竜治作『雲を呼ぶ男たち』に長谷川伸作『長脇差試合』というもので、筋書巻頭の例の香取伝演劇担当重役の「年頭に帰する心」という一文によると、第一に当月は歌舞伎座・新橋演舞場の二座とも「豪華大歌舞伎」の新春興行なので、むしろ筋を通した迫真感の演劇を以て当ホールの特殊性を生かすことの大切さを考えたこと、第二に、しばしば上演された作品が歌舞伎俳優によって巧みに、そして変わった形において演技の発揮を見るであろうと期待されること、第三に、従来の女形を一時預かって男女優による作品の切実感を顕現する意図があること、といった辺りがこの公演の趣旨であると読み取れる。先月は東横が東京で唯一歌舞伎を見せる劇場であると誇らしげに語った筈が、一八〇度、転換したことになる。

香取重役独特の言葉遣いをもう少しわかりやすく翻訳すると、「筋をとおした迫真感の演劇」とは「ストーリー本位の大衆時代劇」、「しばしば上演された作品が歌舞伎俳優によって巧みに、そして変わった形において演技の発揮を見る」とは「他ジャンルでお馴染みの演目も歌舞伎俳優がやれば別種の興味がわく」、「女形を一時預かって男女優による作品の切実感を顕現する」とは「普通の時代劇として女優を使う」ということだろう。長谷川伸の作が昼夜に並んでいるが、たとえば『関の弥太っぺ』は新国劇の十八番として知られたもので、何をいまさら歌舞伎で、という声も高かった。

出演者も、九朗右衛門、鶴之助、半四郎、菊蔵、團子、権十郎、坂東好太郎・吉弥、市蔵といった歌舞伎勢に混じって映画俳優の名和宏が一枚加わり、「女形を一時預かって」出演した女優陣とは宝塚出身の鳳八千代、舞踊家の花柳春、新国劇から南条瑞江、戦前以来のベテラン女優の高橋とよ、東映・新東宝の時代劇女優月村圭子、宇治みさ子といった顔ぶれが並んでいる。この一、二年、急速に増えつつある歌手芝居や映画俳優の舞台出演が背景にあるのは明らかで、筋書の配役も、たとえば「関の弥太郎　尾上九朗右衛門」といった風に、尾上とか坂東といった苗字を付けずに書く歌舞伎の配役の慣習を避けているところにも、歌舞伎から離れようとする主催者側の狙いが窺える。

『長脇差芝居』が鶴之助、『関の弥太っぺ』が九朗右衛門の出し物だったが、鶴之助の息の積んだセリフがかえって浮き上がってしまったり、辰巳柳太郎や島田正吾で馴染んだセリフを九朗右衛門が言ってもピンと来ないといった結果になった。比較的好評だったのは團子、鶴之助、九朗右衛門による『雲を呼ぶ男たち』で、現代作家の新しい芝居として自由に演技が出来たためといわれた。

『鳴門秘帖』は戦前から時代劇映画で様々なスターが演じてきた大衆劇の典型で、今回主人公法月弦之丞を演じる坂東好太郎は、十三代目守田勘弥の子という名門の出とはいえ、まだ修行中の若い日に映画界に転じ、映画スターとしての名声はオールド・ファンなら知らぬ者のない存在だったが、戦後の時代劇復興の波にはやや乗り遅れの感もあり、つい前年九月の八代目三津五郎襲名の折に三〇年ぶりに歌舞伎に復帰したばかりだった。その後の地道な努力によって、脇役者として内外の信頼をかち得ることになるわけだが、歌舞伎俳優としての実績のないこの時点でのこの配役は、時代劇映画スターとしての往年の余光を当てにしてのものだったろう。長男の坂東吉弥も、伯父に当る三津五郎の膝下で修行を始めながら、関西歌舞伎そのものの衰退もあって、父と共に歌舞伎に復帰したものだった。倅と一緒に歌舞伎の修行をするつもりで帰ってきましたというのが、好太郎の復帰の弁だった。因みに好太郎の三男で現在活躍中の彌十郎は、この時点では七歳の少年である。

三月、歌舞伎座で延二郎の三代目實川延若襲名が行われ、歌右衛門の梅川に勘三郎の八右衛門、猿之助の槌屋治右衛門という中で忠兵衛を演じ、歌右衛門の松風を相手に此兵衛を踊って、名実ともに第一線級に轡を並べることになる。またこの時の『須磨の写絵』の村雨は扇雀だった。この月から正式に松竹に復帰する挨拶代りだったが、翌月には大阪梅田のコマ劇場で十五回目となるコマ歌舞伎に出演している。コマ歌舞伎は、性格・内容からいって事実上扇雀歌舞伎というべきものであり、長谷川一夫の東宝歌舞伎とともに、ここにもまた、松竹の大歌舞伎と別の歌舞伎が存在していた。

東横ホールでは、提携公演とは別に二月八日から文楽座因会の自主公演が行なわれ、一方一月末から三越劇場で行われた三和会のお別れ公演の終了後、二月十四・十五日に東横ホールで因会・三和会合同若手公演が行われた。これが戦後永らく続いた二派体制に終止符を打つもので、四月からは新発足した文楽協会による公演が行われることになる。これ以後、文楽協会による東京公演は、昭和四十一年に国立劇場が開場するまで三越劇場で行われるようになり、東横ホールは文楽の公演の舞台としての使命を終えることとなった。

四月の東横ホール公演は、第六十五回の提携公演として「松竹歌舞伎四月公演」が鶴之助を座頭格、門之助と訥升を立女形格の形で行われた。扇雀と共に松竹復帰が取り沙汰されていた訥升は、既に二月の歌舞伎座公演で復帰していたが、東横にはこの時が帰り新参だった。訥升の舞台復帰を喜んだ谷崎潤一郎が「うつし絵の夢の世界を立ち出でて現身《うつしみ》の美に生き給へ君」という歌を送ったという。自分の出し物として『女定九郎』を演じたが、これを皮切りに、私淑する四代目源之助がかつて演じた悪婆物に意欲的に取り組むことになるが、東横がその格好の場となってゆく。訥升の蝮のお市のほか、鶴之助の小山田庄左衛門、門之助のおかる、市川福之助のおかやという配役だったが、こうしたとき、小芝居で豊富な経験を持つ福之助が貴重な存在となった。

(4−2) 昭和38年4月「女定九郎」
おかる：⑦門之助　蝮のお市：⑤訥升

三人の顔合せは、『女定九郎』の他に門之助の仇吉、訥升の米八、鶴之助の丹次郎という『梅ごよみ』、『千本桜』では鶴之助の忠信に門之助の静、訥升の義経というものだったが、立女形格の門之助はこの他に『酒屋』のお園と半七、『八島官女』を自分の出し物として勤めている。襲名を受けての、それなりに重い扱いであったろう。

しかしこの公演でひと際、輝きを放ったのは鶴之助だった。昼夜七演目中五演目に登場、時代物、世話物、新作と往くとして可ならざるはないめざましさで、その卓抜なセリフと身体能力は抜きん出ていた。『義経千本桜・四ノ切』の忠信は十年前に大阪で初役、再演の今回が東京では初目見得だったが、六代目菊五郎に手を取って教わったという松緑の直伝だった。もうひとつ話題となったのは野口達二作・村山知義演出の『富樫』で、このときが初演だったが、ここでも主人公富樫左衛門を演じた鶴之助の卓抜なセリフが、真山青果風の堅牢硬質な歴史劇としてこの作品を識者に認識

(4−3) 昭和38年4月「市村竹之丞」〈時雨西行〉吾妻徳穂、④鶴之助

させる上で格別の効果を発揮した。若き日の菊吉が競い合ったかつての市村座時代を思い出したというオールド・ファンの声もあったというが、なるほど、市村座時代最盛期を一九一〇年代とすると、この時点でそれからほぼ半世紀、ちょうど二十一世紀十年代の現代からいま語っている一九六〇年代を振り返るのと同じタイムスパンになる。この時点では、大正は往時を知る者には「ついこの間」だったのだ。六代目菊五郎の芸を継承するものとして、勘三郎・松緑に次ぐ存在としての鶴之助への注目度は、ますます高まろうとしていた。

鶴之助のために書き下ろされた松田一也作『市村竹之丞』は、初期の市村座の若太夫で役者としても活躍しながら、内部の揉め事から、西行の役を演じて出家したといわれる初代市村竹之丞を扱った新作だったが、鶴之助の母親である舞踊家吾妻徳穂が劇中劇の『時雨西行』に出演、鶴之助と二人で踊るという場面があった。

話が先走りすることになるが、この作の上演が機縁となって、翌三十九年四月、鶴之助は六代目竹之丞を襲名する。母の徳穂が、十五代目市村羽左衛門の落し胤であるとされていたことが公然の秘密として背景にあったのだったが、この襲名をめぐって、市村家の当主である十七代目羽左衛門から苦情が出るという事態が起った。十五代目と徳穂の関係は市村家としては正式には認めておらず、この襲名は筋違いであるというのが理由だった。昭和二十年代に関西歌舞伎の花形として扇雀とともに「扇鶴」と呼ばれながら、「鶴之助問題」とマスコミが呼んだトラブルから脱退、東京に活動の場を移して菊五郎劇団に所属してここでも一躍、頭角を現した鶴之助であったが、竹之丞襲名をめぐってまたしても「問題」の渦中に巻き込まれることになったのだった。羽左衛門とは後に和解が成立したが、「口上」の席で羽左衛門が連日、この点について触れたため、週刊誌でも大きく取り上げる騒ぎとなった。

この公演ではもうひとり、澤村由次郎が『酒屋』では三勝、『富樫』では兵衛の妻鈴といった重要な役を好演し、着々と築いてきた実力を明らかにした。菊五郎劇団の若女形として福助に次ぐ位置にあったが、地道な努力を重ねて、東横という場を最も有効に生かした一人だった。実父の五代目田之助が既に舞台を踏むこともなくなっており、翌三十九年四月、鶴之助の竹之丞襲名と同時に六代目田之助を襲名することになる。またこの公演には、関西の若手女形片岡秀太郎が参加して、『八島官女』で侍女筑紫、『梅ごよみ』でお蝶といった役をつとめている。当時二十一歳だった。

五月、歌舞伎座で二代目市川猿之助が初代猿翁、孫の二代目團子が三代目猿之助、もうひとりの孫亀治郎が三代目團子を襲名し、大きな話題となった。このときの三代目猿之助が現・二代目猿翁、三代目團子が現・四代目段四郎である。よく知られているように、猿翁は襲名興行を初日から休演、新猿之助は襲名披露の役に加え、祖父の代役として『黒塚』を踊り、その祖父は公演最後の三日間のみ「口上」の席に連なったが、翌六月半ばに死去するという劇的な襲名として世間の耳目を惹いた。猿翁は正月には歌舞伎座に出演、平素と変わることなく、この時点では猿之助を名乗り続けるつもりでいたのだったが、二月に病を得てから急速に衰えが進んでいた。それでも三月の延若襲名興行には出演、明治三十二年に子供芝居で共演して以来の間柄という寿海と、『修禅寺物語』と『島衛月白浪』で共演したのが最後の舞台となった。

死の前々年の七月に、猿之助は歌右衛門・延二郎・段四郎・松蔦・團子・八百蔵といったメンバーの長として訪ソヴィエト公演を行なっている。中国・アメリカに続く戦後三回目の海外公演だった。二日から約一ヵ月、『鳴神』『籠釣瓶』『道成寺』『俊寛』『連獅子』というメニューでモスクワと当時のレニングラードで計二十四回の公演を行なうというものだったが、猿之助にとっては、戦前の二代目左團次一行の訪ソ公演、戦後の訪中公演に続く三度目の海外公演だった。昭和三十年代というこの時代、猿之助のこうした行動は当時の進歩的文化人たちの動向と見事に平仄が合っていた。即ち初代猿翁という俳優は、社会的には、歌舞伎界の中での「文化人」として生涯の幕を閉じたのだった。その死を報じるニュース映画を当時たまたま見た記憶があるが、まさにそうした切り口で編集されていた。

◎

六月の歌舞伎座では歌舞伎審議会による公演が行われ、モリエールの『守銭奴』の翻案、近松の『長町女腹切』『井筒業平河内通』などの復活や並木正三の上方狂言に松緑が挑戦する『時雨傘』、武智鉄二が出雲阿国の上演台本を作ったという触れ込みの『歌舞伎双紙』、新しい能取り物といえる新舞踊『大江山酒呑童子』などさまざまな角度からの作品が上演された。歌舞伎審議会は前年、松竹の諮問会として発足したもので、歌手芝居など、安易な興行という批判に対し良識を示すものと受け止められた。昨年の第一回には「天明歌舞伎」復活と謳って『大商蛭子島』と『けいせい倭荘子』を上演したのは、埋もれている古劇の復活上演を目指した試みだった。三年後に開場する国立劇場が復活上演を理念として掲げることになるのと響き合うものとも見えるが、七月には幸四郎等の東宝劇団が読売ホールで『桑名屋徳蔵入舟噺』を復活上演している。東宝移籍以来ようやく実のある仕事をしたと評されたが、歌舞伎の沈滞を打破しようという方向としては共通している。

同じ七月の歌舞伎座で、梅幸が『怪談有馬猫』を復活上演したのもレパートリー固定化に対する試みであった筈だが、化け猫の芝居と冷笑的にあしらわれている。戦前来の小芝居種という見方と結びついた通念が支配していた。この年も八月の各座は、歌舞伎座が三波春夫、演舞場が中村竹弥、明治座が東映歌舞伎であり、大阪では第二回の「仁左衛門歌舞伎」が文楽座で行われるという、東西の状況は少しも変わっていない。そうした中で、團十郎一門の勉強会「荒磯会」の第一回が七月末の一日、砂防会館ホールという当時よく新劇の公演が行われた会場で催されて、歌舞伎十八番の『鳴神』『毛抜』『勧進帳』の三本を上演し、この中で『毛抜』の粂寺弾正を芦燕が、新之助が初めて『勧進帳』の弁慶をつとめている。のちの十二代目團十郎のこれが弁慶の初演だった。荒磯会は翌年も行われ、新之助が『鏡獅子』を、芦燕が『熊谷陣屋』を手掛けている。

大阪では、関西歌舞伎の若手役者坂東薪車が二日間の自主公演を開いて『河庄』を演じた。薪車はこの後、七回に亘って自主公演を続けることになる。現・坂東竹三郎であり、現在の秀太郎や仁左衛門などにとっても、数少ない勉強の場であったことは記憶しておいて然るべきだろう。大阪ではまた、のちの嵐徳三郎の大谷ひと江ら、学生歌舞伎出身者による「若竹会」も開かれている。

東横歌舞伎と一見、無関係とも見える話題を続けたが、こうした状況の中で、十月の新橋演舞場で、鶴之助・猿之助・訥升の三人の顔合せを売り物にした公演が行われた。鶴之助は関西歌舞伎から菊五郎劇団に加入して実績を重ね、猿之助はこの五月に襲名して脚光を浴び、訥升は二月に映画から戻って新規巻き直しという、それぞれが上昇気流に乗ろうとしていた。鶴之助の和尚、猿之助のお嬢、訥升のお坊という『三人吉三』に、鶴之助が『鏡獅子』、猿之助が『小鍛冶』、訥升が『切られお富』とそれぞれの出し物を出し、それぞれに好評だった。この公演が核となって、翌春六代目田之助を襲名する由次郎を加えた四人が、東横ホールを中心にした活動を展開することになる。方向があいまいになりかけていた東横歌舞伎が、新たな展開を見せる先触れでもあった。

その東横ホールは、七・八・九月と公演がなく、六月の提携第六十六回に続く十月の第六十七回も大江美智子公演だったが、師走月になって「十二月大歌舞伎」と銘打った公演を鶴之助、猿之助、訥升で開けた。彼等三人で支える興行に「大歌舞伎」と冠したのである。昼の部が「お軽勘平」と添書きをつけて『仮名手本忠臣蔵』を道行から五・六・七段目までの後に『かさね』、夜の部が『一条大蔵譚』に『三人片輪』『弁天娘女男白浪』の「浜松屋」「蔵前」「勢揃い」というものだったが、大星由良之助をつとめて実質上座頭格であるはずの鶴之助が、歌舞伎座と掛持ちのため、「七段目」の前を端折って手紙の件からという偏頗な形での出演だった。季節外れの『かさね』を出すなら、「七段目」をもっときちんとした形で出すべきだという批判があったのは正論には違いないが、訥升と由次郎の紀ノ國屋コンビで『かさね』という、新しい可能性を生み出す契機ともなる半面もあった。

『仮名手本』は鶴之助が大星と定九郎、訥升がおかる、猿之助が勘平に平右衛門というもので、他に由次郎が千崎、愛之助のおかや、源之助のお才、左文次の九太夫といった配役だった。猿之助の勘平が初々しく、平右衛門にしても、訥升のおかるの兄とは見えないと当時の劇評に見える。『三人片輪』は猿之助、訥升、由次郎に、まだ高校生の團子が太郎冠者で出演した。長者の役は一門のベテラン猿三郎で、この人は『仮名手本』では「道行」の伴内もつとめている。『弁天娘』は訥升が弁天で猿之助が南郷、八百蔵の駄右衛門に由次郎の赤星、團子が忠信利平、『大蔵卿』は猿之助の出し物で、澤瀉屋の家にない大蔵卿をつとめるのが話題となったが、のちに好んでこの役を勤めるようになる。興味のある役を手掛けるのに格好の場として、東横の舞台を選んだのに違いない。こうして、鶴之助大星の「半無精」に批判の声はあったものの、評判の良い公演だった。この後の東横歌舞伎が彼らが中心となってゆく前表だった。

この公演の前、十一月十八日に猿之助の父、段四郎が亡くなっている。明治四十一年生まれというのは、この当時の第一線クラスと同世代であり、事実、中年まではその一角に伍していたのだったが、自分一代のものを確立できないままに逝ったことになる。それにしても五十八歳という没年は、いま振り返ると驚きを禁じ得ない。

（３）昭和三十九年（一九六四）の年代記

昭和三十九年、東横ホールの歌舞伎公演に新しい風が吹いた。提携第六十九回の一月公演の連名に、市川男女蔵、尾上丑之助、坂東亀三郎、尾上左近、市川新之助、加賀屋福之助、加賀屋橋之助という七名の名前が並んでいた。個々にはともかく、七人が揃って名前を連ねたのはこれが初めてだった。既に鬼籍に入った左近の初代辰之助と新之助の十二代目團十郎以外はみな健在で、いまの左團次、菊五郎、彦三郎、梅玉、魁春だが、現在の歌舞伎界の第一線に連なるこれらの名前が、この時こうして、若手花形の最年少組として登場したのだった。すでに猿之助、染五郎、萬之助が先へ行くものして歩み始めていたが、現代の歌舞伎を担っているビッグネームの作り出す星座図が描かれ始めたのである。最年長の男女蔵が二十三歳、丑之助が二十一歳、亀三郎が二十歳で、あとは皆、まだ十代だった。

福之助・橋之助兄弟の『男女道成寺』、男女蔵の工藤、丑之助の十郎、左近の五郎、亀三郎の朝比奈、福之助の虎、橋之助の少将という『曽我対面』、新之助の弁慶、左近の富樫、丑之助の義経という『勧進帳』、男女蔵の濡髪、亀三郎の放駒という『双蝶々』の「相撲場」と、四つの演目をこのメンバーが主要な役を受け持って、自分たちの出し物にしたのだった。歌舞伎座に出演中の團十郎、歌右衛門ら親たちが、舞台の合間を縫って駆けつけるのがゴシップ欄を賑わせたが、中でひと際、高い評価を受けたのは高校二年生の左近だった。

もちろんこの公演すべてを、彼等七人が担ったのではない。連名の筆頭は権十郎であり、一座の女形には訥升や大ベテラン我童の名前があった。しかし、上記の四つの演目は、『対面』の鬼王を八百蔵がつとめたりしたものの、彼等七人のいわば責任演目といえた。権十郎の与三郎、訥升のお富、市蔵の多左衛門で『与話情浮名横櫛』の「見初め」から「源氏店」、我童のお弓で『傾城阿波の鳴門』が大人組で、我童がその貴重な存在価値を改めて認識させるに十分な味わいを見せた。「源氏店」の藤八や、「どんどろ」の尼の役で見せた愛之助の老練な味も評価された。再三言うように、東横歌舞伎は、実力がありながら不遇な立場にあったベテランたちに、再評価の機会を与える場でもあった。

日生歌舞伎

しかしこの月の最大の話題は、前年末に開場した日生劇場が催した「寿大歌舞伎」だった。昼夜四つの演目すべてを武智鉄二がプロデュースし、演出するということから多くの期待と関心が寄せられた。かつての武智歌舞伎は、昭和二十四年からの短期間、関西の一隅で実験歌舞伎として行われたものだったから、実際に見た者はごく少数だった。その後十余年間に武智の行なった活動は毀誉褒貶さまざまだったから、この「日生歌舞伎」こそ武智歌舞伎の真面目を実見出来るものと見られたのである。しかもその主力となるのは、鶴之助、扇雀、猿之助という、この時点で最も注目を集めていた面々だった。

扇雀の治兵衛、猿之助の小春、鶴之助のおさんに仁左衛門が孫右衛門で特別出演する『心中天網島』は原作に返っての脚本によるものだったし、鶴之助の弁慶、猿之助の義経に、かつての武智歌舞伎のメンバーで映画スターになっていた市川雷蔵が久々の舞台出演で富樫をつとめる『勧進帳』は、天保の七代目團十郎に戻って弁慶縞の衣装にし、番卒に茂山七五三・千之丞ら狂言師を配するという演出だったが、「歌舞伎十八番」と称する以上、こうした演出変更は認めがたいと市川宗家からクレームがつくというひと悶着を招いた。『双面道成寺』は猿之助が踊り抜いて、のちにこの場を大詰とする通し狂言『金幣猿島都』を猿之助歌舞伎の一翼を担う演目へ発展させる、この時が端緒となるものだった。当時新鋭作家として颯爽たる存在だった石原慎太郎作の『一の谷物語』は唯一の新作物で雷蔵が主演だったが、気の早い向きには雷蔵の歌舞伎復帰が取り沙汰されたりもした。この公演の主力となった面々は、この時点での新しい勢力の中で最前衛にあるものと見做されたが、更にこのときの配役表には、由次郎、秀太郎、孝夫などの名前が見えている。東横の顔ぶれと併せ、後々の歌舞伎界を担う名前が揃い始めていた。

歌舞伎新地図

二月末、歌舞伎の将来のために二十代・三十代の若手スターを中心に「花形歌舞伎」、十代の御曹司たちの「若衆歌舞伎」が発足、いずれも東横ホールを本拠に、前者は年四回、後者は年三回、今秋から交互に公演活動を開始する予定、という記事が有力紙の演芸面のトップを飾るという事態があった。やがてこれは、松竹の某重役の私案に過ぎないことが判明したが、今後の歌舞伎界の動向を暗示していたとは言えた。この記事によると、「花形歌舞伎」は扇雀・猿之助・門之助・訥升・竹之丞・田之助の六名、「若衆歌舞伎」は一月の東横ホール公演で売り出した新之助・丑之助、加賀屋福之助に橋之助・左近・男女蔵・亀三郎の七人となっていた。市村竹之丞は前名坂東鶴之助から、澤村田之助は由次郎から、四月の歌舞伎座で同時に襲名することが既に決まっていた。第一線世代が地位を確立したいま、次代・次々代を担う世代を育てようというこのアイデアは、あって然るべきものだったといえる。

当時はまた、二年前の團十郎襲名の成功や、翌年の無形文化財としての集団指定によって、歌舞伎の社会的立場がようやく安定に向かい始める時期でもあった。また、前年の日生劇場の開場に続いて、国立劇場と帝劇の建設も既に具体的に進行中だった。一九六四年のこの年は秋に東京オリンピックが開催される。戦後も二〇年が経とうとしていたこの時期は、あきらかにひとつの転回点にあった。日生劇場に三月に勘三郎が出演して『リチャード三世』を、四月には松緑が『シラノ』を演じているのも時代の一面を語っていると言える。どちらも、新劇や映画の俳優たちの中に単身加わっての出演で、四年前に幸四郎が『オセロ』を演じた時に珍しがられたプロデューサー・システムが、平常化したともいえる。『シラノ』には三津五郎もド・ギッシュの役で出演している。

四月　若手歌舞伎・第一軍から第三軍まで

竹之丞と田之助の同時襲名の公演が歌舞伎座で行われた同じ四月、東横ホールの提携第七十回の「四月若手歌舞伎」が行われた。昼が権十郎の景清、門之助の娘むらさきで川端康成作の『舟遊女』、福之助の五郎、橋之助の舞鶴で『根元草摺引』、猿之助の半九郎、訥升のお染で『鳥辺山心中』、権十郎の七之助、門之助の滝川で『小猿七之助』、夜が猿之助・権十郎・訥升等で野口達二作『陸奥の義経』、門之助の『手習子』、猿之助の『高野物狂』、訥升の八重桐、権十郎の源七で『嫗山姥』、権十郎の青山播磨、門之助のお菊に猿之助が放駒をつき合って『番町皿屋敷』というものので、権十郎・門之助ら当初からの常連出演者、猿之助・訥升等の第二の勢力、福之助・橋之助の第三の新人と、この時点でのさまざまな勢力の混成軍とも見られる。この中で最も高い評判を獲得したのは猿之助の『高野物狂』だった。しばらく鳴りを潜めていた感もある権十郎が久々に「渋谷の海老様」といわれた役者ぶりの良さを見せたり、訥升が『嫗山姥』で見せた紀伊國屋風の古風な味など、それぞれに後に定評となるものを示している。

また配役をつぶさに見ると、片岡孝夫が『鳥辺山』の源三郎に『皿屋敷』の放駒の子分、秀太郎が『小猿七之助』のお杉といった役で参加しているのに気がつく。夙に菊五郎劇団の一員となっていた長男の秀公はともかく、十三代目仁左衛門の子供たちは、これからという時期に関西歌舞伎が壊滅状態になり、二年前から毎夏行っている仁左衛門歌舞伎や現・竹三郎の薪車を中心にした若手の研究的公演などで、わずかに存在を知られるといった状態にあった。東横出演は、彼らにとって、東京方の同世代の御曹司連の驥尾に付すという形にせよ、存在をアピールする限られた機会なのだった。

話のついでに、当時の若手たちの動向に触れておくと、現・幸四郎と吉右衛門の染五郎・萬之助の兄弟はこの三月末に芸術座で第五回の木の芽会を開き、『双蝶々曲輪日記』から「相撲場・米屋・殺し・引窓」と通して、染五郎が濡髪、萬之助が放駒と与兵衛を演じている。後年の当り役もこの時がスタートだったのだ。少々先回りしてしまうと、兄弟は九月に明治座での東宝劇団の公演で山本周五郎原作の『さぶ』を初演することになる。若き日の彼らの名を高めた舞台である。

「若手歌舞伎」が打ち上げた後の四月三十日、一日だけだが東横ホールで「小莟会」というのが開かれている。「莟会」といえば歌右衛門の自主公演だが、これは従来歌右衛門の一門の勉強会として行われていたものに、この時は左團次、松緑、三津五郎たちの門下を加えての会だった。昼夜七演目、男女蔵、玉太郎、福之助、橋之助などの御曹司たちも一緒に大役に取り組んでいる。松緑門下による『車引』、三津五郎門の中堅三津二郎の『靭猿』、男女蔵の熊谷、福之助の敦盛に歌右衛門門下の中堅歌蔵の姉輪で『扇屋熊谷』、歌江の深雪、玉太郎の阿曽次郎という『朝顔日記』（現・歌江と東蔵である）、歌右衛門門下の歌蔵の光秀に延緑、延昇、延寿など延二郎門下が加わっての『太功記』、玉太郎、橋之助、福之助で『三人片輪』、男女蔵の長右衛門、玉太郎の儀兵衛、橋之助のお半などで『帯屋』といったプログラムだった。竹本も常磐津も本興行並みの第一線の太夫の出演だった。

また歌舞伎と新派若手たちが合同した「青年の会」という公演が当時の朝日新聞社内にあった朝日講堂でこれも一日だけ行われ、新派の若手の出演で三好十郎作『獅子』、歌舞伎新派混成で山本有三作『同志の人々』、勘三郎門下の歌舞伎勢だけで『一条大蔵譚』を上演した。この会は花柳章太郎と勘三郎の肝煎りだったが、幕間に挨拶に立った勘三郎が「家柄とか門閥に頼らないで腕のあるものが出世するようにしたい」と述べ喝采を浴びたと報道にあったのを覚えている。大蔵卿をつとめた仲之助は翌月の歌舞伎座で勘三郎の前名もしほを五代目として襲名、鬼次郎を演じた正太郎は後に中村勘五郎を襲名するなど、勘三郎の発言は決して空疎な建前論でなかったことを証明したが、惜しむべくは、前者は交通事故に会い廃業、後者は病没している。

こうした会が、当時、時折開かれては、散発的なものに終るということが繰り返されていることを見るにつけても、やがて国立劇場が養成を始め、稚魚の会・歌舞伎会などの公演がいまも続けられていることの意義が改めて思われる。

六月の東横ホールは提携第七十一回の公演で、大江美智子一座の出演だったが（『男の花道』の劇中劇として「娘道成寺」を中村歌右衛門役として踊るという一幕があった）、同じ六月、歌舞伎座は十三代目勘弥の三十三回忌追善だったが、十四代目の門下で子役として知られていた坂東喜の字が五代目坂東玉三郎、松緑門下の尾上松也が四代目坂東志うかをそれぞれ襲名して十四代目勘弥の養子となるということがあった。玉三郎このとき十四歳である。志うかは、その後、曲折を経て現・大谷桂三となっている。

翌七月に歌舞伎座で行われた三代目・四代目時蔵の追善興行は、当主は映画界に入って既に十年の錦之助で、演目も多くは古典の歌舞伎というわけにはいかなかったが、『宮島のだんまり』では現・時蔵の梅枝の傾城漣太夫以下、勘九郎（十八世勘三郎）、八十助（十代目三津五郎）、米吉（現・歌六）、広松（現・芝雀）、玉三郎、広太郎（現・友右衛門）、志うか（現・大谷桂三）、信二郎（現・錦之助）、光輝（現・又五郎）といった面々が顔を揃えた。東横ホールの若手歌舞伎の第三の世代として登場した現・菊五郎の丑之助等より更に若い世代が顔を揃えたことになる。

また九月には大谷友右衛門の四代目中村雀右衛門襲名が行われたが、その折、長男の広太郎が八代目友右衛門を、二男の広松が七代目芝雀を襲名している。

十月　若手松竹歌舞伎の『仮名手本忠臣蔵』の通し上演

十月は東京オリンピックが開催され、歌舞伎座は團十郎、歌右衛門、勘三郎、梅幸、松緑のビッグ5がひとつずつ演目を受け持つという豪華版の上、夜の部終演後に「ナイトカブキ」と称して羽左衛門・延若・雀右衛門・扇雀等が出演する公演が本興行と別に行われるという賑やかさだったが、同じ月、東横ホールでは提携第七十二回公演「十月若手松竹歌舞伎」と題して『仮名手本忠臣蔵』の通し上演が行われた。一月に東横初出演した七人の内、新之助が不参だったが、主要メンバーの平均年齢二〇・七歳という若手が配役の中枢を占める『忠臣蔵』の通し上演は上演史の上でも稀有な例といわれた。

もっとも大星は座頭格の権十郎だったが、更に八段目の戸無瀬に我童が補助出演する以外は、男女蔵が師直に石堂に定九郎、丑之助が塩冶判官に六・七段目のおかる、亀三郎が若狭助に平右衛門、左近が五・六段目の勘平、加賀屋福之助と橋之助が「道行」の勘平とおかる、更に坂東吉弥が薬師寺に千崎、友右衛門が力弥、玉太郎が顔世といった東京勢に、関西から片岡孝夫が「道行」の伴内に八段目の奴、秀太郎が小浪で加わるという陣容だった。左近（初代辰之助）の勘平は別として、丑之助（現・菊五郎）、亀三郎（現・彦三郎）等の役が父親の持ち役をそっくりそのままであることがわかる。男女蔵（現・左團次）の役がこの時すでに師直であったことも微笑を誘われる。

今日の目で見ると、孝夫が伴内に八段目の奴というのは少々気の毒とも思われるが、これが当時の東京劇壇での勢力図であったのである。実を言うと、私が「片岡孝夫」という若手俳優を実際に見たのはこの時がはじめてだった。夏に行われた第三回の仁左衛門歌舞伎で『女殺油地獄』の与兵衛を演じて評判を取ったことを知る人は、東京ではまだごく一部に限られていた。兄の秀太郎の「八段目」の小浪は、年齢の上でも舞台歴の上でも既にこの一座のレベルを抜けており、我童の戸無瀬のなんどりとした真女形ぶりと共に一頭地を抜く完成度を示す舞台だった。なお脇役陣として、助高屋小伝次が四段目の郷右衛門、市川福之助がおかや、梅花が一文字屋お才、滝三郎が与市兵衛といった役で助演している。

四人組の芝居

同じ月、名古屋の御園座では、「開場一周年記念」として竹之丞、猿之助、訥升、田之助の四人による「十月花形大歌舞伎」が行なわれている。竹之丞が七役、他の三人もそれぞれ六役を勤めるという奮闘ぶりで、竹之丞初役の『一条大蔵譚』、田之助のお舟で『神霊矢口渡』、訥升・猿之助で『鳥辺山心中』、訥升の『女定九郎』に舞踊が三本で竹之丞・

猿之助で『二人三番叟』、猿之助の『小鍛冶』、竹之丞の『うかれ坊主』に竹之丞・田之助の襲名披露に訥升の弟精四《きよし》郎《ろう》の舞台復帰の挨拶を兼ねた『口上』という内容で、文字通りこの四人で持ち切ったのだった。東横ホールの花形たちの『忠臣蔵』と考え合せると、この冬、新聞にスクープされた「花形歌舞伎」「若衆歌舞伎」の二つの勢力を活用するという案が、こうした形で実現されているようにも見える。なお、訥升の弟の精四郎とは現在の澤村藤十郎のことで、兄の訥升と共に映画界に入ってむしろ兄以上に、子供向き映画の主演スターとして売り出していたのだったが、このほど歌舞伎に復帰したのだった。

この四人は、この後、東横ホールを中心に華々しい活動を展開し始める。いずれも、歌舞伎界の中枢を占める大立者たちの御曹司たちの「若衆歌舞伎」組に比べると、傍流に棹をさす立場にあった。その活動が盛んになるに伴って、「歌舞伎反乱軍」とか、折から中国の政界を牛耳っていた江青夫人をはじめとする「四人組」をもじって「四人組の芝居」などといった陰口が聞こえはじめる。また、その一人である猿之助は、これより先の六月末の二日間、歌舞伎座で祖父猿翁と父段四郎の追善公演を催すに当って「猿之助十種」を制定、二日間でその十種を全部、ひとりで踊り抜いて人々を驚かせていた。後年の目覚ましい活動の、これが第一歩であった。

こうして、次代、次々代を担うべき中堅・若手、更には幼少の者たちが、世代的な勢力として目に見えて台頭してきたのがこの年だった。この中の一番年若の世代がのちの十八代目勘三郎や十代目三津五郎、時蔵、芝雀といった面々であることを思えば、昭和の後期から平成へかけての歌舞伎を担った顔ぶれは、ほぼこの時期に勢力図を描き始めていたことがわかる。折から八月に歌右衛門を筆頭とするハワイ公演が行われたが、一行の顔ぶれは権十郎、門之助、竹之丞、田之助、猿之助、福之助、橋之助といった、東横歌舞伎のメンバーともいえる中堅若手揃いだった。

(4−4) 昭和39年12月「浮世柄比翼稲妻」
名古屋山三：⑤訥升　岩橋：⑦門之助　不破伴左衛門：③権十郎

十二月　東横ホール開場十周年記念 松竹顔見世大歌舞伎

十二月、松竹・東横提携第七十三回の「松竹顔見世大歌舞伎」は「東横ホール開場十周年記念」を謳っていた。勘弥、宗十郎、雀右衛門に権十郎、門之助等開場当初から東横の舞台で今日の地位を築いてきたともいえるベテラン・中堅勢に、竹之丞、猿之助、訥升、田之助の四人を中心とする顔ぶれは、この劇場の越し方と現在を物語るにふさわしい人選と言えた。昼の部が武智鉄二監修で『鈴ヶ森』と『鞘当』の通し狂言」と添書きのついた南北の『浮世柄比翼稲妻』の通しで、「第一」として序幕「戸塚付近境木村・初瀬寺山門・本庄助太夫塀外」に二幕目「鈴ヶ森」、「第二」として三幕目「仲ノ町鞘当」、四幕目「上林二階廊下・葛城部屋」、大詰「吉原田圃」というもので、この「第一」と「第二」の間に「中幕」として勘弥が『実盛物語』を出すという、近年では珍しくなった立て方をしていた。既に触れたように、勘弥はこの実盛で東横出演に有終の美を飾ったのだった。雀右衛門も、出勤していた歌舞伎座から駆けつけ、『英執着獅子』を踊って十周年を祝った。

『比翼稲妻』の通し上演としては「上林」と「吉原田圃」を出したのが出色の珍しさで、名古屋山三と葛城を巡って恋の

(4−5) 昭和39年12月「鬼神の於松」
主水妹藤浪：精四郎　鬼神のお松：⑤訥升
篠原一学：⑤(高砂屋)福助

鞘当をしていた不破が、葛城と実の兄妹と知れるという筋で、その後現在に至るまで上演を見ていない。前年に大阪で延若等で出したものに配役を変えての上演だったが、権十郎の不破と長兵衛、訥升の山三、門之助の葛城と権八、田之助の長兵衛女房お近といった配役で、東横歌舞伎での武智演出の佳作として意義ある仕事だった。

また訥升の『鬼神の於松』は、四代目源之助ゆかりの悪婆物のなかでも訥升の仁と芸風に最も合ったものとしてこれまた出色の成果を挙げたのだったが、その後国立劇場で宗十郎自身が再演したに留まっている。話が先回りになるが、翌年六月に権十郎が再演した『野晒悟助』の場合は、その後初代辰之助、さらに現・菊五郎と伝承されたが、こうした伝承上に果たした役割も、東横歌舞伎の持っていた一面として強調しておかなければなるまい。

もうひとつ注目を集めたのが猿之助の忠信で、この時が初役だった。延若を通しての逆輸入という経路を辿った、跳躍的な動きなど澤瀉屋の型によるものだった。後に宙乗りを取り入れた演出を確立する以前の、「猿之助の四の切」の原点というべきものだった。

こうして開場十周年を迎えた東横ホールだったが、この年あたりをひとつの潮目として、世代の移り変りを反映して行くことになる。

（4）昭和四十年（一九六五）の年代記

歌舞伎座花形歌舞伎

昭和四十年一月の東横ホールは、提携第七十四回の大江美智子一座公演で明けたが、二月の歌舞伎座で延若、雀右衛門、竹之丞、猿之助、訥升、田之助、門之助という七人を芯にした「花形歌舞伎」が開かれた。第一線級に続く、やがて第二世代と呼ばれるようになる。いずれも東横歌舞伎と縁の浅からぬ顔ぶれであり、この際この面々に歌舞伎座のひと月の本興行を丸ごと任せてみようという企画とも読める。いまにして思うと、歌舞伎座をこのメンバーだけで背負ったこの興行で大きな成功を収めていたら、彼等にとってはもちろん、その後の歌舞伎にとっても、また違った歴史が書かれる可能性が拓けていたかも知れない。だがこの興行は、個々の舞台の成果とは別に、新時代を切り拓く快打とはならなかった。「谷間の世代」という言葉が彼らを指して言われるようになるのは、彼らの次の世代が興行材として成り立つだけに成長した、もうしばらくしてからだったが、この面々は、個々には実力を認められながら、遂にひとつの勢力として「彼等の時代」を築くには至らなかった。この月の「花形歌舞伎」は、そう見てくると、ひとつの分岐点を示す、極めてシンボリックな意味を持っていたことに気がつく。

彼等に共通するのは、一人一党ともいえる、各自が「個」として立っている存在であることだった。同世代であり、彼等と同様東横の舞台にしばしば立ちながら、権十郎や簑助など菊五郎劇団に所属し、常に劇団の一員として行動している面々は、この舞台には加わっていない。竹之丞も田之助もかつては劇団のメンバーだったが今は退団し、独立していた。言うならこの七人は、拠るべきものを持たない孤児たちだった。

個々の舞台は、それなりに面白いものだった。大宅壮一原作、巌谷愼一・上林吾郎劇化演出『炎は流れる』は、もともと、ジャーナリズムの観点から近代日本史を物語るというノンフィクションであった原作から、明治天皇崩御とともに乃木希典将軍の殉死事件を抜き出して劇化したもので、明治天皇役のために特別出演した羽左衛門に、延若の乃木将軍、門之助の乃木夫人、赤坂警察署長に竹之丞、事件をスクープした新聞記者に猿之助といった配役で、一風変わった新作として記憶に残っている。

古典の演目としては、延若の滝口上野、雀右衛門の初花、猿之助の勝五郎、竹之丞の筆助で『躄仇討』、竹之丞の和藤内、雀右衛門の錦祥女、延若の甘輝に八代目團蔵の老一官、宗十郎の渚という『国姓爺合戦』、延若の治兵衛、訥升の小春、雀右衛門のおさんで『時雨の炬燵』等々といったメニューが並んでいたが、私個人としては、訥升が踊った『傾城道成寺』が記憶に鮮やかである。歌舞伎に復帰して二年、「古風」とやがていわれることになる風貌から姿態から芸味まで、いよいよその特性を顕わしはじめていた。

夜の部の切に置かれた川口松太郎作『寒紅梅』という維新物は、その去就が長いこと注目の的になっていた猿之助と女優浜木綿子の成婚が発表されたのを祝った大甘の劇だったが、この結婚の結実がそれから半世紀後の歌舞伎に返ってきた経緯を思い遣れば、時代を雄弁に語って余りあると言うべきだろうか。翌年新年号の『演劇界』のゴシップ欄に、十二月、パパの誕生日と二日違いで長男の喜熨斗照之クンの誕生を伝える小さな記事が載っている。

伝統歌舞伎保存会発足

だがこの時点でのこの当時、歌舞伎界を独占していた話題といえば、七代目幸四郎十七回忌追善興行が、十一代目團十郎、八代目幸四郎、二代目松緑の三兄弟の手で行われたことだったが、当時東宝に籍のあった幸四郎が久々に兄弟競演に加わるのが関心の的だった。二月は東宝が主催して東京宝塚劇場で中野実、北条秀司、川口松太郎という三人の大家の書き下ろした新作物、三月は松竹主催の歌舞伎座でもっぱら古典の作品で、それぞれ追善興行を行ったのが人気を呼び、とりわけ三月に三兄弟が弁慶と富樫を日替わりで勤める『勧進帳』が大きな話題となった。一大決心のもと東宝へ移籍しながら、髀肉の嘆をかこっているかに見えていた幸四郎が、久しぶりに古典歌舞伎を演じるということがそれだけの関心を集めたのである。
その間の三月一日、伝統歌舞伎保存会の発足ということがあった。歌舞伎が重要無形文化財の総合指定を受けるための前提として、その対象となるべき団体を社団法人として発足させたもので、総勢三百二十人の歌舞伎俳優から芸歴二十年以上の九十名が指定された。会長が寿海、副会長が左團次、松竹系六十一名、東宝系十名、関西系十七名で、前進座は除外された。新会長の寿海が新任の挨拶で、これで歌舞伎も安心ですと言ったが、歌舞伎ももうだめだから国に保護してもらうのねという声もあった、と報じた記事を覚えている。

蓉会　第四回特別公演

高麗屋三兄弟による七代目幸四郎追善興行が関西へ引っ越し、当時映画界から舞台への転身が注目の的となっていた山本富士子の歌舞伎座初出演が話題となっていた四月、最も注目されたのは東横ホールだった。いつもの松竹と東横の提携公演とは別に、歌右衛門が自主公演として蓉会を一ヵ月興行として行なったのである。東横歌舞伎の番外篇ともいうべきこの蓉会公演については既に歌右衛門の東横出演の項で述べたが、東横ホールの歴史にひとつの記念碑を作ったともいえる、意義深いものであった。

東西若手模様

五月の歌舞伎座は六代目菊五郎十七回忌追善の興行だったが、その中で、劇団の三巨頭である梅幸の長男の丑之助が四代目菊之助、松緑の長男の左近が初代辰之助、羽左衛門の長男の亀三郎が八代目薪水をそれぞれ襲名するということがあった。三人とも、前年に東横ホール公演にデビューし、とりわけ秋の『忠臣蔵』で大役をつとめて人気・知名度ともに上がったという機運を捉えての襲名だったから、ひと際、大きなニュースとなった。薪水の現・彦三郎が翌年、難病に襲われるという悲運に見舞われ、はるか後のことだが辰之助もまだ四〇歳過ぎの若さで夭折するといった事態があったにしても、この襲名が平成の今日の歌舞伎につながるひとつのエポックであったことは間違いない。

菊之助・左近・薪水、それに新之助

六月の東横ホールは提携第七十五回の「若手歌舞伎」で、前月に襲名して脚光を浴びた三人を全面に押し出した公演だった。実はのちの十二代目團十郎の新之助が珍しく参加し『寺子屋』の松王丸を勤めているのだが、連名の上ではごく目立たない扱いである。新之助は、やがて菊之助、辰之助とともに「三之助」と呼ばれることになるわけだが、三月の祖父七代目幸四郎の追善興行にも、前月の同世代三人の同時襲名にも、学業専念を理由に参加せず、この時点ではやや距離を置くような感もあった。そのことと直接の関連があるわけではないが、同時襲名が行われた五月の追善興行の際、父の十一代目團十郎がある不満から初日から数日間、休演するという事態があった直後でもあった。（團十郎は、公演途中から再出場したが、結果的にそれが本興行での最後の舞台となった。）

ところでこの時の「若手歌舞伎」の筋書に老練の名物記者の秋山安三郎が「今日のたのしみ・先々への楽しみ」と題して、若鮎のはつらつたる勉強芝居だがこういう芝居を見るには見物衆の大度量が必要で、今日を楽しまず将来への見越しを楽しむ舞台である。しかしもしも親達を凌ぐ何かが、ふと、何かの拍子で出来上がったら、これはこれで大獲物で、先のことでなく今日のお楽しみです、といったひねりの利いた文章を載せている。

薪水の梶原で『石切梶原』、辰之助が父松緑の当り役を学び、菊之助の頼光で『土蜘』、男女蔵と薪水による『連獅子』、新之助が松王丸に取り組む『寺子屋』、菊之助が初役の弁天小僧を演じる『弁天娘女男白浪』の「浜松屋」と「勢揃い」という中でも、新之助の松王丸が、演技も荒削りの未成品であることは駆出しの観客にもわかったが、それにもかかわらず、ある強い印象を残したのは確かだった。千代が門之助、源蔵夫婦が男女蔵に子団次、春藤玄蕃が芦燕

という配役だったが、なまじ女房役が年上のベテランだったのがちぐはぐな印象だった。子団次は、永らく病気で舞台を遠ざかっていたのが、復帰して間もない頃だった。

今なお最も鮮明な印象を残しているのは菊之助の弁天小僧で、薪水の南郷、九朗右衛門の駄右衛門、簑助の忠信利平、銀之助の赤星という五人男の「勢揃い」の出で、壁際に斜めに付いた東横ホールの不自由な花道から登場する菊之助の、固い莟ながらに伸びやかな風情の鮮烈さは、私にとっての菊五郎像の原点ともいえる。

もっともこの公演の昼の部の切と夜の部第一は、東横歌舞伎創設期からの常連出演者であった権十郎、簑助、市蔵らの出し物で、『野晒悟助』に『鋸引』という黙阿弥狂言の中でも珍しい二作を演じて、花形たちとは別種の趣きを見せるものだった。『野晒悟助』は開場間もない昭和三十年七月に東横で演じて以来だったが、戦前小芝居ではよく出ていたのを、浅草の羽左衛門と異名を取る人気役者だった先代から教わったものだった。この二度にわたって東横で権十郎の演じたものが、後に辰之助、さらに現・菊五郎へと伝承されている。（なおこの中に市川門三郎改め白蔵といった、永く小芝居で活躍し戦後もかたばみ座などを経て、この頃大歌舞伎に帰参した老練の俳優の名が見える。この種の狂言を盛るのにふさわしい劇場としての一面も、東横ホールを語る上で欠かすわけにいかない。）

(4−6)昭和40年（1965）6月「弁天娘女男白浪」
弁天小僧：④菊之助　駄右衛門：②九朗右衛門

四人組の『夏祭浪花鑑』

八月の新橋演舞場はこの数年中村竹弥の公演が

続いたが、この年は久しぶりに「若手花形特別公演」というタイトルで竹之丞、猿之助、訥升、田之助の四人で幕を開けた。昼の部が『夏祭浪花鑑』をいつもの「鳥居前」の次に「道具屋」と「番小屋」を出し、「三婦内」「長町裏」の後に「田島町」と「捕物」をつけ上方の演出で見せるという意欲的なもので、竹之丞が團七を初役、猿之助が徳兵衛に義平次の二役、訥升のお辰、田之助のお梶に、玉太郎の磯之丞、精四郎の琴浦、更に八十翁の八代目團蔵が三婦をつとめた。

この四人の芝居は、この頃最も活気あるグループとして刮目されていたが、同時に、幹部俳優とのあいだの軋轢も起りはじめ歌舞伎反乱軍といった文字がマスコミに踊るようになっていた。しかし最年長の竹之丞もまだ四〇歳前、一番若い猿之助は二〇歳代という若さの盛りであり、とりわけ竹之丞は芸の上でも最も旺盛な時期を迎えていた。このときの團七の目覚ましさは、その後に見た数々の優れた演者の所演と比べても、未だにこれに勝るものはないと言って差支えないと思われるものだった。猿之助の徳兵衛も、当時はまだ細身であったので竹之丞の團七との対比もよく、四人の協力体制もおそらくこの頃が最善であったろう。この翌年に引退し、四国巡礼のさなか瀬戸内海で入水することになる老優八代目團蔵の釣舟三婦の老侠客の凄みも忘れがたい。

この時の夜の部に猿之助，竹之丞、田之助で出した『素襖落』について、猿之助がある新聞に「太郎冠者はおじいさんのやり方で」と語ったのが理由で初日前日に市川宗家から故障が入ったり、一門の出演拒絶があったりといった多事多難さだった。歌舞伎十八番の『素襖落』は市川家の芸だからというのが理由だったが、このときのいきさつについて、猿翁となった最近、日経新聞に連載した『私の履歴書』の中で自身詳しく語っている。

ともあれ、この四人による公演は、以後しばらく、東横ホールに加えて例年八月には新橋演舞場も恒例となるなど、短い期間ではあったが活気ある活動を展開することになる。

木の芽会の『東海道四谷怪談』

七月十四日から二十五日まで、芸術座で第六回木の芽会が行われ『東海道四谷怪談』が上演された。染五郎が伊右衛門、萬之助が直助と小汐田又之丞だったが、この年から東宝の公演として行うことになり、補導出演として又五郎がお岩を、幸四郎が隠亡堀の与茂七で特別出演するという、本興行に近い扱いになった。この公演中に、翌年に二代目吉右衛門襲名が決まった萬之助の直助権兵衛が高い評価を受けた他、中蔵の四谷左門、萬之丞の与茂七と後家お弓、吉之助のお袖、吉十郎の宅悦など一門の脇役陣の伸長もあり、兄弟の人気だけでなく木の芽会として最も高い評価を得た公演だった。補導出演の又五郎のお岩は屈指の名演としていまも語り草となっているが、又五郎としても、東宝移籍のために充分腕を揮う機会にめぐまれずにいたこの時期、所を得ての会心の演技であったろう。

勉強会の夏

團十郎一門の荒磯会の第二回公演が七月三十日、一日限りの公演として三越劇場で行われ、新之助が『鏡獅子』を市川翠扇振付で踊り、芦燕が『熊谷陣屋』の熊谷を演じたが、この熊谷は芦燕の蓄積された実力を示すものとして、知る人ぞ知るものとなった。その前々日、歌舞伎座で行われた演劇人祭で、團十郎は舞踊『助六』を素踊りで踊ったが、これが生前最後の舞台となるとは、この時点では誰も予期しないことだった。

同じ三十日、谷崎潤一郎が亡くなっている。

また大阪の中座で、八月四日から二十八日まで「吉例歌舞伎夏まつり」として仁左衛門奮闘公演が行われたが、その中で、仁左衛門の『実盛物語』の前幕として孝夫が『義堅最期』を演じて絶賛を博したり、薪車が『怪談有馬猫』を演じるなど、ほそぼそながら努力を続けている若手の公演を含み込むものだった。この時を初演とする『義堅最期』は『女殺油地獄』の徳兵衛とともに、片岡孝夫の名を東京へまで喧伝する出世作の代表となった。

十一月「松竹時代劇」第一回公演

新時代を予感させる新しい波について述べるのにかまけて、東横ホールの公演について触れるのを怠ったように見えるかも知れない。実はこの年に至っても、東横ホールの路線はいまだ確固とした方針を定めるには至っていない。六月の若手公演の後、ようやく十月になって、松竹が新たに打ち出した新しい中間演劇という路線の第一弾として、「松竹時代劇」第一回公演を提携第七十六回として行なった。東宝が芸術座で既に定着を見ている「東宝現代劇」に対するという位置づけだった。

小幡欣治作『太鼓の鉄』は鳥羽伏見の戦いを背景にした幕末もので異端の俳優南原宏治の主演、子母澤寛原作・阿木翁助脚色・宇野信夫演出『父子鷹』は勝海舟の父小吉を主人公とする有名小説の劇化で中村竹弥の主演、他に花柳小菊、戸浦六宏、青山良彦、夏川かほる、中原早苗、常田富士男に歌舞伎から市川八百蔵とさまざまなジャンルからの顔合せで、女形を使わず、女優を起用するという方針も打ち出されていた。いつぞやの新春特別公演の路線が趣きを変えて甦ったようでもある。

中村竹弥のことは前に述べたが、南原宏治は映画の現代劇俳優で、近年は時代劇も手掛け放縦で破天荒な演技で特異な人気を得ていた。松竹では、今後この路線を定着させてゆく方針を打ち出しており、翌年一月に第二回公演が既に決まっていた。

十二月　四人組の「顔見世」

十一月十日、十一代目團十郎逝去という大きな出来事があって後の十二月、東横ホールは提携第七十七回の公演を「松竹若手歌舞伎顔見世興行」と称して行なった。竹之丞、猿之助、訥升、田之助の四人による一座だったが、その一座に「顔見世」の名を与えたのだった。料金は千円と四百円の二段階でこれは前月の松竹時代劇でも同じで、この当時の東横の入場料として一定していた。因みに同じ月の歌舞伎座は大一座による『仮名手本忠臣蔵』の通しだったが、一八〇〇円・一一〇〇円・四〇〇円・三〇〇円である。

昼の部が、第一が竹之丞の沢市、田之助のお里で『壺坂』、第二が猿之助が一人で五役を踊り抜く『六歌仙』で、小町が田之助、お梶が訥升だった。坂東吉弥、精四郎などが「喜撰」の所化に出ていた。「文屋」でカラミの局のひとりに出ていた、二代目左團次一座生残りの老優左文字が、逃げて行く文屋を見送って、大方ベトナムへでも行くのだろうと見当はずれのギャグを言ったが客席はクスリともしなかったのを思い出す。ベトナム戦争の泥沼化がしきりに報じられていた頃である。

閑話休題として、第三に岡鬼太郎作・加賀山直三演出で『今様薩摩歌』を出したのが、四人組と呼ばれたこの人たちの一座が持っていたひとつの可能性の表われだったと、いまにして思う。「五大力」を近代劇として咀嚼した上で擬古典様式の芝居に再創造するという、鬼太郎独特の手法で書かれた新歌舞伎中の秀作とされる作だったが、こうした新歌舞伎中の埋もれた秀作佳作がこの人たちによって上演される可能性は確かにあったと思われる。（東横の舞台ではなかったが、池田大伍の『男伊達ばやり』も彼等によって復活されている。）この時は竹之丞の源五兵衛に猿之助の三五兵衛、訥升のおまんという配役だった。

夜の部は訥升が悪婆物の『艶姿衣仮着写絵《はでごろもかりぎのうつしえ》』「女河内山」を武智鉄二演出で演じ、猿之助が松平伯耆守をつき合った。『荒川の佐吉』は猿之助としてはこの時が初演だったが、軋轢にめげず奮闘する意気込みが役と重なり合い、この時のものが最も鮮烈に、且つ好もしく私の目に焼きついている。相政が竹之丞、お八重が訥升、辰五郎が弥五郎、成川郷右衛門が八百蔵といった中で、坂東好太郎の鍾馗の仁兵衛の落剝の姿はその後に見た誰のよりも印象深い。

しかしこの月の白眉は、夜の部第二で竹之丞が田之助の静を相手に踊った『吉野山』の狐忠信だったと思う。夏の團七九郎兵衛といい、この頃の竹之丞の闊達で張りのある舞台ぶりは、富十郎の生涯を通じても、晩年の澄み切った芸とまた別に、ひとつの頂点をなすものではなかったろうか？ 團子が早見の藤太をつとめている。現・段四郎である。

四人組にテアトロン賞

年が改まった翌年一月、毎月の各劇場の取材や批評を担当する演劇記者の団体である東京演劇記者会が、前年度に最も活躍の目覚ましかった個人・団体を表彰するテアトロン賞の第十一回の受賞者が発表され、歌舞伎部門では、莟会公演で優れた成果を挙げた中村歌右衛門と並んで、竹之丞・訥升・田之助・猿之助の年間を通しての活動が選ばれた。どちらも、東横ホールでの仕事が大きく関わっての受賞だったことになる。「四人で本興行を打てるまでに成長した演技力と人気」に対してというのが選考理由だった。固定した一座を結成したわけではないが、四人で結束し協力し合って充実した公演を行なっていると見做されたのである。因みに他部門の受賞者は、レビュー・ミュージカル関係では染五郎主演の東宝ミュージカル『王様と私』、新劇関係では劇団民芸『夜明け前』第二部の滝澤修だった。

『演劇界』では四人のテアトロン賞受賞を知らせたのと同じ昭和四十一年二月号に「架空座談会」と題して、一河円之助・騒村突升・騒村多之助・市邑武之丞の四人が大いに語り喋りまくるという四頁余にわたる読物を掲載した。文末に「速記・堀内伝右衛門」とあるのでも判るおふざけの記事だが、その冒頭で司会者が、かぶき俳優の一部で「反乱軍」と呼ばれている皆さんにひとつ気焔を上げて頂きたいと思いますと切り出すというものだった。

第5章　三之助の時代と東横歌舞伎の終り

(1) 昭和四十一年（一九六六）という年

一月「松竹時代劇公演」

昭和四十一年の東横ホールは、一月、第二回の松竹時代劇公演で始まった。前回は低調だったが、今回は松浦武夫演出『明治維新』という総合タイトルのもと、第一部・野口達治作「その前夜」、第二部・小幡欣治作「彰義くずれ」、第三部・榎本滋民作「暁天の星」と、新進・中堅として最も嘱望されていた三人の劇作家による維新三部作を作ろうという企画だった。新国劇は当時、新体制として大山克己、緒形拳の二人を次代のエースとして盛り立てる方針を進めており、そこへ歌舞伎から竹之丞と澤村精四郎が出演するという陣容で、果たして評判も高く、社会的な話題も呼んだ。この内、北海道に新国家を建設しようとする榎本武揚を描いた『暁天の星』ははるか後年、竹之丞から既に名前を変えて久しい富十郎が、歌舞伎座の本興行の演目として再演している。勝海舟の役は吉右衛門だった。

この公演中、開演前だったが照明室から出火するという騒ぎがあり、それ自体はボヤですんだが、前日に川崎市で高層ビルの火災で大惨事があった折だったので、社会的な関心を惹き、劇場の耐火設備を見直させる機縁となった。

二月「若手歌舞伎新春公演」

二月の東横ホールは東横歌舞伎の歴史上ひとつのエポックとなる公演となった。「二月若手歌舞伎新春公演」と銘打ち、出演は九朗右衛門を上置きに菊之助、辰之助、薪水、男女蔵に新之助という菊五郎劇団の花形たちに上方から秀太郎、孝夫の兄弟、加えて前々年、勘弥の養子となり、昨秋には雀右衛門の代役で『双面』のおくみを好演して注目を集めた玉三郎という顔ぶれは、まさしく、前年に噂の流れた「若衆歌舞伎」構想が実現したかのようだった。とりわけ、この新年から始まったＮＨＫの大河ドラマ『源義経』で主役をつとめる菊之助が放送開始早々大評判となり、その影響が菊之助ひとりの人気に留まらず、このクラスの花形たちを一丸として包み込む形となったのだった。辰之助も、ＮＨＫが毎週金曜日に放送していた『池田大助捕物帳』に主演して知名度を高めていた。

いまもはっきり思い出すことが出来るが、私はいつものように当日売りのＢ席のチケットを買うつもりで（Ａ席が千二百円、Ｂ席が五百円だった）ホールのある九階でエレベーターを降りたところ、当日券を求める行列が既にはるか下の方のフロアまで延々と続いている。しょうことなしに最後尾のところまで幾つも階段を下りて列に加わったが、そうした時の常で、順番待ちのつれづれに見知りのない同士が親しく口をきくことになる。それでつくづくと知ったのは、この花形たちが梅幸なり松緑なり、更には團十郎なり、親たちの贔屓、ファンを呼び集めているということだった。

「あたしはね、宗十郎の息子たちがここでやっているだろ、あれよりこっちの方がいいと思うんだよ」

熱弁をふるってそう言った初老の男性の言葉を、その後、私はさまざまな折に思い出すことになる。宗十郎の息子、とは訥升のことだろうが、竹之丞にせよ田之助にせよ、彼等の親たちは、現在の菊五郎劇団の重鎮たちや、すでに故人となったとはいえ一世を風靡した十一代目團十郎のような威勢を揮ったことがない人たちである。訥升の父の八代目宗十郎は健在だったが脇役として既に固まっているし、竹之丞の父の四代目富十郎は立女形でありながら、壊滅してゆく関西歌舞伎の中で孤立した末、故人となっていた。田之助の父の先代田之助に至っては、盛名は戦前の若き日にあり、戦後はあって無きがごとき存在になって久しく、わが子に名前をゆずって曙山と称した時点で現役ではなくなっていた。わずかに猿之助だけは、祖父に初代猿翁という巨匠を持っていたが、その祖父も晩年には第一線クラスに実権を譲って、すでに他界し、父の段四郎も晩年は振るわないまま父猿翁の後を追うように亡くなっていた。つまり四人が四人とも、地位も活躍の場も、自分自身の力で切り拓いて行かなければならない人たちだった。

それに対しこの花形たちは、現在第一線に在る親を持ち、その支持層をそのまま引き継いでいる。菊之助・辰之助・新之助の三人を称して「三之助」と呼ぶようになったのは前年の春ごろからだとされる。三人が将来一団となって時代を画することになるであろうという期待のもとに、この言葉は生まれた。「宗十郎の息子たち」が、やがて「谷間の世代」と呼ばれ、長い冬の時代を過さなければならなくなる、この月の東横の盛況はその予兆とも言えた。

この時のプログラムは、昼の部の第一が、薪水の『高時』、第二が辰之助の弁慶、男女蔵の富樫、菊之助の義経という『勧進帳』でこれが昼夜を通じての呼び物だった。第三が水木京太作の『殉死』という新歌舞伎で、九朗右衛門に関西から参加の片岡孝夫という異色の顔合せであり、異色の演目だった。水木京太は、当時まだ健筆を揮っていた劇評家の長老三宅周太郎と同期という三田派の文人で、小山内薫に師事し、多くの演劇評論や劇作を残した人だが、戦後まもなくに亡くなって既に久しかった。『殉死』は水木の代表作とされるもので、大正十五年に『演劇新潮』に発表して以来、中間演劇を標榜した井上正夫などによって上演されてきたが、歌舞伎として演じるのは異色の感があった。大正リベラリズムの作品らしく、若殿死去ののち誰も望まない殉死者を無理やり選ぼうとする封建武士社会の不条理を嗤ったファルスで、九朗右衛門が事なかれ主義の因循な用人、門之助が殿の寵愛を受けながら身勝手な侍女、孝夫が恋人である侍女を若殿に奪われ謀反の罪で入牢中の藩士といった配役だったが、異色作としての面白さ以上に孝夫のセリフの卓抜さにはじめて触れた作品として記憶に残っている。

昼の部第四は舞踊二題で、菊之助が『藤娘』と『浮かれ坊主』を踊ったが、この月私が最も強い印象を受けたのはこれだった。踊り自体の巧拙ではなく、それまで、梨園の紳士とされる梅幸の子息ならではのおっとりした風情と、素直でのびやかな品の良さでは際立っていたが、『藤娘』と並べて、ほとんど半裸で踊る『浮かれ坊主』を出したことに、この若手俳優が思いの他に強い意志と意地の持主であることを感じ取らないわけに行かなかったからである。父の後を追って女形と二枚目役を専らにする道を歩むかと見ていたところへ、意表を突いて『浮かれ坊主』を踊るというのは、立役への意欲を自ら表明したと見るべきであろうし、同時に気働きが察しられる。面白いと思った。はるか後年、東日本大震災へのチャリティ舞踊会を自らの意志で催したいまの菊之助が、その折、やはり『藤娘』と『浮かれ坊主』を踊って見せたとき、私はこのときの東横ホールの舞台を連想せずにはいられなかった。菊之助はおそらく、若き日の父のしたことを知っていたに違いない。

話を戻そう。この公演の夜の部の演目は、第一が九朗右衛門の工藤、男女蔵の十郎、薪水の五郎に、秀太郎の舞鶴、玉三郎の虎、友右衛門の少将に孝夫の鬼王という『曽我の対面』で、この配役のユニークさは歌舞伎ファン以外からも注目を浴びた。週刊誌が玉三郎を取材したのはこの時が最初であったかもしれない。十六歳の高校生で歌舞伎界で一番若い女形、といった見出しがグラビアを飾ったのではなかったか?　孝夫と秀太郎がここでもひとつのポジションを獲得している。

第二が辰之助の又平、門之助のお徳に新之助の雅楽之助の『吃又』で、これは薪水の『高時』と同様、親の当り役を子に受け継がせようという配役だった。門之助のお徳というのは、もちろん当人の守備領域にある役だが、同時に補導としての意味合いも兼ねている。前年六月の東横公演の折の『寺子屋』でも新之助の松王丸に千代をつとめたが、この頃から門之助はこうした役回りをつとめることが多くなってゆく。同じ東横歌舞伎草創期からの常連でありながら、同世代の「四人組」とは対照的とも見えるこうした処遇の在り方は、以後の門之助の在り方ばかりか、その芸の在り様にも影を落としてゆくことになる。

第三は新之助の『鏡獅子』で前年夏、一門の勉強会「荒磯会」での試演を経ての初役だった。十二代目團十郎になってからも本興行で『鏡獅子』を踊ることはほとんどなかったが、荒削りながら市川宗家の踊る「新歌舞伎十八番」の『鏡獅子』としての存在を示すものであったと記憶している。このときの胡蝶を八十助が踊っている。

第四の『人情噺・芝浜革財布』は巌谷槇一脚本で尾上松緑演出と謳ってあった。九朗右衛門の政五郎に門之助の女房という配役で、こうしたケースでの九朗右衛門の座頭役というのは、ひとつの試金石であったかと推測される。前年五月歌舞伎座で行われた六代目菊五郎十七回忌追善興行で、勘三郎の髪結新三に弥太五郎源七役を勘三郎から所望され好評を得た折でもあり、それと共に、誰が七代目菊五郎を襲名するかという話題がマスコミに飛び交っていた。門之助はここでは年輩・芸格ともに釣り合いの取れた女房役に納まったわけだが、こうした配役が恒常的にあったわけではないところに立場の苦しさが垣間見えた。政五郎が拾った大金で振舞い酒をする相長屋の連中に、新之助、辰之助、男女蔵らが出ている。こういう機会に一流の噺家からきちんと江戸言葉の指導を受けるべきだという批評があったのを覚えている。

三月の歌舞伎界

こうした一方で、この頃、歌舞伎の興行は冬の時代を迎えつつあった。三月、東京に歌舞伎の公演はひとつもなかった。わずかに、明治座の東宝劇団の公演は山本富士子と幸四郎の顔合せが看板であったなかに、『元禄忠臣蔵・大石最後の一日』と小山内薫作『西山物語』という硬派の新歌舞伎作品が上演されていたが、その『大石最後の一日』にしてもおみのは山本富士子だった。歌舞伎座はこの頃人気絶頂だった歌手の橋幸夫公演で、好太郎・吉弥父子に八百蔵、市蔵、半四郎等が助っ人として出演していたが、こうした事態にもはや誰も驚かなくなっていた。

四月「花形合同特別公演」珍品尽し・万能役者竹之丞

そうした中、四月の東横ホール公演は「花形合同特別公演」というタイトルがついた。「合同」とは歌舞伎と新派の花形が合同という意味で、昼夜とも、第一には珍しい丸本狂言を置き、中幕には歌舞伎古典、二番目狂言としてお馴染みの新派狂言を置くというものだった。歌舞伎からは四人組から猿之助が欠けて竹之丞、訥升・田之助、新派から花柳喜章、阿部洋子、波乃久里子というのが「花形」のメンバーだった。

もっとも、案外こういうときに思わぬ珍品が見られたりするもので、この月がまさにそれだった。通称「乳母争い」の『扇的西海硯』は『熊谷陣屋』の作者並木宗輔の若い頃の作で、本名題を『那須与市西海硯』というが、与市が出陣に当り長男と二男のいずれを連れてゆくかということから、それぞれの乳母の争いとなる。この時点での最近演が昭和二十四年、三代目時蔵にもしほ時代の十七代目勘三郎による所演で、その前となると大正五年の五代目歌右衛門と六代目梅幸の顔合せまでさかのぼってしまうという珍品だった。訥升と田之助と、力の拮抗した紀伊國屋の二人が二人立女形の形で揃ったこのとき、東横という場こそ、絶好の条件にあったわけだった。竹之丞が与市をつとめた。

もう一つの珍品が「傾城忠度」で、『一谷武者画土産《いちのたにむしゃえのいえずと》』という外題がついていたが、並木宗輔が『一谷嫩軍記』の三段目「熊谷陣屋」まで書いて病死、補作された次の四段目を基に書き替えた作と言われる。義経の命を受けて熊谷が敦盛を救うのが三段目、同じく岡部六弥太が忠度を救うのが四段目で、忠度が傾城漣太夫となって六弥太に匿われているという奇想天外な話になっている。その漣太夫実ハ薩摩守忠度を訥升が演じたのが傑作となった。討手に見顕わされた忠度が傾城姿で大立ち回りをする大詰に、訥升のもつ稀有な資質が発揮された。ここでも、竹之丞が六弥太をつとめ、楽人斎という皮肉な役を八百蔵がつとめている。

訥升はまた、以前浅草常盤座で演じた『与話情浮名横櫛』源氏店の与三郎を再演している。お富が田之助、多左衛門が竹之丞、蝙蝠安を八百蔵という中で、下女のおよしをつとめた小主水は、七代目宗十郎に入門した古参の女形で、戦後もかたばみ座などに出演していたが、田之助が舞台に復帰したのを機に大歌舞伎に帰参していた。参謀役として、襲名の折の『矢口渡』などでは七代目の型を伝えるなど、田之助の影身に添うように行を共にしていた。訥升と田之助の出し物すべてにつき合った竹之丞自身の出し物は、夜の部の中幕の『船弁慶』で、この時が初役だった。やがて終生の当り役となる傑作だが、その初演が東横の舞台だったことになる。田之助の義経、訥升の舟長と互いに助演し合う。

昼の部夜の部とも、第三は新派の演目で、この時まだ十九歳の波乃久里子がおせつを初役の『風流深川唄』に、当時水谷八重子の後継者と目されていた阿部洋子の白糸に花柳喜章の村越欣也という『滝の白糸』だったが、何と竹之丞はここでも『風流深川唄』で久里子の相手役の長蔵までつとめている。当時の旺盛さが偲ばれる。

六月「上方歌舞伎六月特別公演」

六月、東横ホールはまた新たな役割を果たす。「上方歌舞伎六月特別公演」というタイトルは一見何事もないようだが、実は上方歌舞伎が東京の劇場にこぞって出演するのは、旧帝劇で行っていた東上公演以来だった。仁左衛門、延若、扇雀の三人を中心に、我童、菊次郎、成太郎、霞仙、愛之助といったユニークな顔が、まだこの時点では健在だった。鴈治郎は出演していなかったが、私が見に行った日、幕間に食堂でふと隣のテーブルに目をやると、扇雀の舞台を見に来たのだろうか、そこに鴈治郎が座っていた。こんなことがあり得るのも東横ホールなればこそであって、エレベーターに出演者と乗り合わせることもあった。（八階の百貨店の大食堂と別に、九回のホール内に劇場用の小ぶりな食堂があったのだった。）

（5−1）昭和 41 年６月「桜鍔恨鮫鞘（鰻谷）」
娘おはん：片岡幸一　銀八：⑤（高砂屋）
福助　八郎兵衛：⑬仁左衛門

仁左衛門の出し物は『伊勢音頭』に『桜鍔恨鮫鞘』通称「鰻谷」で、更に扇雀の演目で

(5−2) 昭和41年6月「盛綱陣屋」
早瀬：②成太郎　篝火：②扇雀

ある『葛の葉』でも保名をつき合うという奮闘ぶりだった。仁左衛門の貢は和事の辛抱役の肚で、着付も白絣でなく無地の浅葱色だった。それ以上に仁左衛門ならではの演目といえば『鰻谷』で、これこそ正真正銘の辛抱役、我童の女房お妻ともども、上方の情趣が随一だったが、芸風という意味でも、これほど仁左衛門の特色を示すものもなかったと思う。後に国立劇場で上方の芸能を集めた短期間の公演で見る機会があったが、『伊勢音頭』ともども、東京での本興行としては、この時が終り初物となった。

仁左衛門と並んで、『義経千本桜・すしや』の権太に『盛綱陣屋』の盛綱と丸本物の屈指の大役二役に取り組むという、旺盛な活躍をしたのが延若だった。どちらも、河内屋独特の解釈に基いた型がユニークで、東京の歌舞伎の演出一色になりつつある今、延若が機会あるごとに示したこうした行き方は、既にそれだけでも大きな意義を持っていたが、演技そのものも、優にその存在を主張するに足りた。

微妙が菊次郎、篝火が扇雀、早瀬が成太郎、和田兵衛が高砂屋福助、信楽太郎が孝夫、伊吹藤太が秀公というまさに上方歌舞伎の引越興行の感を深く抱かせる配役だった。福助の和田兵衛の古風な役者ぶりはその後ついに類を見ないものであったし、成太郎の早瀬と『伊勢音頭』のお鹿は、私にとってこの女形を然るべき役で見たほとんど唯一の機会となった。約十年後、東西で忠臣蔵を競演した折、中座で見た上方勢による七段目でこの人のつとめた役は、蒲団と枕を持ってくる仲居の役だった。世が世であれば中村魁車の後継者たるべき人を見た、それが最後だった。孝夫の信楽太郎のスケールの大きな役者ぶりも、いま思えば、仁左衛門の今日を予感させるものであったかも知れない。

扇雀の出し物は先に挙げた『葛の葉』と舞踊『扇獅子』だったが、後者は新舞踊風の演出で、折角の上方歌舞伎総結集のこの際、ふさわしくないという批判もあった。もう一点、夜の部の追出しに出した舞踊『相模蜑』は片岡家の三兄弟の出演だったが、三兄弟がそろってその存在を東京の観客の前にアピールしたのはこの時が初めてであったろう。

（ついその前の四月の歌舞伎座で引退興行をつとめた八代目市川團蔵が、かねて念願の四国巡礼の途次、瀬戸内海で入水自殺を遂げ、社会的にも大きな話題を呼んだのもこの公演中のことだった。地味で固めたようなこの老優が、その死を報ずる記事が社会面の大見出しの記事となったのも皮肉だった。）

「第一回春秋会」

六月公演がすんで間もない七月十二日から三日間、東横ホールで市川猿之助が自主公演として第一回の春秋会を催した。演目は忠臣蔵の外伝物『太平記忠臣講釈』の四段目「石切り勘平」に『俊寛』、それに祖父初代猿翁の創作した舞踊『酔奴』の三本で、『酔奴』には文楽の竹本綱大夫と竹澤弥七の出演を乞うている。『俊寛』はモスクワ公演で祖父猿翁が演じた折、祖父と二人で検討したという演出によるもので、澤瀉屋の型に基きながら原典に返って作り直すという姿勢は、以後の活動の基本となるものだった。

珍しい狂言の復活、有名作だが祖父の演じ方に学び自分の工夫を加えたもの、それに祖父を継承する舞踊と、後に旺盛な活動を展開する基本的なスタンスを、既にここに見出すことが出来る。この第一回春秋会こそが、三代目猿之助一代の活動の原点とも言える。若手といわれる身でありながら、綱大夫・弥七に出演を依頼するような、ここという場合には斟酌も躊躇もしない大胆で不羈な姿勢も、ここにその端緒を見ることが出来る。

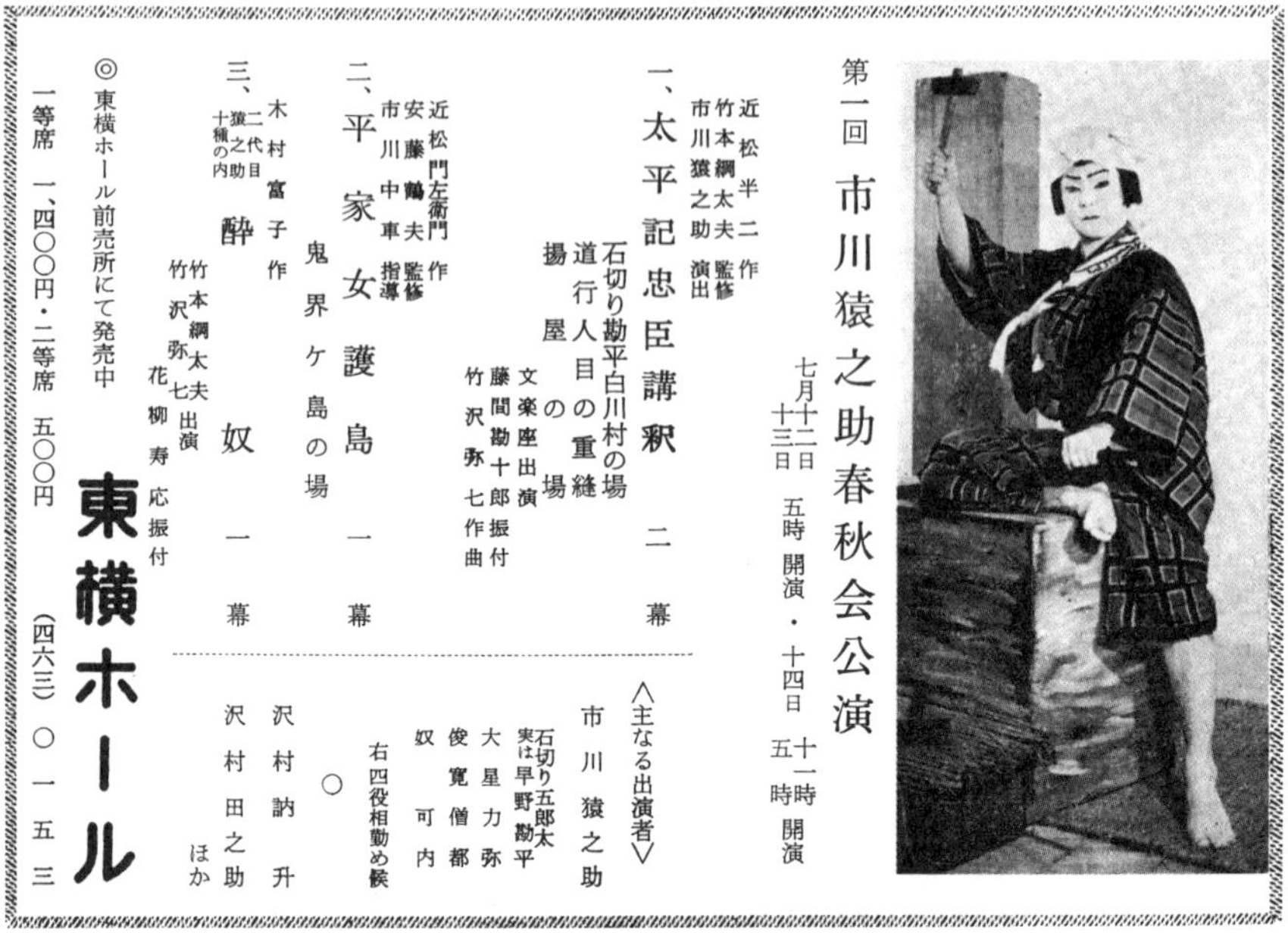

昭和41年6月公演パンフレット巻末掲載の「第一回春秋会」広告

これより先の六月十五日から二十七日まで日比谷の芸術座で第七回の木の芽会が開かれ、秋に開場する帝劇で二代目吉右衛門を襲名する萬之助が『ひらがな盛衰記』の樋口をつとめ絶賛を博した。兄の染五郎が畠山重忠で主演したのが特別出演のようと言われた。染五郎は同じ芸術座で五十日の長期公演で東宝ミュージカル『心を繋ぐ六ペンス』を主演してこれまた絶賛を博することになる。猿之助といい、三者三様の行き方が現われているかのようだ。

七月　歌舞伎座「中村錦之助公演」

同じ六月と七月、歌舞伎座は二ヵ月続いて中村錦之助特別公演が行われ、十七代目勘三郎や八代目三津五郎が特別出演して、錦之助の『瞼の母』に勘三郎が水熊の女将という顔合わせがあったり、勘九郎の松王丸、光輝の梅王丸、梅枝の桜丸、信二郎の杉王丸、米吉の時平というチビッ子歌舞伎『車引』や、七月には菊之助の弁天、九朗右衛門の駄右衛門、簑助の忠信利平、銀之助の赤星、男女蔵の南郷という配役で白浪五人男の「浜松屋」と「勢揃」という一幕があったり、菊之助が佐々木小次郎役で錦之助の『宮本武蔵』に出演するなど、歌舞伎と地続きの感じが強かったが、これも実は、歌舞伎の本興行が困難な状況になっていることの反映なのだった。錦之助公演はその後、萬屋錦之介と名を改めてからも、毎年六月に恒例として永く行なわれる。

八月　新橋演舞場　四人組の芝居と勘弥・雀右衛門

前年に引き続いて「四人組」の芝居がこの年の八月の新橋演舞場にかかった。この頃が四人組の最盛期であったといえるだろう。テアトロン賞受賞記念の意も籠めた『絵本太功記』は竹之丞の光秀、訥升の操、猿之助の十次郎、田之助の初菊に市川福之助の皐月、更に宗十郎が久吉で出演、團子と精四郎が正清を一日替りという配役だった。呼び物は竹之丞と猿之助が昼夜で弁慶と富樫を替るという『勧進帳』で、義経は猿之助弁慶には田之助、竹之丞弁慶に訥升で、團子と精四郎がここでも亀井と駿河を替っている。

もっともこの公演は「四人組」の上置きに勘弥と雀右衛門が出演していて、勘弥が念願の『名月八幡祭』と『十六夜清心』を通しで演じるという意欲的な舞台で、正直なところ、こちらの方が大人の芝居としてすぐれたものであった。殊に『十六夜清心は』は大詰の清心が詰腹を切って死ぬまでの通しで、その後絶えて行われない貴重な上演だったが、ここで竹之丞が大寺庄兵衛をつとめ、勘弥の清心にやや若いとはいえよく拮抗する腕を示した。

九月　歌舞伎座　三之助の奮闘公演

九月の歌舞伎座は昼の部を「若手歌舞伎奮闘公演」、夜の部を「尾上梅幸奮闘公演」と昼夜別々のタイトルをつけた。若手組とベテラン組とに分けるという試みで、前年には、昼の部出勤俳優、夜の部出勤俳優という風に出演者を昼夜別々にする試みをしたこともあった。俳優の労働過重という批判に対するひとつの回答でもあったろう。

ところでその昼の部の若手歌舞伎奮闘公演の目玉は、ＮＨＫの大河ドラマで人気沸騰中の菊之助主演の『源義経』をそのまま歌舞伎座の舞台に持ってこようというもので、原作小説の作者である村上元三が脚色・演出で頼朝挙兵に駈け付けて兄弟の対面を果たすまでが劇化された。第一部という含みでもあったろうか。菊之助の牛若丸の他、母常盤に門之助、武蔵坊弁慶に権十郎、頼朝に新之助、それに三津五郎が藤原秀衡、左團次が東光坊蓮忍というまずは立派な配役の中に、幼馴染の少女うつぼの役で玉三郎が出ている。御曹司連の仲間入りをして間もない、知る人ぞ知るという存在だった。

中幕に新之助、辰之助、権十郎で『棒しばり』、それに新之助の与三郎、菊之助のお富、権十郎の蝙蝠安に特別出演の格で左團次が多左衛門で出る『源氏店』という中で、かつて東横歌舞伎で「渋谷の海老様」と呼ばれた権十郎が三演目すべてに脇をつとめ、東横で与三郎を初役でつとめた折、新之助の父の團十郎から教わったことへの恩返しとして、蝙蝠安をみずから買って出たのが話題となった。

明治座　山本富士子公演と四人組

同じ九月、明治座は「特別公演」と称して勘三郎と山本富士子の芝居だったが、これに竹之丞、猿之助、田之助らが出演して、助演の他に自分たちの出し物として野口達二作『富樫』、池田大伍作・武智鉄二演出『男伊達ばやり』を出すという意欲を示している。映画界から演劇界に転じた山本富士子は、当時最も客の呼べる女優劇の大スターとして彼女を座頭とする公演が東西の大劇場で次々と行われていた。当然、その脇をつとめるにふさわしい人材が必要なわけで、やや皮肉に言えば、四人組はこうした需要に応える格好の存在だったのである。翌月には大阪で猿之助が山本の公演に助演し、家の芸の『高野物狂』を自分の出し物として演じている。猿之助の、これが当時の在り様だったのである。またこの時、勘三郎が竹之丞と村上元三作『あんまと泥棒』を初演している。

十月・十一月　帝劇と国立劇場の開場　吉右衛門襲名

続く十月は新しい帝劇の開場で、東宝在籍の幸四郎の一家一門に、歌右衛門と松緑が出演し、開場と萬之助改め二代目吉右衛門の襲名を祝った。新しい吉右衛門は『金閣寺』で久吉を、『関の扉』で宗貞を、どちらも幸四郎と歌右衛門を相手につとめ上々の新出発を飾った。「口上」の幕と別に『関の扉』の狂言半ばで扮装のまま挨拶があり、小町の姿の歌右衛門の祝辞に続いて、新・吉右衛門が「ただいまは成駒屋の小父さんからお言葉を賜り」と言うと場内に笑い声がさざめいたのを昨日のことのように思い出す。

帝劇にわずかひと月遅れ、十一月に国立劇場が開場する。三年前に開場した日生劇場と併せ、三劇場とも、それまでの劇場とは異なる何かを感じさせ、演劇界が大きな転回点を迎えようとしていることを実感させた。新開場の演目は十二月まで二ヵ月にまたがっての『菅原伝授手習鑑』の通しで、序幕「大内山」の場を『仮名手本忠臣蔵』の大序に倣って復活、口上人形、置き浄瑠璃に七五三の東西声、幕もしずしずと開けるなどの演出を行なった。セリフとして第一声を放ったのは、斉世君役の片岡孝夫だった。

歌舞伎座は十一月の国立開場に対して大幹部俳優を揃え充実した舞台が揃ったが、十二月は「歌舞伎・新派合同公演」として歌舞伎からは延若、竹之丞、猿之助らが出演した。このとき特別参加した映画女優の木暮実千代のお国に竹之丞の五平、猿之助の友之丞という不思議な配役の『お国と五平』を見たのはこの時だった。木暮実千代のお国は、以前、大谷友右衛門時代の雀右衛門の五平で、成瀬巳喜男監督の映画で経験があるというのだった。二ヵ月目に入った国立劇場は、幸四郎等東宝勢も出演し「車引」では前々月襲名したばかりの新しい吉右衛門が、幸四郎の松王、梅幸の桜丸を相手に梅王丸を演じている。

十二月「年忘れ松竹喜劇まつり」

東横ホールでは暮の一ヵ月、第二回「年忘れ松竹喜劇まつり」の長期公演を行なった。第二回というのは九月に「第一回秋の喜劇まつり」と題して行なったのに続くもので、九月の第一回が松竹東横提携第八十二回、十二月の第二回が提携第八十三回の正規の公演だった。この当時、こうした喜劇人の大同団結の動きが盛んに見られ、東京宝塚劇場、新宿コマ劇場などでも同じような喜劇公演が行われている。結局この年の東横の歌舞伎公演は、二月・四月・六月の三回にとどまった。

（2）昭和四十二年（一九六七）

一月「新春歌舞伎特別公演・二代目河原崎権十郎十三回忌追善」

昭和四十二年の東横ホールの正月は「新春歌舞伎特別公演」という簡素なタイトルで、松竹・東横提携第八十四回、尾上梅幸・尾上松緑補導といった文字が添えてあった。「特別」という二文字の意味は、筋書巻頭の大谷竹次郎会長の挨拶文に、昼の部はご当地人気者の権十郎、門之助に関西歌舞伎界の若手ホープ秀太郎、孝夫を中心に、夜はまた清新な人気者菊之助、辰之助、新之助等による若手歌舞伎俳優による奮闘公演、とあるのでわかるように、昼と夜で二組の公演を仕組んであることだった。

権十郎と門之助は、東横歌舞伎最多出演者だった。当初は所属する劇団を異にしていたが、門之助が左團次の一門の人となってからは、年配の釣り合いもよく、夫婦役者のようになっていた。思えば二人とも、若き日には十五代目羽左衛門の許にあったのだから、めぐり巡って、縁が再び結ばれたのだともいえる。

昼の部にはまた「二代目河原崎権十郎十三回忌追善御挨拶」という文字が添えられていた。権十郎としては、かつて座頭格をつとめたこの劇場で実父の追善を行なう栄誉を担ったことになる。筋書に「二代目河原崎権十郎を偲ぶ」

というページが設けられ、各界の名士や先輩俳優の一文が並ぶ中に、明治の團菊以来の歌舞伎を知る古老の遠藤為春が寄せた「追想」と題した文章が、二代目権十郎の出自と役者としての在り様を簡潔に語って行き届いている。

それによると二代目権十郎は歌舞伎座と新富座の座付茶屋武田屋の一人息子だったが、女傑であった母親とは伯母甥の関係で、実母はのち河原崎座の座元河原崎権之助へ縁付き一子を設けたのが、長じてのち前進座の創立者となった河原崎長十郎であるという。つまり二代目権十郎と前進座の長十郎とは生母を同じくする実の兄弟であり、事実、当の長十郎がやはり筋書に一文を寄せて、私の実兄ですが私とは随分ちがった道を歩きましたと書いている。そういえば、前進座の現・河原崎國太郎が襲名に当って、死の病の床にあった権十郎のところへ承諾を得に行ったということがあったのを思い出す。

二代目権十郎は戦前、浅草の中芝居で「浅草の羽左衛門」と異名を取った。子の三代目が「渋谷の海老様」と呼ばれたのと因縁めいた符合を思わせるが、戦後は菊五郎劇団にあって脇の重要な役どころをつとめる味な役者として終わったという生涯も、三代目の後半生の在り様と符号する。追善の演目は故人の当り役から『源平布引滝』の「実盛物語」と『お祭佐七』だった。

権十郎は、実盛と佐七、どちらも、仁という点からいうなら当代でも指折りの、良き仁の持主であった。生締物と江戸の世話物を本領とし、羽子板のような役者らしい風姿と気ッ風に一流のものがあった。ただ含み声で口跡に切れがないのが欠点とされた。晩年は芸容も大きくなり、『新薄雪物語』の秋月大膳、『四谷怪談』の伊右衛門、『御所五郎蔵』の星影土右衛門、『髪結新三』の弥太五郎源七のような悪の利いた脇の大役に独自の境地を築いたが、代役とはいえ『忠臣蔵九段目』の加古川本蔵を歌右衛門の戸無瀬を相手につとめたこともある。それも、国立劇場の開場二十周年記念で三ヵ月がかりの『仮名手本』通し上演という大きな公演でのことだった。

代役と言えば、生涯に六十九役、代役をつとめたと言われ、おそらくこれは未踏不滅の記録であろうが、常に目の

昭和 42 年 1 月公演パンフレットの表紙及び巻頭グラビアの④菊之助、①辰之助、⑥新之助

上に十一代目團十郎や松緑といった大立者が劇団内に存在したという立場上の事情が、その役者人生を支配した結果でもあったろう。ふられた役は必ず引き受けるという終生貫いたモットーは、父の二代目の教えとも言われるが、六十九役の代役の中には、松緑に代ってのシェイクスピアのオセロというのもあった。脇に回っても終生、色気と艶を失わなかったのは、東横ホール時代に座頭をつとめた華やぎが身についていた故であったろう。『お祭り佐七』はこの時から二十年後の昭和六十二年、歌舞伎座で雀右衛門の小糸を相手につとめるという晴れの舞台があったが、まさに江戸の残照を思わせる権十郎生涯の傑作であったと思う。

先代の追善の挨拶は「実盛」の終了後、一旦閉まった幕がまた開いて、実盛の扮装のままの権十郎が行なったが、私の見た日は左團次が紋付き袴姿の素顔で並んで口上を述べた。左團次は、この月は国立劇場に出演中だったが、マチネーのある日以外は権十郎のために駈け付けたという。日によっては洋服姿のこともあったらしい。

なおこのとき、唯ひとりの門弟であった山崎宝が名題に昇進して山崎権一に改名している。鼻にかかった独特のセリフ回しで、師の亡き後も永く、味のある舞台ぶりを見せていた、あの権一である。権十郎自身がまだ一人前とは言えなかった戦中の昭和十七年に入門、終生、影のごとくに付き従った生涯だった。

ところでこの時の『布引滝』には権十郎の追善狂言としての「実盛物語」に、その前の場である「義賢最期」と「矢走の浦」を序幕としてつけて、孝夫に義賢を、秀太郎に小まんをさせるという、もうひとつの目玉があった。孝夫の義賢は前々年夏に大阪の中座で演じて大きな評判をとり、噂は夙に東京にまで聞こえていた。果たして、と言おうか、その丈の高い役者ぶりのよさを東京の歌舞伎ファンがはっきりと認識したのは、このときがひとつのエポックであったと私は記憶している。秀太郎の小まんも、東京の若手の女形にはない持ち味と堅実な実力をはっきりと示し、上方歌舞伎の若きスターの存在を東京人に知らしめる上で、この企画は成功であったといえる。

瀬尾は八百蔵、九郎助は助高屋小伝次、小よしは市川福之助、折平が市蔵といった東横ではお馴染みの顔ぶれによる配役も、安定感を抱かせるものだった。葵御前のもしほは、市川九蔵の子で、十七代目勘三郎が目をかけて自身の前名を名乗らせ、引き立てていた若手だった。ぽっちゃりとした美貌で、歌舞伎座で十七代目が山蔭右京を演じる『身替座禅』で、千枝と小枝を丑之助時代の菊五郎と踊ったのを覚えている。不運にも数年後に廃業したのは、自動車事故の後遺症が理由とされていた。

門之助は『お祭り佐七』で相手役の小糸に、中幕の踊り『鷺娘』が自分の出し物だった。小糸の蓮葉な軽みが『お祭佐七』というやや軽い感覚が生命の狂言にぴったりで、その意味では、超弩級の立女形の誰彼の演じた小糸よりも、これほど程のいい小糸を他に知らない。だが『鷺娘』となると、当のそのことがコクの薄さに通じてしまう。門之助に最後までつきまとった弱点だった。この前後からしばらく、権十郎と門之助を好一対とする配役が目立つようになる。菊五郎劇団の公演の中での『乗合船』や『どんつく』などの仕抜きの踊りでも、ふたりが色模様を見せるようなひとコマが目につくようになる。

三之助ブーム絶頂期

夜の部は三之助の持ち分で、第一が辰之助の松王丸に門之助の千代、新之助の源蔵にもしほの戸浪、芦燕の春藤玄蕃、現・鶴蔵の亀之助の涎くりで『寺子屋』、第二が菊之助の花子で『京鹿子娘道成寺』、第三が新之助の五郎蔵、辰之助の星影土右衛門、菊之助の皐月、もしほの逢州で『侠客御所五郎蔵』というメニューだったが、前年来の三之助人気はこの頃が登り坂の急峻にあったといえる。「三之助ブーム」という用語がマスコミに盛んに踊っていた。この公演の観客動員ははるかに夜の部の方がよかったので、昼の部と夜の部を別々にせず、三之助が昼にも顔を出すようにプログラムを組んでいたら先輩に恥をかかせずにすんだであろう、と穿った記事を載せた週刊誌もあった。

三之助の人気はいまや確固たるものになっていた。菊之助主演の大河ドラマは既に終了していたが、映画の『佐々木小次郎』の撮影が始まっていたし、テレビでは辰之助に続いて新之助も、この正月から民放で『若様侍捕物帖』の放映が始まっていた。毎回冒頭に、ひとくさり立ち廻りの後、アップの画像に「滅多に人は斬らねえ、しんぺえするな峰打ちだ」という新之助のセリフが導入部として流れたのを、微笑ましく思い出す。十二代目團十郎の舞台を知る人なら容易に思い浮かべられるであろう独特のセリフ回しは、思えばこの頃からあまり変わることはなかったようである。

そうした陰で、三之助とほぼ拮抗する形で歩みを続けていた坂東薪水が、前年夏の巡業中に難病で倒れ、以来長期にわたる闘病のため休演が続いていた。やがて曲折の末に再起、現・彦三郎となるわけだが、病に倒れるまでの薪水は、三之助とほぼ対等の扱いを受けていたし、またそれにふさわしい実力を示していたと証言できる。

⑸−3）昭和42年２月「義経千本桜（すしや）」
権太：①辰之助　小せん：②千弥

二月　二の替り公演

松竹東横提携第八十五回と謳った続く二月の東横は、いわば余勢を駆ってのロングラン興行、古風に言うなら二の替りといった座組みとプログラムで開けた。菊之助、辰之助、新之助に権十郎、門之助、それに九朗右衛門、我童、訥升が加わっていた。昼夜七演目を、この八人がそれぞれ自分の出し物、乃至は立女形格で受け持つと、いきおい、関心はそれぞれのファンや贔屓ごとに別れるから、ひとつの興行としてのまとまりや一体感は醸成されにくいこと

(5−4) 昭和42年2月「艶姿女舞衣（酒屋）」
三勝：⑬我童　半七：⑯家橘

になる。肝心の三之助の出番が少ないのは、この月歌舞伎座は久々に幸四郎の一家一門が総出で出演して菊五郎劇団とで一座を組み、『一谷嫩軍記』を「陣門」「組打」から「陣屋」まで通すなど意欲的な公演が行われ、三之助たちも東横と掛持ち出演していたからだった。

演目は昼の部が、辰之助の権太、門之助の維盛、訥升のお里、九朗右衛門の梶原で『千本桜』の「すしや」、権十郎と門之助で『かさね』、九朗右衛門の茂兵衛、訥升のお蔦、権十郎の辰三郎で『一本刀土俵入』、夜の部は権十郎初役の六助、訥升のお園で『毛谷村』、権十郎の長兵衛、新之助の権八で『鈴ヶ森』、我童のおそのと三勝二役の『酒屋』、最後が前月に引き続き、但し「道行」を加えて菊之助の『娘道成寺』というものだった。

こうしてみると、実質上の座頭はまだ権十郎であり、九朗右衛門が客分という格に見える。事実、最も安定した評価を得た演目は『かさね』だった。三之助では辰之助が最もしっかりした演技を見せたが、同時に、明快で歯切れのいいその演技は義太夫狂言らしさからは遠いものだったから、一般の好劇家からも、今後の若い俳優たちの問題として議論を招いた。

我童の演じる『酒屋』の三勝は、稀代の傑作としてのちに歌右衛門のおさんに対する役として歌舞伎座で演じることになったが、半七に家橘という配役は、この当時でなら必ずしもあり得ないことではなかった。十二代目仁左衛門の二男として生まれ、十五代目羽左衛門の養子となったという履歴はまだ威力を保っていたから、誰彼の襲名の「口上」の座に連なる一員として通っていた。家橘とは、将来羽左衛門になるべく約束された名前であったはずだった。この年の秋歌舞伎座での十五代目羽左衛門二十三回忌追善興行に際して家橘の名前をわが子の寿にゆずり、自分は吉五郎を名乗ったのは、自身の可能性に見切りをつけて我が子に後事を託そうという考えからであったと見られていた。

三月・四月各座　『桜姫東文章』上演・延若型の勘平・芝翫襲名

三月は、四月・五月に予定されている成駒屋一家五人の襲名披露興行の直前というので比較的地味な興行揃いだったが、実質的には注目すべき公演が並んだ。歌舞伎座は延若、扇雀に竹之丞、猿之助、訥升、田之助の四人組という顔ぶれでの『仮名手本忠臣蔵』の通しの上に、昼の部と夜の部の切にどちらも竹之丞と猿之助で『黒塚』と『連獅子』がつくという大盤振舞いのプログラムだったが、六段目まで昼の部にすませてしまう上方式の足の速い演出がそれを可能にしたのだった。延若が大星と勘平、扇雀が判官とお軽、竹之丞が師直に平右衛門、猿之助が若狭助に定九郎、訥升が顔世にお才、田之助が直義、千崎に力弥という配役で、とりわけ三段目のお軽と勘平の件を裏門で見せたのと、六段目を上方式の演出で見せたのが貴重だった。十年後の五十二年十一月に東西同時に『仮名手本』の通し上演を行なった折にも演じ、話題となったが、実はこのときに先鞭をつけていたのである。

国立劇場は勘弥の清玄、雀右衛門の桜姫、八代目三津五郎の権助という顔ぶれで『桜姫東文章』を郡司正勝の脚本で上演、この時に序幕の江の島稚児ケ淵で白菊丸をつとめた玉三郎が評判となった。先に三島由紀夫脚本で歌右衛門と八代目幸四郎で復活されているが、後に一世を風靡することになった原点という意味で、この時の所演を戦後歌舞伎史のひとつのエポックと見るべきであろう。

四月の成駒屋一家五人の襲名披露興行とは、七代目福助改め七代目芝翫、加賀屋福之助改め八代目福助、加賀屋橋之助改め五代目松江、中村玉太郎改め六代目東蔵、それに現九代目福助が五代目児太郎として初舞台を踏むというものので、五月まで二ヵ月に亘る興行となったが、これは十一代目團十郎襲名以来の、当時としては稀な大興行だった。すべてを取り仕切った歌右衛門の権勢を内外に印象付けたが、新しい芝翫の披露演目の『鏡獅子』と『廿四孝』の八重垣姫がとりわけ絶賛され、歌右衛門・梅幸に拮抗する女形として脚光の中に躍り出た感があった。

幻の東横歌舞伎「この花会」

東横ホールは、四月、提携第八十六回公演として第三回喜劇人祭が行われたが、関西で結成された「この花会」が六月の東横ホールで旗挙げをするという情報が流れたが結局中止になったという記事が、『演劇界』昭和四十二年四月号の「うわさ話」欄に載っている。仁左衛門歌舞伎がこの年六月の南座公演を最後に終わるのと入れ替わるように、鴈治郎を中心に延若・扇雀らで結成するというのだった。いうなら、幻の東横歌舞伎ということになる。

またこの間、大正初期以来、斬新な文章で一般知識層に多くの読者を開拓した三宅周太郎が逝去、一方、松竹会長の大谷竹次郎に勲一等が授与されるということがあった。先年の歌舞伎俳優の集団での無形文化財指定といい、この時期は伝統文化財としての歌舞伎が法制の上で認可されるということが進んだ時節とも言える。

六月　東横ホールの大歌舞伎

提携第八十七回となる東横ホール六月大歌舞伎公演は、「大歌舞伎」と謳ったものの、竹之丞・扇雀という、かつての上方歌舞伎で「扇鶴」と謳われた花形コンビの共演が売り物で、その他には田之助に半四郎、それに孝夫、精四郎、團子といった売出し中の新進にベテランとして八百蔵、源之助に関西勢として菊次郎、珍しく成太郎などが出ている程度のむしろ無人芝居とも言えた。

演目も、昼の部第一が巌谷槇一作・武智鉄二演出『娘義太夫物語・若き日の呂昇』に第二が『封印切』、第三が宇野信夫作・演出『怪談蚊喰鳥』、夜の部が第一が真山青果作『国定忠治』、第二が川口秀子振付『けいせい倭荘子・蝶の道行』、第三が瀬川如皐作『有馬染相撲浴衣・怪談有馬猫』というもので、この内竹之丞・扇雀の顔合せは、扇雀の忠兵衛に竹之丞の八右衛門、田之助の梅川という『封印切』、扇雀の小槇に竹之丞の助国の『蝶の道行』に『怪談・蚊喰鳥』の三本、その上に竹之丞は『国定忠治』、扇雀は『怪談有馬猫』と自分の出し物を持ち、更に『若き日の呂昇』にもそれぞれ重要な役を受け持っていた。両者の双肩にすべてがかかる「奮闘公演」というサブタイトルに嘘はなかったとも言える。

こうした折に、後に話の種になるような珍物や掘出し物にぶつかることはまゝあるもので、この役ひと役のために東上したという成太郎の井筒屋のおえんとか、『有馬猫』で菊次郎の老女岩波とか、まだ莟の花の精四郎の側小姓白菊などというものを見た人は、ちょっとした余禄を得たと言える。『国定忠治』で忠治の子分の武井の浅次郎、『若き日の呂昇』で岩佐友二郎という落ちぶれた元愛人役をつとめた孝夫なども、見た人にとっては語り草となるものだろう。

第一回歌舞伎教室・小劇場の勉強会・四人組・第二回春秋会

国立劇場が開場して九ヵ月目の七月、第一回の学生歌舞伎教室が開かれた。現在も続いている歌舞伎鑑賞教室だが、このときは十二日から三十一日までの二十日間、料金は学生二百円、一般三百円で、公演は今と同じ十一時からと午後二時からの二回、「かぶきの見方」という解説の後、若手俳優が大役をつとめて有名狂言を見せるという基本的な形は既にこの時に出来ていた。現・我当の秀公による解説、『国姓爺合戦』から千里ヶ竹、楼門、甘輝館の三幕で、現左團次の男女蔵の和藤内、孝夫の甘輝、秀太郎の錦祥女に九蔵の老一官、福之助の渚という配役だった。この甘輝で孝夫の盛名がますます高くなるのだが、片岡三兄弟の存在が東京の観客の視野の内に明確に入ってきたのもこの前後であったろう。

国立劇場の小劇場で勉強会が開かれるようになったのも注目に値した。この八月、まず木の芽会が吉右衛門の光秀に染五郎の春永で『馬盥』、染五郎の弁慶、吉右衛門の富樫に万之丞の義経で『勧進帳』、続いて市川一門の第四回荒磯会が、三世河竹新七作『櫓太鼓成田仇討』という小芝居種の珍しい狂言に『廿四孝』の「奥庭」で、どちらも新之助主演だったが、「奥庭」は父の十一代目團十郎生前の約束という触れ込みで文楽の桐竹紋十郎が遣う人形振りというものだった。『成田仇討』は成田山本堂建立記念と謳った、勉強会としてはやや異色のものだったが、門之助、芦燕なども出演した。訥升・精四郎兄弟の竹生会は『加賀見山』の「長局」、『女鳴神』、『明烏』という女形の兄弟らしい演目で、父の宗十郎や老優愛之助の出演もあった。

八月の新橋演舞場の雀右衛門に竹之丞、猿之助、訥升、田之助の四人組の大歌舞伎公演に『先代萩』『千本桜』など大作が並んだ。後から見れば、この頃がこの顔ぶれでの活動のひとつのピークであったといえる。その一人である猿之助が、九月末、春秋会の第二回公演を新橋演舞場で開き、『金門五三桐』を通し上演した。企画・脚本・演出・主演とすべてを一人で背負うという行き方で、後年に本興行で演じる種を蒔いたことになる。雀右衛門、竹之丞、田之助、孝夫、精四郎、好太郎、八百蔵等が大挙応援出演したのも話題となった。

十月　東横劇場と改称　柿落し公演

提携第八十八回公演は十月二日から二十七日まで、二十六日間という長期興行だったが、この時から、従来の「松竹・東横提携」から「松竹・東急提携」と改まり、劇場名も東横ホールから「東横劇場」と改称された。筋書巻頭に載った東京急行株式会社取締役社長五島昇の「ご挨拶」という小文によると、渋谷地区の一層の発展を図るため渋谷区栄町旧大向小学校跡に新店舗を造り来たる十一月に開店することになったのを機に、旧来の東横店、白木屋店、新店舗を含め「東急百貨店」と改名、その機会にホールも舞台観覧席も大幅に改装し「東横劇場」と改名一新して出直すこととなった、とある。因みにこの新店舗が現在の本店、白木屋店とは今はない日本橋店のことである。

ところでこの改装は、ホールと隣接して九階にあった食堂を犠牲にして楽屋を広くし、花道を新たに設置したのだったが、これが、従来の上手下手両側の壁際に斜めについた短い花道はそのままに、舞台下手寄りに前面から第三の花道が取り付けられたという中途半端なものだった。その結果普通の出入りは旧来の花道を使い、たとえば『勧進帳』の飛び六方などは新花道を使うという、いささか奇妙な東横流演出が生まれることとなった。

「新装開場柿落し」と肩書のついた「十月若手歌舞伎特別公演」を担ったのは、今度も三之助と、権十郎に門之助コンビだった。開幕が三之助による『君が代松竹梅』、『若き日の信長』、『鞍馬獅子』、『車引』、『廿四孝』御殿、『勧進帳』と、昼夜合せて八演目中六演目が三之助の出し物だった。昼と夜の切りの『直侍』と『吉田屋』が権十郎と門之助の出し物で、権十郎はこの他に『若き日の信長』で平手政秀、『車引』で時平を、門之助は『若き日の信長』で弥生、『廿四孝』で濡衣をつとめた。

(5−5) 昭和42年10月「鞍馬獅子」
卿の君：④菊之助

三之助の人気は留まるところを知らぬ感があり、六年後の七代目菊五郎襲名まで突き進むことになる。玉三郎や孝夫の台頭があったと言っても、まだこの時点では知る人ぞ知るという域に留まっていたが、十二

(5−6) 昭和 42 年 10 月「若き日の信長」
織田上総介信長：⑥新之助

月、国立劇場の通し狂言『曽我綉侠御所染』で久しぶりに上演された「時鳥殺し」で時鳥を演じた玉三郎がまさにスター誕生を地で行く大ブレークをする。これを見た三島由紀夫が二年後、自身の作の『椿説弓張月』で白縫姫に抜擢したことから、三之助を脅かす惑星としてその存在は一段と輝きを増すことになる。

またこのとき『廿四孝』で白須賀六郎と原小文治を後の松助の緑也と現・團蔵の銀之助がつとめている。市蔵、菊蔵、小伝次、好太郎といった脇役者たちも東横歌舞伎の常連と言えたが、東横の歌舞伎がこうした人たちにとってもよき働き場であったことも、指摘しておく価値があるだろう。映画界から復帰して数年の好太郎が、謙信、丑松、喜左衛門といった重要な役をこなしているのなど、その好適の例と言える。

(3) 昭和四十三年（一九六八）

一月　三之助＋孝夫の新春歌舞伎

昭和四十三年の正月、東横劇場は当然のごとくに三之助で開けた。もっともロビーに「菊之助は昼の部には出演いたしません」という張り紙が出ていたのは、テレビの『桃太郎侍』の撮影がのびのびになっていたためという。これまでの花形スターたちが映画なりテレビに買われて出演するのは、まず舞台で注目と人気を獲得してのことであったのに対し、テレビでの注目と人気が先にあってのことである点が、辛口の視点から云々され始めていた。三之助たちの責任というより、テレビというメディアのもつ比重が圧倒的に大きい時代になっていた。ファンの目当てが最後の三之助勢揃いの『三人吉三』だったのは明らかだった。菊之助の出演が少ない分、新之助奮闘公演の気味もあるが、既に時代は若い彼らのところへ巡ってきていることは明白だった。

三之助がそれぞれ出し物を持つ中で、ひとり加わっていた形の孝夫が、昼の部第一の『鬼次拍子舞』を精四郎と踊るのが自分の出し物で、その他は新之助の綱豊、辰之助の富森の『御浜御殿』で白石、新之助の梶原の『石切梶原』では大庭、権十郎の半九郎、門之助のお染の『鳥辺山心中』では源三郎といったところをつとめ、ようやく同じ土俵で相撲を取れる立場に立ったといえる。権十郎・門之助は自分たちの出し物では一日の長のあることを示し、若い彼等の出し物に助演すれば見事にリードするが、『石切』の梢を門之助がつとめたのなどは、本来、菊之助がつとめる筈の役であったろう。またこの顔ぶれで梢が違和感なくつとまる若さが、門之助の長短両面を示すものとも言えたろう。

翌月の歌舞伎座は菊五郎劇団結成二〇周年を祝う興行だったが、三之助は昼の部開幕の『鎌倉三代記』と夜の部の切りの『戻駕』を受け持っている。これが当時の彼等の立っている場所だったといえる。

松竹・東急提携十五周年記念の新路線

四月の東横劇場は松竹・東急提携十五周年記念の公演だったが、上演されたのはこれまでのこの劇場の路線にないものだった。「四月名作特別公演」というタイトルで昼の部がマイヤー・フェルスター作・石原慎太郎潤色『アルト・ハイデルベルヒ』、夜の部が江戸川乱歩原作・三島由紀夫脚色『黒蜥蜴』、演出はどちらも松浦武夫、主演は前者が中山仁に戸部夕子、後者が丸山明宏と天地茂だったが、とりわけ丸山のこの演劇界デビューは社会的なレベルで大きな反響を巻き起こした。いうまでもないが現在の美輪明宏のことである。当初四月の公演は仁左衛門が予定されていたのが、事情で流れたことが直接のきっかけであったが、それに代わるものとして十五周年という記念すべき公演にこうした新路線をスタートさせるというのは、従来の「常識」を破るものだった。

東横ホール開場以来、再三にわたり登場していた市川少女歌舞伎や大江美智子がここ数年来、ぱったりと姿を見せなくなっていた。少女歌舞伎の場合は、少女たちが大人になって結婚その他でやめる者もありレベルを維持するのがむずかしくなったという事情もあったが、それ以上に観客の動向の変化が根本的な原因であったろう。大江美智子の場合も、女剣戟の旧套から脱しようとする努力も試みも認められようとしていたのだったが、それ以上に、観客の嗜好の変化の方が大きかったと見るより決定的な理由は見当たらない。時代はこの数年の間に、世にいう高度経済成長という大きな潮流の中にあり、既に日本人は東京オリンピックも海外旅行解禁も経験していた。

新派は、新橋演舞場で月々の公演を続けてはいたが、かつてのような安定したものではなく、大矢市次郎、伊志井寛、市川翠扇といった第一級の俳優すら、本公演のない月は歌手芝居などに助演者として出演するようになっていた。かつてのように、歌舞伎同様若手を第二軍として東横に出演させる余裕は既になかった。

皮肉なことに、この時丸山明宏という稀有な個性を持った異色のスターが「現代の女形」として第一歩を踏み出し、彼にとって記念すべき第一作となった『黒蜥蜴』は、かつて初代水谷八重子が新派の新路線を拓く期待のもとに演じたことがあり、必ずしも成功したとは言えなかった。丸山は夙に寺山修二の『毛皮のマリー』で現代の女形としての可能性を評価されていた。脚色者の三島由紀夫は、丸山に大時代な演技や、早変わりなど歌舞伎風のテクニックをふんだんに使わせて、これこそ現代の歌舞伎であると大満悦だった。こうした現象から、当面、歌舞伎は超然としていられるかにも見えたが、丸山を喝采をもって受け容れる社会の動向の根底にあるものから無縁であり得る筈はないのはもちろんだった。

東横劇場はまた、七月は文学座の公演で『女の一生』だったが、昭和二十年四月の初演以来、主役の布引けいを演じている杉村春子が、この公演中に通算五四〇回を迎えていた。

第三回春秋会・第二回歌舞伎教室・青年歌舞伎祭

六月二十九日・三十日の二日間、猿之助の第三回春秋会が歌舞伎座で行われ、今回は舞踊作品ばかり昼夜八演目すべてを主演するという旺盛ぶりを示した。まだ祖父の庇護下にあった襲名当時、「お利口坊ちゃん」と楽屋雀に仇名をつけられていたという猿之助だったが、いまやそうした軽口も沈黙させる勢いだった。中でも三升屋兵庫原作・戸部銀作脚本演出・藤間勘十郎振付の『星合栄景清・根元七ツ面』が注目された。雀右衛門、竹之丞、訥升、田之助、半四郎に観世栄夫と茂山七五三等、出演者も多士済済だった。

七月には国立劇場が前年に続き第二回学生のための歌舞伎教室を行ない、前回好評だった秀公の解説に、『寺子屋』を新之助と辰之助が松王丸と源蔵を午前の部と午後の部で交替につとめ、新之助の松王は、首実検で刀を抜いて突きつける七代目團十郎の型をみせた。千代は門之助、戸浪はもしほ、玄蕃が芦燕という配役だった。また小劇場で一日だけだが「第一回尾上菊之助勉強会」が開かれ、『毛谷村』『息子』『鏡獅子』を、権十郎、多賀之丞、菊蔵、亀之助（現・鶴蔵）等の助演を得て試みている。

国立劇場はまた、八月の若手の勉強「青年歌舞伎祭」を昨年以上に拡充、新之助の「荒磯会」、片岡三兄弟の「若松会」、もしほの「青芳会」、梅幸門下の菊十郎に三津五郎門下の三津二郎の「隼会」、のちの吉之丞の万之丞、吉之助等による「東宝劇団若手歌舞伎研究会」、訥升・精四郎兄弟の「竹生会」の六団体が参加するという盛況を見せた。若松会には父の仁左衛門が、竹生会には、精四郎がこの春その次女と結婚した縁で岳父となった十七代目勘三郎が、それぞれ特別出演した。もしほの演じた『蔦葛悲怨柵』というのは、『ハムレット』の翻案でかつて初代鴈治郎等が試みたという代物だった。

第一線世代がようやく熟成の時期に入ろうとしていたこの頃、その子供たちの世代がこうしてしきりに勉強芝居を行なっていたことがわかる。東横歌舞伎が十六年に及ぶ活動に終止符を打つのは三年後だが、こうした中で、その東横に初期から出演していた世代の俳優たちは、たとえば門之助が「荒磯会」の『鳴神』で絶間姫と『寺子屋』で千代をつとめ、権十郎が菊之助勉強会で『毛谷村』の六助をつとめて新之助や菊之助をリードするといった立場にあった。だがその彼等もまだ、決して自身の芸境を確立するには至ってはいない。

一方、これは本興行だが八月には新橋演舞場で昨年に引き続き雀右衛門に竹之丞、猿之助、訥升、田之助の四人が加わる一座の公演が行われ、『寺小屋』『吃又』を昼夜の一番目に、『お艶殺し』『暗闇の丑松』などの新作物を二番目に、そして中幕として竹之丞が『鏡獅子』を、雀右衛門が『娘道成寺』を道行から押戻しまでつけて踊るという活気ある公演だったが、この優たちもまた、当時の通念ではまだ「若手」と見做されていたのだった。大正九年生まれの雀右衛門から、終戦後の生まれの新之助や辰之助まで、二十数歳もの年齢差のある人々が「若手」という中にひと括りにされていたのである。

十月　丸山明宏ふたたび

そうした中で、東横劇場の十月は、再び「名作劇場」として二日から二十五日まで、丸山明宏と中山仁の出演でジャン・コクトー作・三島由紀夫監修・松浦武夫演出『双頭の鷲』だった。老若を問わず女性観客がほとんどの客席が熱狂し、幕が閉まるや否や舞台へ向かって殺到するさまが、マスコミを通じて面白おかしく伝えられた。四月の『黒蜥蜴』とこの二作によって、丸山明宏という存在が、演技者として以上にその存在自体の持つ批評性によって、現代社会のなかに立脚点を得たと言って間違いないだろう。丸山明宏の人気は、おそらく松竹としても予想外のことであったろうが、更に十二月、東横劇場の舞台は丸山の名作公演第三弾に席巻されることになる。今度は丸山自身が潤色した『椿姫』で、相手役のアルマンには文学座の新進細川俊之が起用された。

こうして、三之助人気に始まったこの年の東横劇場は、途中から意外な方向へ急旋回したまま年を終えることになった。直接の理由が丸山の予期せぬ大ヒットにあるのはもちろんだが、一方には、三之助が有力な戦力として歌舞伎座の大一座の公演に出演する機会が増えたことも、もうひとつの理由として考えられる。社会の趨勢としても、その一隅にあっての歌舞伎界の動向としても、時代は大きく変わろうとしていた。戦後社会全体の、それは地殻変動だった。こうした、一見、個々別々のように見える事象も、こうしてみると、東横ホールが東横劇場と改まったこの年、このひとつの劇場の在り様に反映されたさまざまな姿であることが見えてくる。十五年という劇場の歴史は、同時代の世の移りゆくさまを見事に映し出す、決して短くないひとつの時代であったことがわかる。

(4) 昭和四十四年 (一九六九)

一月　最後の三之助芝居

前年度の途中から丸山明宏という惑星的存在に席巻された東横劇場だったが、新しい年の正月は、旧に復して三之助に上置きとして権十郎・門之助の五人の名前が看板に掲げられた。もっとも、新之助が秋に海老蔵襲名を控えていて、いわゆる「三之助の芝居」はこれが最後との触れ込みだったが、それにしては三人が顔を合わせる芝居がひとつもないという声が上った。昼の部が新之助・菊之助の『鳴神』、権十郎・門之助の『ぢいさんばあさん』、辰之助・新之助の『二人猩々』に舞踊二段返しで菊之助の『手習子』に新之助・辰之助の『三社祭』、夜の部は辰之助の五郎、新之助の十郎に市蔵の仁田四郎で『夜討曽我』、菊之助の『鏡獅子』に権十郎の清心、門之助の十六夜で『十六夜清心』というやや平凡な企画だった。劇評を見ると、新之助のたとえば『鳴神』に荒事役者らしい骨格が備わってきたといった評価が見えるものの、当時の「三之助の芝居」といえば、帯に短し襷に長しといった、将来への足場固めの段階だったというのが率直なところであったろう。

世相を語るというなら、前年十一月末、大阪の新歌舞伎座に出演中の権十郎が深夜路上で強盗に襲われ金品を奪われた上、大怪我をするという「ご難」に会い、この時の東横が復帰後初の舞台だったという方が、なにがしかの社会性があったかもしれない。混成一座による山本富士子が座長の芝居に出演中の一夕、酒席の帰路何者とも知れぬ賊に襲われたのだったが、同席していてひと足遅れて店を出た田之助が、血まみれで路上に倒れている権十郎を発見したというのだった。当時の大阪は万国博会場の建築中のため、多くの労務者が入り込んでいて風紀がよくないといった説明がなされていた。事実、これより少し前、落語家の立川談志が同じような被害に会うという事件があって社会的な話題になったばかりだった。大阪万国博も歴史のひとコマとなり遂せ、権十郎も談志も故人となった今となれば、往時を語るささやかなエピソードということになる。

二月　四たび丸山明宏

その二月、東横劇場はまたも丸山明宏四度目の登場で、榎本滋民作・松浦武夫演出の『マタハリ』というものだった。『黒蜥蜴』以来、衣裳担当のルリ落合の功績も書き留めておくべきであろう。さらについでだが、丸山は三月には京都の南座で七日間、ついで名古屋の名鉄ホールで十日間、ジャン・コクトーの『双頭の鷲』を三島由紀夫監修・松浦武夫演出で上演するという勢いを示している。

ところでこの年の四月に、後の目から見ると書き落とすわけに行かない舞台が、少なくとも二つ、初演されている。ひとつは、歌舞伎座の大一座の公演で十三歳の中村勘九郎が父の十七世勘三郎の親獅子を相手に子獅子をつとめる『連獅子』が初演され、大評判をかち得たこと（このとき間狂言を演じたのは竹之丞と猿之助だった）、もうひとつは、帝劇で染五郎がミュージカル『ラ・マンチャの男』をはじめて演じたことである。もっとも『ラ・マンチャの男』の方は、当時の観客にとってはそれまでのイメージにあるミュージカルからすると内容も暗く、重いテーマを持つこの作に対して、とまどいのような反応もあった。大ヒットするのはこの翌年、染五郎がブロードウェイで英語で演じて帰国、凱旋公演を行なってからことである。

六月　紀伊國屋一門『女形の歯』

六月の東横劇場は久々に竹之丞、訥升、田之助が揃い、それに孝夫と精四郎が新たなメンバーとして加わるという顔ぶれだった。昼の部第一が竹之丞の頼家、孝夫の重保、訥升の政子、精四郎の小周防で『頼朝の死』、第二が田之助のお光、訥升の久松、精四郎のお染、八百蔵の久作で『野崎村』、第三が訥升が蘭蝶とお宮の二役、精四郎が此糸で『蘭蝶』、第四が孝夫の忠信に田之助の静で『吉野山』、夜の部第一が孝夫の東京での初の熊谷で『熊谷陣屋』だったが、東西を通じて若手中の時代物役者としての評価を早くも得ている。孝夫はついで七月、国立劇場の鑑賞教室で『仮名手本忠臣蔵』大序から四段目までを上演した際にも大星由良之助をつとめ、他を圧する絶賛を博すことになる。

だがこの興行で最も評判を取ったのは、夜の部第二の杉本苑子原作、田中喜三脚本、松浦武夫演出の『女形の歯』だった。脱疽のため両手両足を失ってもなお舞台に立ち続けたという三代目田之助を描いたこの新作で、精四郎がその生涯の代表作として後々まで語り継がれる傑作を生んだ。訥升が兄の二代目訥升(ふつう助高屋高助の名で知られる)、田之助が女房お貞、竹之丞がヘボン博士、孝夫が医学生緒形といった配役で、とりわけ大詰の八重垣姫の裲襠を身に纏い、扇をくわえて地を転げまわる田之助を支えて夫婦連れ舞う場面が大きな評判となった。若手の道場という一面が強調された半面として、東横のプログラムはどうしても古典の有名作に傾きがちで、この舞台から新作が生まれることはあまりなかったと言える。その意味からもこれは、東横歌舞伎の生んだ佳作のひとつに数えていいであろう。従兄弟同士である澤村家の三人が曾祖父たちを主人公とする芝居を演じる興味もあったが、しばらく鳴かず飛ばずの感のあった名門紀伊國屋が、新しい世代の成長によってようやく輝きを取り戻したかにも思われた。訥升の古風な味、精四郎の清新さ、田之助の堅実な演技への評価も、このころから確たるものとなったといえよう。

なお『熊谷陣屋』で藤の方の大役をつとめていたもしほが、公演中の一日、自動車事故に巻き込まれ障害を受けるという惨事があり、これが因で廃業に至ることになる。勘三郎が自身の前名を与え嘱望した若女形だったが、薄幸な役者人生だったと言わざるを得ない。

独自の道を歩む猿之助

こうした中、ひとり猿之助は独自の道を歩み始めていた。この月は京都の南座で開かれた仁左衛門と雀右衛門を中心とする一座に出演していたが、これは前月歌舞伎座で祖父猿翁の七回忌追善を催したのに続けての公演だった。もっとも当時の猿之助の立場として、追善は興行全体ではなく「猿翁十種」と肩書をつけた『黒塚』を踊り、弟の亀治郎が歌右衛門の舞鶴で『根元草摺引』の五郎を踊って四代目段四郎を襲名する「口上」が追善の幕だった。段四郎は『黒塚』でもこの後持ち役となる強力を演じ、この頃から兄の多彩な活動のよき協力者になってゆく。

猿之助は更に、六月末の二日間、国立劇場で第四回春秋会を催し『金幣猿島都』を復活上演、八月には名古屋の御園座で観世栄夫演出による『凄艶四谷怪談』と題して『東海道四谷怪談』を新演出で試みるなど、独自の路線を歩もうとする姿勢を鮮明にし始めていた。『金幣猿島都』は戸部銀作補綴・演出で初演以来一四〇年ぶりの完全復活上演と謳っていた。時を同じくして、同じ国立劇場の小劇場で青年座が『盟三五大切』を上演したために、歌舞伎と新劇で南北の珍しい狂言をそれぞれの手法で復活・競演する形になったのも目を惹く効果を生んだ。雀右衛門に竹之丞、訥升、田之助、段四郎、半四郎等、助演者も相当の顔ぶれを揃えた中で、猿之助は将軍太郎、清姫、忠文など五役を演じるという大奮闘を見せた。

また『凄艶四谷怪談』では、「隠亡堀」で水槽に本水を使って伊右衛門と与茂七を早変わりで見せたり、「浅草田圃」で庄三郎を殺す場面ではゴム面を使って顔の皮を剥いで見せる等々大車輪の活躍を見せ、体を張っての奮闘が、歌舞伎界を超えて耳目を惹くようになっていた。毎年七月の歌舞伎座公演を引き受けるようになるのはこの二年後である。（なおこのとき、お岩とお袖の二役を藤間紫、直助権兵衛を前進座の中村梅之助が演じている。前進座は二年前に劇団創立以来のリーダー的存在だった河原崎長十郎を除名して新方針を打ち出し、積極的に外部出演を計るようになっていたが、大歌舞伎の俳優とのこうした形での共演は極めて珍しい例と言える。）

前後するが、七月初旬の五日間、芸術座で木の芽会第十回公演が行われ、染五郎の与兵衛、吉右衛門の濡髪で『双蝶々曲輪日記』を相撲場・米屋・難波裏・引窓と出した。吉右衛門が襲名以降めきめき歌舞伎味を備えるようになった一方、染五郎の歌舞伎を演じる機会の少なさが云々されるようになったのもこの頃からだった。

五たび丸山明宏

十月の東横は一日から二十五日間、丸山明宏『黒蜥蜴』の再演だった。同工異曲の趣向、訛りの強いセリフなど、マンネリズムが囁かれはじめていたが、豪奢な西洋の貴婦人の衣裳を見事に着こなして見せる「現代の女形」への女性客の関心は衰えることがなかった。

三代目左團次の死と十代目海老蔵襲名

同じ十月の四日、三代目左團次目が亡くなった。九代目團十郎生前に入門し、幼心にせよ九代目の舞台の記憶を持つ最後の世代が、ひとりまたひとりと欠けてゆく、というのがちょうど東横歌舞伎の時代と重なり合っていたわけだが、になった。

團之助、二代目猿之助に続く左團次の死で、九代目直門の俳優は、升蔵から改名した利根川金十郎ひとりということ

『演劇界』で特集した故人を知る人々の追悼の言を読むと、十三代目勘弥以来の二枚目、とその生涯を締め括る評価として幾人もの言に見えるのが興味深い。江戸風の二枚目に幾流れかの系譜があるとすると、十四代目勘弥は十五世羽左衛門に私淑したために、『髪結新三』の忠七など、十三代目勘弥から三代目左團次という系譜は左團次を以て終り、現代の歌舞伎に伝えられていないことになる。「君には何もしてあげられなかったね」と、見舞いに来た十四代目勘弥に、病床の左團次が言ったというが、その勘弥の芸統も途絶えてしまった今となっては、この話は高等数学のような難しい問題となってしまった。三代目左團次は、東横歌舞伎を語る上で逸することの出来ないひとりである。

十一月は新之助改め十代目海老蔵襲名が歌舞伎座で行われた。四年後の菊五郎襲名へとつながるこの時期に、襲名は歌舞伎界に留まらず社会的な関心を呼ぶ一大イベントとしての色合いを強めてゆくことになる。社会一般の高度経済成長と相俟って、歌舞伎はリッチなイメージの古典として受け止められるようになってゆく。

十二月『ヘアー』上演

十二月、東横劇場はラブ・ロック・ミュージカルとサブタイトルのついた『ヘアー』を上演した。ベトナム戦争さなかに生まれたヒッピーによる反戦劇という、いわゆる「七〇年代」の申し子のような演目といい、日程をあらかじめ決めないロングラン方式といい、劇場史に新たなページを開いたわけだが、とはいえ、オーデイションによって選ばれた日本人俳優がヒッピーを演じるという和製ミュージカルのスタイルであることに変りはなかった。十二月五日初日で、翌年二月末まで三ヵ月に及ぶロングランとなった。当時の『演劇界』のゴシップ欄に、初日には三笠宮殿下

等が観劇、終幕に地下から出火、煙が舞台に充満、非常ベルが鳴る騒ぎになったが、殿下はこれも芝居の内と思われたとか、という豆記事が載っている。ボヤ騒ぎはともかく、こうした名士の観劇もあるなど、社会的なニュースであったことは間違いない。

歌舞伎界とも、前年のサンフランシスコ公演の折、隣りの劇場で『ヘアー』が初演されるという巡り合わせがあり、当時流行の長髪をなびかせていた菊之助や辰之助が現地のヒッピーたちと交歓したり、『熊谷陣屋』が反戦劇として共感されたといった風聞も伝わっていた。『ヘアー』の出演者が歌舞伎座の楽屋に梅幸を訪問、歓談したというニュースがゴシップ欄に載ったりした。こうして社会的にも容認された中でのせっかくの大ヒットだったが、東京公演打上げ後、麻薬パーティを開いたという廉で警察沙汰となり、三月四月に予定されていた関西公演が中止になるというおまけがついて終わった。

(5)昭和四十五年(一九七〇)

六月『あしたのジョー』上演

『ヘアー』のロングランで年を越した東横劇場だが、実は余命あと一年ということになる東横歌舞伎の公演は十二月まで待たなければならない。六月には、「爆発的人気マンガいよいよ舞台化決定!」という触れ込みで、高森朝雄・ちばてつや原作、土橋成男・馬場均脚色、藤井謙一演出による『あしたのジョー』が登場した。力石徹役の亀石征一郎はテレビの人気者だったが、矢吹丈役の石橋正次は新国劇の研究生からの抜擢、他の役々も新国劇勢で固めていた。三方に設けたスクリーンで映像を使い、シュプレヒコール、客席から登場する語り手、トランペットの名手日野皓正クインテットの音楽など新たな可能性を探る試みもさまざまになされ、劇評も概ね好評だったが、観客動員は期待に応えるものではなかった。

青年歌舞伎祭・木の芽会十周年・チビッ子歌舞伎・第五回春秋会

歌舞伎界のささやかだが新しい勢力として、三月の国立劇場で、片岡三兄弟に段四郎が中心になるという公演があった。前年夏の「青年歌舞伎祭」での好成績が買われてのことと言われた。初めに、鑑賞教室での解説が好評の秀公の「歌舞伎のはなし」、宇野信夫脚色・演出による『女殺油地獄』に『勧進帳』という演目で、『油地獄』は孝夫の与兵衛に大谷ひと江のお吉に仁左衛門が父の徳兵衛で特別出演、母のお沢に愛之助、妹のおかちに秀太郎、『勧進帳』は段四郎の弁慶、秀公の富樫、秀太郎の義経という配役で相当の成績で話題となった。十余年前、話題を撒いて歌舞伎界入りした学士俳優中、ただひとり歌舞伎俳優として全うすることになったひと江にとって、『油地獄』のお吉はその存在を知らしめた記念碑となる佳作であり、翌年の嵐徳三郎襲名につながることになる。

七月には、同じ国立小劇場で木の芽会の十周年記念公演が行われた。染五郎の平右衛門に幸四郎が大星役で特別出演する『忠臣蔵』七段目に、吉右衛門の弁慶、染五郎の富樫、錦吾の義経で『勧進帳』だったが、一家一門が東宝に移籍した年から始まったこの会が十周年を迎えたところに感慨があった。同世代の若手の中で、この兄弟は東横歌舞伎とはついに無縁のままで終ることになる。

毎夏の恒例になった国立劇場の青年歌舞伎祭はこの年も海老蔵を中心とする荒磯会や東宝劇団若手歌舞伎研究会など、熱心な参加があったが、その中でも播磨屋の一門を中心にした最年少組の「杉の子会」が「チビッ子歌舞伎」と呼ばれて人気を博し、マスコミも取材に来る名物になっていた。この年は歌舞伎座で開催したが勘九郎のお三輪、梅枝の求女、芝雀の橘姫の『妹背山道行』は、翌年三月、歌舞伎座の本公演の出し物となった。よくできたのでご褒美というわけだった。今日の目から見ると、この世代までがこの時点で顔を揃えはじめていたことがわかる。

九月にはまたも猿之助が第五回の春秋会を今度は歌舞伎座で開催、『傾城反魂香』を通し上演、自身は狩野四郎二郎と浮世又平の二役を演じた他、竹之丞、田之助、精四郎、段四郎、八百蔵、半四郎らが協力、併せて自作の狂言舞踊『博奕十王』という演目だった。通しといっても、「吃又」で知られる「土佐将監閑居」を中心にした近松の原作の上の巻だけの復活で、どちらも近年になって現・猿之助等によって再演されている。種子はこの頃に蒔かれていたのだった。

海老・玉コンビ、『ラマンチャの男』ブロードウェイ凱旋公演

同じ九月、歌舞伎座公演でひとつの大きな出来事があった。「海老玉」コンビの出現である。この月の歌舞伎座は勘弥を上置きに中堅と花形を主体にした座組みで、真山青果二十三回忌に当っていたことから、勘弥が珍しい『新門辰五郎』を出したり、竹之丞と猿之助で『江戸城総攻め』の中から普段上演されない場面をつないで『麟太郎と吉之助』と題して出したり、その他にも竹之丞の忠信に猿之助の静で『吉野山』を踊るなど、ユニークな企画で印象に残る成果を挙げたが、その中で、昼の部の切りの『鳥辺山心中』と夜の部第一の『鳴神』に人気と話題が集中した。立役と若女形のそれぞれ人気随一でありながらそれまで共演の機会のなかった海老蔵と玉三郎をコンビとして売り出そうという狙いが的中した結果だった。玉三郎に「二十歳の立女形」というキャッチコピーがつけられ、日曜日の銀座通りで歩行者天国が始まったのはこの年の夏のことだったが、銀座三越前に歌舞伎座の茶店が出現、海老蔵と玉三郎が稽古の合間を縫ってＰＲにつとめるといった記事が載ったり、テレビの人気クイズ番組に「エビタマ」が出題されたりした。「孝玉」の前に「海老玉」があったのである。

同じ九月、「市川染五郎ブロードウェイ凱旋公演」と銘打った『ラ・マンチャの男』が日生劇場で一ヵ月興行を行なった。この年から日生劇場が自主制作を中止した結果、東宝が日生で持つ第一回の興行でもあった。サンチョ＝小鹿敦、

アルドンサ＝草笛光子、宿屋の亭主＝小沢栄太郎といった脇の配役は前年の初演以来だったが、ブロードウェイでの実績を踏まえた染五郎の舞台には大きな評価が与えられた。これもまた、今日へとつながるひとつのエポックであったといえる。同じ九月、帝劇の初代吉右衛門の十七回忌追善興行で、吉右衛門が『熊谷陣屋』を初演していることも併せると、この時期こそ、現代の第一線に立つ面々がそれぞれに、自立の季節に向かっていたことが知れる。

十月　喜劇『女沢正・あほんだれ一代』

十月の東横劇場は、またまた新たな企画が登場する。福田善之作・演出、清川虹子、曾我廼家明蝶、金子信雄ほかの顔ぶれによる『女沢正・あほんだれ一代』というもので「喜劇」と角書きがついていた。新国劇を創立した沢正こと沢田正二郎になぞらえて女沢正と呼ばれたという、実在の地方回りの女傑俳優の一代記を気鋭の新劇作者福田善之が書いた。この一年余、東横劇場が新機軸を求めてさまざまな試みをしたその一環だった。

戦後歌舞伎爛熟時代

三島由紀夫が市ヶ谷の自衛隊本部に数名の親衛隊と共に乗り込み、隊員たちを前にバルコニーから演説をしたのちに割腹、自死を計るという事件が起こった十一月、歌舞伎座では松竹七十五周年を祝う大一座の興行が行われていた。これほどの大一座は、この時点で、空前のことだったと思われる。戦後歌舞伎の爛熟の時代の始まる、ひとつの大きなエポックであったと言える。

第一世代という言葉が、戦後という時代を背負いながら大きくなって今や揺るぎのない大家となり遂せた面々を指して言われるようになった。劇評でも、戦前の大立者たちと比較しての芸評が専らだった時代から、彼らが築いてきた「戦後歌舞伎」を受け容れた上での批評へと重心を移すようになったのは、当然そうあるべきであったろう。時代は今や、その第一世代の子供たちの世代が、人気と観客動員の上で主力となる時代になっていた。一方、この十二月で開場十六年を迎える東横歌舞伎の主力であった世代は、芸の上ではその間隙を埋める者として期待されつつ、現実には、彼らが主力となって観客を動員する場は先細りしようとしていた。彼等を指して「谷間の世代」という言葉が囁かれるようになっていた。そうした中で、東横歌舞伎はその役割を終えることになる。まさしく、十六年はひと昔というべきだが、最後の二ヵ月、二回の興行を受け持ったのは彼等の世代だった。

十二月　一回だけの東横歌舞伎：四人組＋玉三郎の『仮名手本忠臣蔵』

その十二月、一年半ぶりに開かれた東横劇場の歌舞伎公演は、竹之丞・訥升・田之助に猿之助も加え久しぶりに四人が揃っての『仮名手本忠臣蔵』の通しだったが、中に一枚、彗星のように現われ、輝きを増しつつあった玉三郎が参加していたところに、新たな光景が広がっていた。そしてこの玉三郎が、ある意味で、この興行を攫うのである。

竹之丞が大星に若狭助に一文字屋お才、猿之助が師直、勘平に平右衛門、訥升が顔世に六・七段目のおかる、田之助が判官に千崎、それに八段目の戸無瀬という中に、玉三郎は二つの道行でおかると小浪をつとめた。まさしく時分の花の莟を開いた刹那という初々しさにちょっぴり自信の加わった舞台ぶりが、先輩たちの芸の光をその眩いばかりの輝きで蔽ってしまったのも無理からぬところであったろう。芸を競い合って負けたわけではない以上、先輩たちが面目を失ったわけでは決してない。しかしこの時分の花を咲き匂わせる勢いが、人気と観客動員という容赦のない現実と直結していたのも亦、やむを得ぬところだった。訥升の「七段目」のおかるなど、紀伊國屋風の古風な味わいを見せて、当代の歌舞伎に稀なすぐれたものであったが、それとこれとはまた別の話なのだった。「道行」で長身の玉三郎と並んで立つとき、勘平の猿之助が懸命に爪先立ちしていたのもほほえましくも懐かしい想い出である。

その他の主な配役は吉五郎が直義に石堂、段四郎が薬師寺に「道行」の伴内に定九郎、「八段目」の奴、友右衛門が四・七段目の力弥、ベテランの脇役では九蔵が九太夫、段猿が三・七段目の伴内、猿三郎が本蔵と言った中に、福之助のおかやが傑出していた。

戦前には主に小芝居で活躍し、戦後大歌舞伎に復帰してその実力を次第に認識させてきた文字通りの古強者だが、この時期までの脇役の中には、福之助と同じような経歴を持った存在が少なからずあったことも、歴史の記述から省いてしまってはいけないだろう。戦後唯一の小芝居として活動を続けてきたかたばみ座が、この少し前、活動の拠点を失って活動を終了した後、役者人生の最後の場所として大歌舞伎に入ってきた人達もあった。この公演には出演していないが、市川門三郎改め白蔵、坂東竹若などといった人達である。

（6）昭和四十六年（一九七一）

東横歌舞伎の終焉、雀右衛門と猿之助で幕引き

明けて昭和四十六年の一月、東横劇場は「初春歌舞伎公演」という何気ないタイトルで蓋を開けた。筋書巻頭のグラビアでは、雀右衛門、猿之助、田之助の三人の一頁全面の顔写真にはさまれて、孝夫と玉三郎の顔が縦に仕切ってページを二分している。最初のページを飾る年頭の挨拶は、当時演劇担当の常務取締役だった永山雅啓で、「歌舞伎座と並んで東横劇場で初春の歌舞伎公演を行うことは松竹演劇部にとって大いなる誇りであります」と語り出して、今回を以てお終いと言った文言はまったく見当たらない。

昼の部が雀右衛門の八重垣姫、猿之助の勝頼、田之助の濡衣で『廿四孝』の「十種香・狐火」、猿之助の佐吉、孝夫の相政、雀右衛門のお八重、田之助のお新などで『荒川の佐吉』、猿之助の山蔭右京、田之助の玉ノ井、段四郎の太郎冠者で『身替座禅』、夜が玉三郎の初花、田之助の勝五郎、孝夫の滝口上野と筆助の二役で『箱根霊験躄仇討』、舞踊二題の上が猿之助の『独楽』、下が雀右衛門の『英執着獅子』、雀右衛門のおさん、猿之助の茂兵衛、玉三郎のお

(5−7) 昭和 46 年１月「本朝廿四孝」
勝頼：③猿之助　八重垣姫：④雀右衛門　濡衣：⑥田之助

玉で川口松太郎作『おさん茂兵衛』というプログラムで、マスコミは雀右衛門・猿之助奮闘公演と書いた。

雀右衛門が「狐火」の八重垣姫を京屋の型という触れ込みで人形振りで演じたのは、ひとつの主張であったろう。この後、八十歳を超えてもなお演じ続けた八重垣姫だが、人形振りはこの時限りだったか。『おさん茂兵衛』のおさんの恋の逃避行も雀右衛門ならではの濃艶な世界をつくり出していた。雀右衛門の歩んだ長い女形の道のどの時期にも、かけがえのない独自の世界があったと私は考える者だが、いわば中期ともいえる東横歌舞伎の時代の雀右衛門を、晩年の超絶した境地とまた別に、忘れがたく思い出す。

猿之助の『荒川の佐吉』も、自身の境涯を主人公に仮託したかのような意気込みが面白く、この時期の猿之助を語る上で見逃せない佳作であろうし、『甓仇討』で示した田之助の古風な味も玉三郎のナルシスティックな被虐美も、それぞれの「時」の輝きを放つものだった。こうして、さまざまな可能性を残しながら、東横歌舞伎は幕を閉じることになるのだが、しかしこの時

(5−8) 昭和46年1月「箱根霊験躄仇討」
飯沼勝五郎：⑥田之助　滝口上野：片岡孝夫　女房初花：⑤玉三郎

点ではまだその終焉は既定の事実ではなかった。

東横劇場はこの後、二月には松竹現代劇第二回公演として。大佛次郎原作・川口松太郎脚本・今日出海演出の『帰郷』を芦田伸介、扇千景、加賀まりこといった顔ぶれで上演している。松竹現代劇とは、十二月に日生劇場で第一回公演として阿川弘之原案・遠藤周作脚本・芥川比呂志演出『日本の騎士―海軍中佐広瀬武夫』をやはり芦田伸介主演、岡田茉利子、池部良といった顔ぶれで上演、好評を得ていた。松竹としても、東横劇場をいかに活用するか、試行を続けていたことが窺える。

『演劇界』昭和四十六年新年号の国立劇場の理事長と松竹の演劇担当常務に「抱負をきく」という記事に、永山常務は、今年度は歌舞伎座九ヵ月、東横劇場も一月のあと二月は芦田伸介の『帰郷』、少し休んで十二月、翌年正月にも歌舞伎の予定ですと答えているが、結局、その十二月の東横劇場公演は丸山明宏の『双頭の鷲』であり、その後も歌舞伎がかかることは遂になかった。つまり東横歌舞伎は、終焉を迎えたのではなく、種々の事情の中に立ち消えたのである。

劇場としての東横劇場は、多彩なジャンルの上質の舞台を提供する場として、昭和六十年に閉場するまで、東横落語会や新劇の公演など、当初からこの劇場を本拠地としたさまざまな公演はこの後も永く続けられる。歌舞伎も、この年五月には前進座の公演が行われ、その後しばらく恒例となる。扇雀が武智鉄二の演出で『小栗判官車街道』を大阪朝日座で旗挙げし、東上して東横の舞台に掛け武智歌舞伎の再来との評価を受けたこともある。しかしこれらは、これまで跡を辿ってきた「東横歌舞伎」とはおのずから別に扱うべきものだろう。

まだ「戦後」であった昭和二十年代の綴じ目に始まり、「七〇年代」とある意味を籠めて語られるひとつの時代のとば口まで、東横歌舞伎の生き続けた十六年という歳月は、こうして振り返ってみると、決して短くない「ひと昔」であったことは間違いない。

昭和46年（1971）1月〈東横歌舞伎〉最終公演のパンフレット表紙（絵：守屋多々志）

東横ホール（東横劇場）歌舞伎上演年表

◆昭和29年（1954）

[1] 新館増築記念 松竹・東横提携第一回公演
猿之助劇団・菊五郎劇団若手歌舞伎初興行
（12月7日～22日）

〈昼の部〉（午前11時半開演）
『神霊矢口渡』お舟（芦燕）、頓兵衛（八百蔵）、六蔵（半四郎）、義峰（田之助）、うてな（源之助）
『男女道成寺』花子（松蔦）、狂言師・押戻し（半四郎）
『野崎村』お光（橋蔵）、久作（菊十郎）、久松（菊蔵）、お染（松蔦）、おつね（鐵之助）
『小栗栖の長兵衛』長兵衛（八百蔵）、父親（左文字）、妹（菊蔵）、壻（源之助）、僧（愛之助）、馬子（半四郎）、巫女（松蔦）、堀尾茂助（田之助）
〈夜の部〉（午後4時半開演）
『十種香』勝頼（田之助）、八重垣姫（源之助）、濡衣（秀調）、謙信（左文次）、蜂須賀・原（半四郎・橋蔵）
『棒しばり』太郎冠者（橋蔵）、次郎冠者（光伸）、松兵衛（菊蔵）
『心中万年草』久米之助（半四郎）、さつ（芦燕）、お梅（松蔦）
『弁天娘女男白浪』弁天小僧（半四郎）、南郷（八百蔵）、駄右衛門（田之助）、忠信（光伸）、赤星（松蔦）、浜松屋（愛之助）

◆昭和30年（1955）

＊提携第2回　新派初春興行（1月13日～25日）

[2] 提携第3回　竹田出雲二百年記念上演　若手歌舞伎特別興行　通し狂言『仮名手本忠臣蔵』（2月6日～27日）

〈第一部〉
鶴岡社頭兜改め・桃井館松切り・足利館表門文使い・松の間刃傷・裏門駆け付け・塩冶館切腹・表門
〈第二部〉
山崎街道鉄砲渡し・二つ玉・勘平腹切・祇園一力・道行旅路嫁入・高家討入り
大星・戸無瀬（勘弥）、師直・石堂（八百蔵）、判官（芝雀）、若狭助・勘平（半四郎）、直義（春猿）、顔世・三段目おかる（松蔦）、七段目おかる（源之助）、定九郎・平右衛門・小林平八郎（高砂屋福助）、本蔵・おかや（愛

之助）

＊提携第4回　市川少女歌舞伎　（3月6日〜25日）

3 提携第5回　若手歌舞伎四月特別興行　（4月5日〜25日）

〈第一部〉

『ひらかな盛衰記 先陣問答』源太（勘弥）、千鳥（又五郎）、平次（八百蔵）、延寿（芝鶴）

『真如』（額田六福作）数馬（又五郎）、弥次郎（半四郎）母（芝鶴）

『源氏店』与三郎（半四郎）、お富（松蔦）、蝙蝠安（八百蔵）、藤八（左文次）、多左衛門（高砂屋福助）

『素襖落』太郎冠者（段四郎）、姫御寮（源之助）、大名某（猿三郎）、次郎冠者（愛之助）

〈第二部〉

『心中浪華春雨』赤格子九郎右衛門（八百蔵）、弟子六三郎（半四郎）、お園（松蔦）

『酒屋』三勝・お園（芦燕）、半七（源之助）、宗岸（團之助）、半兵衛（愛之助）

『勧進帳』弁慶（段四郎）、富樫（勘弥）、義経（半四郎）常陸坊（高助）

『封印切』忠兵衛（勘弥）梅川（松蔦）、八右衛門（高砂屋福助）、おえん（芦燕）、治右衛門（段四郎）

＊提携第6回　躍進新派東横公演　（6月4日〜23日）

4 提携第7回　尾上菊五郎劇団若手歌舞伎　（7月5日〜24日）

〈第一部〉

『伊勢音頭』相の山から二見ケ浦・大々講・油屋（渋谷芸妓連中賛助出演）　貢（権三郎）、お紺（橋蔵）、林平・お鹿（光伸改め八十助）、万次郎（由次郎）、万野（梅花）

『鏡獅子』弥生・獅子の精（福助）、羽三郎・福之助、薪蔵・多賀蔵

〈第二部〉

『川連法眼館』忠信（八十助）、義経（権三郎）、静（橋蔵）、川連法眼（飛鶴）、飛鳥（羽三郎）、亀井（秀公）、駿河（大輔）

『藤娘』福助

『野晒悟助』悟助（権三郎）、浮世戸平（八十助）、提婆仁三（市蔵）、小田井（由次郎）、六字南無右衛門（小伝次）、詫助（菊十郎）、おしず（橋蔵）

＊第一回「東横子供かぶき教室」（7月17日）
『義経千本桜・川連法眼館』
市川海老蔵

5 提携第8回 納涼名作八月興行
尾上菊五郎劇団若手歌舞伎（8月6日〜27日）
監修 市川左團次、尾上梅幸、尾上松緑、坂東彦三郎、

〈第一部〉
『実盛物語』竹本鏡太夫出演 実盛（権三郎）、瀬尾（市蔵）、小万（橋蔵）、葵御前（由次郎）、九郎助（飛鶴）、小よし（羽三郎）、太郎吉（緑也）
『夏祭浪花鑑』團七（八十助）、徳兵衛（権三郎）、三婦（市蔵）、お辰（橋蔵）、お梶（梅花）琴浦（由次郎）、磯之丞（秀公）、義平次（菊十郎）
『京鹿子娘道成寺』花子（福助）、所化（大輔、秀公、由次郎、亀之助、太郎、高麗蔵）
〈第二部〉
『慶安太平記 堀端』丸橋忠弥（市蔵）、伊豆守（権三郎）、藤四郎（飛鶴）
『廿四孝』十種香・奥庭 八重垣姫（福助）、濡衣（梅花）、勝頼（権三郎）、謙信（市蔵）、白須賀（由次郎）、小文治（大輔）
『太刀盗人』摺盗（八十助）、目代（市蔵）、従者（秀公）、田舎者（橋蔵）
『小猿七之助』七之助（権三郎）、滝川（橋蔵）、七五郎（小伝次）、与四郎（八十助）、助平（薪蔵）、お坊吉三（市蔵）、お杉（女之助）

6 提携第9回 九月興行合同大歌舞伎（9月4日〜25日）

〈第一部〉
『弁慶上使』弁慶（高砂屋福助）、おわさ（源之助）、しのぶ（福芝）、侍従太郎（愛之助）、花ノ井（鐵之助）
『心中天網島』紙治内 治兵衛（勘弥）、小春・おはん（我童）、孫右衛門（愛之助）、五左衛門（左文字）、太兵衛（宗弥）
上『雨の五郎』八百蔵 下『大原女・国入奴』半四郎
『魚屋宗五郎』弁天堂より磯部邸奥庭 宗五郎（勘弥）、お蔦・おはま（松蔦）、浦戸十左衛門（八百蔵）、主計之助（半四郎）、太兵衛（左文次）、三吉（宗弥）、おなぎ（我童）
〈第二部〉

『菊畑』鬼一（荒次郎）、虎蔵（半四郎）、智恵内（八百蔵）、皆鶴姫（松蔦）、湛海（升太郎）
『樽屋おせん』おせん（我童）、伊助（段四郎）、長左衛門（八百蔵）、おさが（源之助）
『連獅子』段四郎、團子、猿三郎・升太郎
『鳥辺山心中』半九郎（半四郎）、お染（松蔦）、市之助（猿三郎）、源三郎（升太郎）、与兵衛（愛之助）

7 提携第10回　菊五郎劇団若手歌舞伎（10月6日～27日）

〈第一部〉
『鼓の里』（榎本虎彦作）市蔵、橋蔵、八十助、権三郎、秀調、菊蔵
『鎌倉三代記』高綱（市蔵）、時姫（橋蔵）、三浦之助（菊蔵）、富田六郎（大輔）、おくる（福之助）、母（鐵之助）
『お夏狂乱』お夏（福助）、馬士（市蔵）、巡礼（愛之助・鐵之助）
『色比丘尼』（岡本綺堂作）芝鶴、市蔵、源之助、愛之助、田之助
〈第二部〉
『鏡山旧錦絵』お初（権三郎）、岩藤（芝鶴）、尾上（源之助）、弾正・伊達平（田之助）、
『戻駕』次郎作（権三郎）、与四郎（芝鶴）、禿たより（由次郎）
『三人吉三』和尚（権三郎）、お嬢（橋蔵）、お坊（八十助）、おとせ（由次郎）、十三郎（秀公）、伝吉（愛之助）

8 提携第11回　市川猿之助劇団・中村吉右衛門劇団合同歌舞伎（11月7日～26日）

〈昼の部〉
『菅原伝授手習鑑』「車引」松王丸（又五郎）、梅王丸（高麗蔵）、桜丸（家橘）、時平（九蔵）／「賀の祝」桜丸（又五郎）、八重（訥升）、松王丸（家橘）、福芝（千代）、梅王丸（高麗蔵）、春（万之丞）、白太夫（團之助）
『鳴神』鳴神（段四郎）、絶間姫（我童）、白雲坊・黒雲坊（升太郎・半蔵）
『茶壷』熊鷹太郎（又五郎）、胡麻六（高麗蔵）、目代（吉十郎）
『卅三間堂棟由来』お柳（松蔦）、平太郎（半四郎）、母お常（鐵之助）、蔵人（高麗蔵）
〈夜の部〉
『守宮酒』新洞左衛門（團蔵）、夕しで（訥升）、女之助（半

四郎）、監物太郎（猿三郎）、橋立（又五郎）
『園誂六三懸』六三（半四郎）、おその（松蔦）、おしま（鐵之助）
『橋弁慶』弁慶（段四郎）、牛若丸（團子）、従者（春猿）
『巷説灸点斬』（松田伊之助作）段四郎、松蔦、半四郎、高助、田之助

⑨ 提携第12回　若手歌舞伎一周年記念特別興行　市川猿之助劇団・中村吉右衛門劇団合同

（12月7日〜27日）

〈第一部〉
『絵本太功記』光秀（八百蔵）、十次郎（半四郎）、皐月（芝鶴）、初菊（時蝶）、久吉（團之助）、正清（宗弥）
『操三番叟』千歳（秀調）、三番叟（半四郎）
『寿曽我対面』工藤（高砂屋福助）、十郎（家橘）、五郎（半四郎）、虎（時蝶）、少将（吉之助）、舞鶴（源之助）、鬼王（高助）、梶原（左文次）
『双蝶々・角力場』濡髪（八百蔵）、放駒・与五郎（高麗蔵）、吾妻（万之丞）、茶亭（吉十郎）
『江島生島』生島（訥升）、江島（松蔦）、旅商人（九蔵）
〈第二部〉
『国姓爺合戦』和藤内（高砂屋福助）、甘輝（荒次郎）、錦祥女（訥升）、磯菜（秀調）
『壷坂霊験記』沢市（又五郎）、お里（松蔦）、観世音（猿弥）
『鷺娘』松蔦
『明烏』浦里（我童）、時次郎（高砂屋福助）、山名屋（左文次）、やり手おかや（愛之助）

◆昭和31年（1956）

⑩ 提携第13回　尾上菊五郎劇団若手歌舞伎

（2月7日〜26日）

〈第一部〉
『藤弥太物語』藤弥太（八十助）、義経（橋蔵）、しのぶ（由次郎）、磯禅尼（福之助）、静（菊蔵）
『三年寝太郎』（木下順二作・岡倉士郎演出）寝太郎（九朗右衛門）、ばあさま（飛鶴）、下の勘太（市蔵）、長者どん（鯉三郎）、娘（秀公）百姓（大輔、太郎、小伝次）
『素襖落』太郎冠者（左團次）、大名（九朗右衛門）、姫御寮（由次郎）、次郎冠者（菊蔵）、三郎吾（大輔）、鈍太郎（秀公）
『因果小僧』因果小僧（権三郎）、小兵衛（鯉三郎）、お

その（橋蔵）、七之助（八十助）、おさらば伝次（市蔵）、判人権次（小伝次）、かしくのおその（菊蔵）
〈第二部〉
『矢の根』五郎（九朗右衛門）、十郎（権三郎）、馬子（市蔵）、文太夫（八十助）
『名工柿右衛門』柿右衛門（左團次）、おつう（橋蔵）、おたね（由次郎）、栗作（九朗右衛門）
上『汐汲』橋蔵　下『供奴』八十助
『御所五郎蔵』五郎蔵（権三郎）、土右衛門（市蔵）、皐月（橋蔵）、逢州（由次郎）、

11 提携第14回　猿之助・吉右衛門劇団合同歌舞伎
（3月6日〜26日）
〈昼の部〉
『一条大蔵譚』大蔵卿（勘弥）、常磐（宗十郎）、鬼次郎（又五郎）、お京（九蔵）、鳴瀬（かしく）、勘解由（宗五郎）
『色彩間刈豆』与右衛門（高麗蔵）、かさね（又五郎）
『心中重井筒』（宇野信夫脚色・演出）徳兵衛（半四郎）、重井筒のお房（松蔦）
『八重桐廓噺』八重桐（松蔦）、坂田蔵人（八百蔵）、白菊（しほみ）、お歌（高助）

〈夜の部〉
『修禅寺物語』夜叉王（八百蔵）、頼家（又五郎）、桂（松蔦）、楓（時蝶）、春彦（宗弥）
『船弁慶』静・知盛（半四郎）、義経（訥升）、弁慶（福助）、舟長（中車）、舟人（高助・田之助）
『梶原平三誉石切』梶原（中車）、大庭（高砂屋福助）、俣野（吉十郎）、梢（松蔦）、六郎太夫（團之助）、呑助（左文次）、若平（半四郎）
『廓文章』伊左衛門（宗十郎）、夕霧（訥升）、吉田屋（田之助）、おきさ（源之助）

12 提携第15回　猿之助・吉右衛門劇団合同歌舞伎
（4月7日〜27日）
〈第一部〉
『引窓』与兵衛（中車）、濡髪（八百蔵）、お早（源之助）、お幸（鐵之助）
上『雨の五郎』家橘　下『藤娘』訥升
『俊寛』俊寛（中車）、成経（又五郎）、康頼（家橘）、丹左衛門（勘弥）、千鳥（訥升）、瀬尾（吉之丞）
『吉野山』忠信（勘弥）、静（又五郎）、藤太（宗弥）
〈第二部〉

『毛谷村』六助（段四郎）、お園（我童）、お幸（秀調）、京極内匠（高砂屋福助）、杣右衛門（八百蔵）

『吹雪峠』宇野信夫作・演出　直吉（又五郎）、おえん（訥升）、助蔵（家橘）

『茨木』茨木童子（勘弥）、綱（段四郎）、宇源太（家橘）

『後の梅川』大森痴雪作　梅川（我童）、八右衛門（高砂屋福助）、槌屋治右衛門（高助）

＊提携第16回　市川少女歌舞伎（5月4日～23日）

＊提携第17回　文楽座人形浄瑠璃引越興行

※吉田文五郎米寿襲名披露（6月7日～21日）

＊提携第18回　新派東横公演（6月4日～23日）

13 提携第19回　尾上菊五郎劇団若手歌舞伎

市川左團次参加（9月4日～24日）

〈第一部〉

『青砥稿花紅彩画』（長谷寺花見から稲村ヶ崎勢揃）弁天小僧（権三郎改メ権十郎）、南郷（八十助）、駄右衛門（市蔵）、赤星（菊蔵）、忠信・鳶（大輔）、幸兵衛・藤島典蔵（小伝次）、宗之助（秀公）、千寿姫（由次郎）

上『夕立』福助　下『保名』左團次

〈第二部〉

『怪異談牡丹灯篭』伴蔵・幸助（左團次）、お峰（多賀之丞）、新三郎・お国（福助）、平左衛門（小伝次）、志丈（鯉三郎）、お露（由次郎）、宮野辺源次郎（権十郎）、お米（梅花）、馬子久蔵（市蔵）

『神田祭』鳶（権十郎・八十助・菊蔵・市蔵）、手古舞（由次郎・秀公・亀之助）

＊提携第20回　市川少女歌舞伎（11月6日～26日）

＊提携第21回　文楽座人形浄瑠璃（12月5日～23日）

◆昭和32年（1957）

14 提携第22回　尾上菊五郎劇団若手歌舞伎（2月5日～25日）

〈第一部〉

『車引』松王丸（権十郎）、梅王丸（八十助）、桜丸（由次郎）、時平（市蔵）

『寺子屋』松王丸（権十郎）、源蔵（八十助）、千代（菊蔵）、戸浪（梅花）、玄蕃（市蔵）、涎くり（大輔）、錦の前（秀公）、小太郎（銀之助）

『色彩間刈豆』与右衛門（左團次）、かさね（福助）

『犬（結婚申込）』（チェーホフ作）地主（左團次）、イワン（福助）、娘（渡辺千世）
〈第二部〉
『義経千本桜 鳥居前』忠信（八十助）、静（秀公）、義経（菊蔵）、弁慶（大輔）、藤太（新七）
『義経千本桜 鮓屋』権太（権十郎）、お里（由次郎）、維盛（菊蔵）、景時（市蔵）、弥左衛門（小伝次）、母（福之助）
『近江のお兼』福助
『人情噺文七元結』長兵衛（左團次）、女房（多賀之丞）、お久（由次郎）、文七（八十助）、角海老女房（梅花）、藤助（市蔵）、和泉屋清兵衛（鯉三郎）、鳶頭（権十郎）、家主（薪蔵）

15 提携第23回　市川猿之助劇団三月特別興行

（3月5日～25日）

通し狂言『仮名手本忠臣蔵』
〈第一部〉兜改め・進物・刃傷・切腹・表門・道行
〈第二部〉鉄砲渡し・二つ玉・腹切・一力茶屋・討入り
大星・勘平（中車）、石堂・千崎（田之助）、師直・定九郎・不破（八百蔵）、おかる（松蔦）、判官・平右衛門・小林平八郎（段四郎）、顔世（我童）、若狭助・力弥（團子）、おかや（秀調）、お才（源之助）、伴内・薬師寺・めっぽう弥八（升太郎）、九太夫・源六・討入りの師直（左文次）

16 提携第24回　東横ホール特別四月大歌舞伎 市川猿之助・中村時蔵初出演大歌舞伎

（4月5日～25日）

〈第一部〉
『稲妻草紙』（初瀬寺・山三浪宅・鞘当）山三（宗十郎）、不破（田之助）、岩橋のちに葛城太夫・おくに（訥升）、茶屋女房（源之助）、奴鹿蔵（秀調）
『弥作の鎌腹』弥作（猿之助）、弥五郎（勘弥）、おかよ（芝鶴）、吉之丞（代官）
『御挨拶』猿之助
『おさん茂兵衛 破れ暦』茂兵衛（勘弥）、おさん（芝雀）、大経師（秀調）、おたま（訥升）
〈第二部〉
『盛綱陣屋』盛綱（勘弥）、和田兵衛（八百蔵）、微妙（團之助）、早瀬（松蔦）、篝火（宗十郎）、時政（吉十郎）、信楽太郎（歌昇）、伊吹藤太（九蔵）、小四郎（加賀屋福之助）、小三郎（加賀屋橋之助）

『おさだの仇討』おさだ（時蔵）、八百蔵、秀調、松蔦、歌昇
『御挨拶』時蔵
『八島官女』官女（松蔦）、侍女（玉之介）

17 提携第25回　六月興行大歌舞伎　（6月2日～26日）

〈第一部〉
『裏表忠臣蔵』「宅兵衛上使」宅兵衛実は寺岡平右衛門（八百蔵）、お軽・顔世御前（松蔦）、左官平六実は小林平内（宗弥）、下女りん（春猿）
『雪の宿場町』姉お柳（時蔵）、京太郎（歌昇）、お蝶（芝雀）、鷹取屋丈右衛門（左文次）
『伊勢音頭』福岡貢（時蔵）、お紺（芝雀）、万野（八百蔵）、岩次実は藍玉屋北六（高助）、藍玉屋実は岩次（愛之助）、喜助（段四郎）、お鹿（秀調）
『操り三番叟』段四郎（三番叟）、翁（田之助）、千歳（源之助）

〈第二部〉
『十五夜物語』浦部友次郎（時蔵）、妻お波（我童）、妹お篠（芝雀）、家主作兵衛（荒次郎、3日目より秀調）
『碁太平記白石噺』しのぶ（松蔦）、宮城野（我童）、惣六（團蔵）、新造宮柴（愛之助）
『切られお富』お富（時蔵）、蝙蝠安蔵（八百蔵）、赤間源左衛門（荒次郎、三日目より左文次）、女房お滝（源之助）、井筒与三郎（田之助）、穂積幸十郎（歌昇）
『鏡獅子』弥生・獅子の精（松蔦）、家老（左文次）、老女（愛之助）

＊**提携第26回　新派野心七月興行**　（7月5日～25日）

＊**文学座・幸四郎参加　『明智光秀』**

（福田恒存作・演出／8月2日～28日）

幸四郎（明智光秀）、杉村春子（皐月・妖婆）、日塔智子（楓）、岸田今日子（桔梗）、芥川比呂志（織田信長）、又五郎（羽柴秀吉）、染五郎（森蘭丸）、萬之助（明智光慶・森力丸）、小池朝雄（明智治右衛門・安田作兵衛）、宮口精二（斉藤内蔵助）、丹阿弥谷津子（お能の方）、吉十郎（里村紹巴）、三津田健（小来栖長兵衛）、賀原夏子・荒木道子・南美江・田代信子・文野朋子・福田妙子（明智家の侍女）

18 提携第27回　市川左團次出演 尾上菊五郎劇団

（9月3日～23日）

〈第一部〉
『朝顔日記』駒沢（左團次）、深雪（福助）、岩代（鯉三郎）、関助（市蔵）、徳右衛門（飛鶴）
『鷺娘』福助
『父子鷹』勝小吉（左團次）、お信（福助）、男谷平蔵（小伝次）、彦四郎（権十郎）、利平次（鯉三郎）、仕立屋弁次（八十助）、麟太郎（銀之助）、男谷精一郎（男寅）
〈第二部〉
『蘭平物狂』蘭平（八十助）、繁蔵（銀之助）、在原行平（権十郎）、大江音人（市蔵）、明石（梅花）、伴義澄（秀公）、水無瀬（由次郎）
『ベニスの商人』坪内逍遥訳　シャイロック（左團次）、ポーシャ（福助）、アントニオ（権十郎）、バッサニオ（市蔵）、ネリッサ（秀公）、グラシャーノ（薪蔵）、公爵（鯉三郎）
『黒手組助六』権九郎・助六（権十郎）、白玉（梅花）、牛若伝次（八十助）、揚巻（由次郎）、紀伊國屋文左衛門（小伝次）、鳥居新左衛門（市蔵）

＊提携第28回　市川少女歌舞伎（11月5日～25日）

19 提携第29回　開場三周年記念顔見世若手歌舞伎　中村吉右衛門劇団・市川猿之助劇団・尾上菊五郎劇団若手初合同　守田勘弥参加（12月4日～24日）

〈第一部〉
『十種香』八重垣姫（由次郎）、濡衣（小主水）、勝頼（高麗蔵）、謙信（市蔵）
『太刀盗人』九郎兵衛（八十助）、田舎者（由次郎）、目代（大輔）
『敵討襤褸錦』春藤治郎右衛門（勘弥）、高市（段四郎）、加村（市蔵）、新七（由次郎）
『お祭左七』左七（権十郎）、小糸（訥升）、三吉（八十助）、おてつ（愛之助）、倉田伴平（左文字）
〈第二部〉
『連獅子』親獅子（高麗蔵）、子獅子（八十助）、法華僧（菊蔵）、浄土僧（大輔）
『寺子屋』松王丸（勘弥）、源蔵（段四郎）、千代（我童）、戸浪（訥升）、春藤玄蕃（大輔）、園生の前（源之助）、小太郎（喜の字＝初舞台）
『勧進帳』弁慶（段四郎）、富樫（勘弥）、義経（團子）、常陸坊（愛之助）
『雪暮夜入谷畦道』直次郎（権十郎）、三千歳（訥升）、丑松（市蔵）、丈賀（飛鶴）、蕎麦屋（愛之助・鐵之助）

◆昭和33年（1958）

20 提携第30回　市川左團次舞台生活五十五年記念・松竹東横ホール提携30回目記念　尾上菊五郎劇団・市川左團次出演（2月4日～24日）

〈第一部〉

『天一坊大岡政談』天一坊（鶴之助）、山内伊賀亮（市蔵）、妻小佐美（梅花）、名主甚右衛門（鯉三郎）、大岡越前守（権十郎）、妻小沢（菊蔵）、下男久助・池田大助（八十助）、下女お霜（由次郎）

『二人道成寺』左團次、福助

〈第二部〉

『実録先代萩』浅岡（福助）、片倉小十郎（左團次）、水戸黄門（鯉三郎）、神並三左衛門（鶴之助）、朝比奈弥太郎（八十助）、松前鐵之助（権十郎）、亀千代（竹松）、千代松（銀之助）

『弁天娘女男白浪』弁天（左團次）、南郷・駄右衛門・鳶の者清次（権十郎・八十助・鶴之助一日替り）、赤星（菊蔵）、忠信（市蔵）、浜松屋（小伝次）、宗之助（由次郎）、番頭与九郎（多賀蔵）

所作事『雪月花』「雪の猩々」猩々（八十助・鶴之助）、酒売（権十郎）「三社祭」八十助、鶴之助「花の鞘当」不破（市蔵）、名古屋（菊蔵）、仲居（由次郎）

＊提携第31回　新国劇（3月5日～25日）

『大殺陣』『無法一代』『決闘高田馬場』

＊提携第32回　市川少女歌舞伎（4月4日～24日）

21 提携第33回　合同大歌舞伎

吉右衛門劇団、時蔵・簑助参加（6月6日～26日）

〈第一部〉

『鳴神』鳴神（簑助）、絶間姫（芝雀）、白雲・黒雲（愛之助・高麗五郎）

『一条大蔵譚』大蔵卿（時蔵）、鬼次郎（簑助）、常盤（芝雀）、お京（源之助）、勘解由（吉十郎）、鳴瀬（時蝶）、茶亭（愛之助）

『両国の秋』蛇つかいお絹（時蔵）、お君（芝雀）、仁科林之助（簑助）、お里（源之助）

〈第二部〉

『岸姫松轡鑑』おそよ（芝雀）、朝日奈（簑助）、与茂作（團蔵）、藤巻（宗十郎）

『末摘花』末摘花（芝雀）、光の君（時蔵）、惟光（家橘）、

侍従（源之助）
『夏姿女団七』お梶（時蔵）、おとら婆（團之助）、一寸お辰（宗十郎）、釣舟三婦（團蔵）、玉島磯之丞（九蔵）、梶間大九郎（高助）、番頭伝八（愛之助）、祭りの小若（米吉）

22 提携第34回　尾上菊五郎劇団・市川左團次出演
（7月4日～24日）

〈昼の部〉
序開き『鏡台山竜救奇談』「猿若町の昔を偲び古式にならう見立狂言・菊五郎劇団の大部屋俳優五日間替りで出演」
『夜討曽我』十郎（権十郎）、五郎（鶴之助）、景高（多賀蔵）、亀鶴（由次郎）、少将（女之助）、仁田四郎・団三郎（菊蔵）、五郎丸（福太郎）、鬼王（薪蔵）
上『杏花丹前』左團次　下『女伊達』福助
『真景累ケ淵』豊志賀（福助）、新吉（鶴之助）、勘蔵（左團次）、羽生屋（市蔵）、お久（由次郎）、さん蝶（多賀蔵）
〈夜の部〉
『鞍馬天狗』（大佛次郎作）鞍馬天狗（左團次）、権十郎、鶴之助、小伝次、菊蔵、市蔵
『幻お七』福助
『新皿屋敷月雨暈』宗五郎（鶴之助）、主計之助（権十郎）、お蔦（由次郎）、お浜・門三郎（菊蔵）、太兵衛（飛鶴）、浦戸十左衛門（市蔵）、おなぎ（梅花）、三吉（みどり）

23 提携第35回　九月興行大歌舞伎合同公演
勘弥・友右衛門出演
（9月4日～24日）

〈第一部〉
『箱根霊験躄仇討』勝五郎（訥升）、初花（松蔦）、滝口上野（高砂屋福助）、筆助（八百蔵）、母早蕨（鐵之助）
『藤十郎の恋』藤十郎（勘弥）、お梶（友右衛門）、霧浪千寿（源之助）
『鷺娘』友右衛門
『沓掛時次郎』時次郎（勘弥）、おきぬ（松蔦）、太郎吉（喜の字）
〈第二部〉
『操三番叟』翁（勘弥）、三番叟（團子）、千歳（家橘）
『野崎村』お光（訥升）、お染（松蔦）、久松（團子）、久作（八百蔵）、お常（秀調）
『残月記』（八木隆一郎作）　勘弥、友右衛門
『籠釣瓶花街酔醒』次郎左衛門（勘弥）、八ツ橋（友右衛門）、

栄之丞（訥升）、九重（松蔦）、治六（八百蔵）、立花屋（高砂屋福助）、女房おきつ（源之助）、釣鐘権八（九蔵）

24 提携第36回　顔見世若手歌舞伎　（12月2日～26日）

〈昼の部〉

『吃又』又兵衛（八十助）、お徳（菊蔵）、土佐将監（左文次）、北の方（鐵之助）、雅楽之助（秀公）

『男女道成寺』白拍子花子（松蔦）、狂言師左近・押戻し（鶴之助）

『松浦の太鼓』松浦鎮信（勘弥）、大高源吾（高麗蔵）、其角（八百蔵）、お縫（由次郎）

『島鵆月白浪』島蔵（権十郎）、千太（鶴之助）、野州徳（九蔵）、望月輝（勘弥）、磯右衛門（左文次）、お浜（秀公）、お仲（菊蔵）

〈夜の部〉

『菊畑』智恵内（権十郎）、虎蔵（訥升）、皆鶴姫（由次郎）、鬼一（八百蔵）、湛海（九蔵）

『息子』親父（勘弥）、金次郎（高麗蔵）、捕吏（八十助）

『六歌仙』業平（家橘）、喜撰（鶴之助）、小町（由次郎）、お梶（菊蔵）

『封印切・新口村』忠兵衛・孫右衛門（勘弥）、梅川（松蔦）、槌屋治右衛門（権十郎）、おえん（訥升）、八右衛門（高砂屋福助）

◆昭和34年（1959）

25 提携第37回　尾上菊五郎劇団若手歌舞伎　（2月5日～25日）

〈昼の部〉

『梶原平三誉石切』梶原（権十郎）、大庭（鯉三郎）、俣野（市蔵）、六郎太夫（飛鶴）、梢（由次郎）

『素襖落』太郎冠者（鶴之助）、大名某（菊蔵）、姫御寮（秀公）、次郎冠者（亀之助）、三郎吾（太郎）、鈍太郎（大輔）

『一本刀土俵入』駒形（九朗右衛門）、お蔦（福助）、辰三郎（権十郎）、儀十（市蔵）、根吉（鶴之助）、弥八（大輔）、清大工（鯉三郎）、老船頭（飛鶴）

〈夜の部〉

『番町皿屋敷』青山播磨（九朗右衛門）、お菊（福助）、奴権次（菊蔵）、後室真弓（梅花）、放駒（市蔵）、腰元お仙（由次郎）

『手習子』福助

『三人吉三』大川端より吉祥院まで　和尚吉三（権十郎）、

お嬢吉三（鶴之助）、お坊吉三（八十助）、土左衛門伝吉（薪蔵）、十三郎（菊蔵）、おとせ（由次郎）
『乗合船恵方万歳』万歳（鶴之助）、才造（八十助）、通人（権十郎）、大工（秀公）門礼者（男寅）、田舎侍（大輔）、白酒売（菊蔵）、女船頭（女之助）、芸者（由次郎）

＊提携第38回　市川少女歌舞伎　（3月4日～24日）

26 提携第39回　六月興行東横歌舞伎祭　（6月3日～20日）

〈第一部〉
『延命院日当』日当（鶴之助）、おころ（芝雀）、役僧柳全（八百蔵）、梅村（芝鶴）、後家おるい（門之助）、おさん（源之助）、紙屑買竹八（左文次）
『京鹿子娘道成寺』芝雀
『雪の渡り鳥』銀平（段四郎）、卯之吉（鶴之助）、お市（訥升）、五兵衛（八百蔵）

〈第二部〉
『金閣寺』大膳（段四郎）、雪姫（訥升）、東吉（権十郎）、狩野之介（團子）、慶寿院（秀調）、正清（猿三郎）、鬼藤太（升太郎）
『三人片輪』躄（段四郎）、盲人（芝鶴）、唖（團子）、船岡主馬（八百蔵）、太郎冠者（猿三郎）
『四谷怪談』（浪宅・隠亡堀）お岩・小平・与茂七（松蔦）、伊右衛門（権十郎）、おせん（訥升）、直助（八百蔵）、宅悦（左文次）、後家お弓（秀調）、乳母お槇（源之助）、お熊（鐵之助）
『廓文章』伊左衛門（訥升）、夕霧（松蔦）、喜左衛門（秀調）、おきさ（源之助）

※『松竹百年史』等の資料には提携第40回の公演記録は見当たらず、以下記載の提携回数については『松竹百年史』の記述に拠った。

＊提携第41回　大江美智子一座　（9月4日～25日）

27 提携第42回　東西人気若手歌舞伎　（10月7日～28日）

〈昼の部〉
『鏡山旧錦絵』尾上（鶴之助）、お初（友右衛門）、岩藤（延二郎）、剣沢弾正（八百蔵）、牛島主税（秀調）、庵崎求女（田之助）
『西鶴五人女』（渥美清太郎構成・藤間勘十郎振付）
第一景　お夏清十郎　お夏（友右衛門）、清十郎（延二郎）、乳母（澤村門之助）

第二景　お七吉三　八百屋お七（友右衛門）
第三景　樽屋おせん　おせん（友右衛門）、久七（延二郎）、小さん婆（秀調）
第四景　おさん茂右衛門　おさん（友右衛門）、茂右衛門（延二郎）、下女お玉（春猿）
第五景　おまん源五兵衛　おまん（友右衛門）、源五兵衛（延二郎）、三五兵衛（八百蔵）
『お国と五平』お国（友右衛門）、五平（鶴之助）、友之丞（延二郎）
『年増』訥升
〈夜の部〉
『常盤の曲』平田都作　常盤御前（訥升）、牛若丸（團子）、下男鬼三郎（八百蔵）
『十種香・奥庭』　勝頼（延二郎）、八重垣姫（友右衛門）、濡衣（訥升）、謙信（八百蔵）、白須賀六郎（團子）、原小文治（田之助）
『封印切・新口村』忠兵衛・孫右衛門（延二郎）、梅川（友右衛門）、おえん（訥升）、八右衛門（八百蔵）、治右衛門（秀調）

28 提携第43回　開場五周年記念
吉例顔見世若手歌舞伎　（12月3日～27日）

〈昼の部〉
『白浪五人男』（花見より勢揃いまで）弁天小僧（鶴之助）、駄右衛門（権十郎）、南郷（高麗蔵）、忠信（八十助）、赤星（由次郎）、千寿姫（千弥）、赤星頼母（秀調）、幸兵衛（愛之助）、宗之助（福太郎）、番頭与九郎（左文字）
『竜虎』高麗蔵、八十助
『芝浜の革財布』政五郎（勘弥）、おたつ（松蔦）、長屋連中（権十郎、鶴之助、高麗蔵、八十助）、家主（八百蔵）、娘（喜の字）、金貸し婆（源之助）
〈夜の部〉
『奥州安達原』袖萩（我童）、貞任（権十郎）、宗任（八十助）、義家（宗十郎）、直方（八百蔵）浜夕（福之助）、お君（喜の字）
『二人椀久』椀久（宗十郎）、松山（訥升）
『新門辰五郎』辰五郎・山井実久（勘弥）、秋葉屋お六（松蔦）、八重菊（訥升）、彦造（高麗蔵）、小鉄（権十郎）

◆昭和35年（1960）

29 提携第44回　初春若手歌舞伎　（1月5日～29日）

〈昼の部〉
『四季三番叟』翁（権十郎）、千歳（たか志）、附千歳（松蔦）、三番叟（高麗蔵）
『おとら狐・箱根の角太郎』真山青果作　馬子角太郎（段四郎）、藤姫実はお市（松蔦）、局おいそ（訥升）、八百蔵、源之助、秀調
『十六夜清心』清心（権十郎）、十六夜（松蔦）、白蓮（八百蔵）、求女（高麗蔵）
『連獅子』段四郎、團子
〈夜の部〉
『宮島だんまり』（たか志襲名口上）漣太夫（松蔦）、清盛（段四郎）、重盛（團子）、田之助、八百蔵、秀調、源之助、荒次郎、たか志
『浪華の春雨』赤格子九郎右衛門（段四郎）、六三郎（團子）、お園（松蔦）、大工親方庄蔵（八百蔵）
『橋弁慶』弁慶（段四郎）、牛若丸（松蔦）
『瞼の母』忠太郎（鶴之助）、おはま（芝鶴）、半次郎（團子）、母おむら（福之助）

30　提携第45回　第一回歌舞伎道場　尾上菊五郎劇団
市川左團次補導出演　（2月5日～26日）

〈昼の部〉
『赤西蛎太』（岡倉士郎追悼上演）蛎太（九朗右衛門）、小江（福助）、老女蝦夷菊（菊蔵）、腰元まさご（梅花）、銀鮫鱒次郎（鶴之助）、伊達兵部少輔（市蔵）、原田甲斐（権十郎）
『寿の門松』浄観（左團次）、与次郎（権十郎）、お菊（福助）、藤屋吾妻（由次郎）、治郎右衛門（鯉三郎）
『因果小僧』野晒小兵衛（鯉三郎）、因果小僧六之助（鶴之助）、七之助（菊蔵）、おその（由次郎）、おさらば伝次（八十助）、みてくれ権次（芦燕）
〈夜の部〉
『修禅寺物語』夜叉王（左團次）、桂（福助）、楓（由次郎）、春彦（八十助）、頼家（鶴之助）
『身替座禅』右京（鶴之助）、玉の井（八十助）、太郎冠者（権十郎）、侍女（滝之丞・扇禄）
『三つ面子守』福助
『侠客春雨傘』大口屋暁雨（権十郎）、釣鐘庄兵衛（八十助）、鉄心斎（市蔵）、傾城薄墨・葛城（由次郎・鶴之助）天野民部（小伝次）、天野靭負（秀公）

31　提携第46回　東西花形歌舞伎　（5月6日～28日）

〈昼の部〉
『切支丹屋敷』遊女朝妻（松蔦）、宣教師ヨハン（段四郎）、井上筑後守（八百蔵）、山下伊織（高麗蔵）、禿みつの（喜の字）
『吃又』又平（中車）、お徳（友右衛門）、雅楽之助（段四郎）、修理之介（高麗蔵）、土佐将監（八百蔵）
『春曙五彩画』友右衛門五変化（三番叟・女太夫・井筒姫の霊・童・女歌舞伎）
『小栗栖の長兵衛』長兵衛（段四郎）、馬子（八百蔵）、堀尾茂助（中車）、巫女小鈴（松蔦）
〈夜の部〉
『唐船物語』金井喜久子作　友右衛門、中車、段四郎
『高野物狂』高師四郎（團子）、花若丸（喜の字）
『怪談蚊喰鳥』辰之市・徳の市（中車）、常磐津菊次（友右衛門）、遊び人孝次郎（高麗蔵）
『蚤取男』段四郎、喜猿

＊提携第47回　東横喜劇まつり（6月3日～14日）

＊提携第48回　大江美智子一座（9月1日～23日）

32 提携第49回　芸術祭参加　錦秋大歌舞伎

東京大阪花形競演（10月4日～26日）

〈昼の部〉
『殺生石』藤間紫、延二郎、鶴之助、八百蔵、城太郎、璃珏、福之助
『鎌倉三代記』高綱（延二郎）、時姫（友右衛門）、三浦之助（鶴之助）、母長門（福之助）
『通夜物語』（花柳章太郎演技指導）友右衛門（丁山）、鶴之助（玉川清）、紫（お澄）、久世友房（松若）、妻順子（福之助）、操（城太郎）、重兵衛（璃珏）
〈夜の部〉（5時）
『箱根霊験躄仇討』延二郎（滝口）、時蔵（勝五郎）、友右衛門（初花）、璃珏（母早蕨）、奴筆助（八百蔵）
『春恨譜』宇野信夫作・演出　友右衛門、團子、米吉、松若、璃珏
『九十九折』お秀・山猫芸者雛勇（時蔵）、手代清七（延二郎）、木谷屋仙右衛門・八坂の力蔵（八百蔵）、手代久七（璃珏）

33 提携第50回　顔見世新鋭大歌舞伎（12月2日～25日）

〈昼の部〉
『関取千両幟』稲川（権十郎）、鉄ケ嶽（市蔵）、おとわ（松蔦）

『堀川波の鼓』お種（扇雀）、源右衛門（権十郎）、彦九郎（鶴之助）
『吉野山』静（友右衛門）、忠信（鶴之助）
『妖婦伝』お伝（友右衛門）、浪之助（扇雀）、市奴（鶴之助）、金貸し黒川（八百蔵）、彫物師（芝鶴）
〈夜の部〉
『源平乱絵巻』紫苑（松蔦）、清盛（権十郎）、頼朝（鶴之助）
『女暫』巴（友右衛門）、ウケ（権十郎）、女鯰（松蔦）、鯰（市蔵）、成田五郎（松若）、木曽義高（秀調）、後見（芝鶴）
『つきゆきはなし』谷崎潤一郎原作・久保田万太郎構成演出　お艶（扇雀）、新助（鶴之助）
『椀久末松山』久兵衛（扇雀）、松山（友右衛門）、番頭嘉右衛門（八百蔵）

◆昭和36年（1961）

34 **提携第51回　東横新春大歌舞伎**　（1月5日～28日）
〈昼の部〉
『子は鎹』大工熊五郎（権十郎）、女房お光（藤間紫）、倅金太（喜の字）
『野崎村』お光（友右衛門）、お染（扇雀）、久松（松蔦）、久作（高砂屋福助）、お常（秀調）
『名工柿右衛門』柿右衛門（仁左衛門）、権十郎（栗作）、姉娘お通（友右衛門）、妹娘お種（松蔦）、手代松蔵（孝夫）
『廓文章』伊左衛門（扇雀）、夕霧（友右衛門）、喜左衛門（福助）、おきさ（源之助）
〈夜の部〉
『難波の芦』宇野信夫作　左衛門（仁左衛門）、真弓（扇雀）、弓彦（孝夫）、摂津守（権十郎）、陰陽師（松若）
『実録先代萩』浅岡（友右衛門）、小十郎（仁左衛門）、亀千代（喜の字）、千代松（米吉）、松前鐵之助（高砂屋福助）
『あかね染』赤根屋半七（扇雀）、三勝（友右衛門）、おその（松蔦）、忠六（権十郎）

35 **提携第52回　東横二月實川延二郎・中村時蔵奮闘公演**　（2月2日～24日）
通し狂言『仮名手本忠臣蔵』
〈昼の部〉大序から六段目・浄瑠璃「道行旅路の花聟」五段目山崎海道二ツ玉の場で延二郎　与市兵衛・定九郎・勘平三役早替り
〈夜の部〉七段目・八段目「道行旅路の嫁入」（竹本）

『おちくぼ物語』宇野信夫作演出
〈仮名手本忠臣蔵〉師直・由良助・与市兵衛・定九郎・勘平（五役早替り・延二郎）、判官・おかる・戸無瀬（時蔵）、若狭助・道行伴内・千崎（半四郎）、平右衛門（八十助）、足利直義・奴早助（藤太郎）、顔世（由次郎）、力弥・小浪（加賀屋福之助）、進物場伴内・薬師寺・源六（吉十郎）、おオ（市川福之助）、原郷右衛門・おかや（霞仙）
〈おちくぼ物語〉姫（時蔵）、延二郎（左近の少将）、北の方（福之助）、衛門（万之丞）、阿漕（由次郎）、中納言（霞仙）、帯刀（半四郎）、兵部少輔（藤太郎）

36 提携第53回　歌舞伎四月公演

（4月5日〜28日）

藤間紫参加

〈昼の部〉
『春琴抄』春琴（友右衛門）、佐助（鶴之助）、美濃屋利太郎（半四郎）、佐助父左十郎（八百蔵）、天満屋久兵衛（九蔵）
『女殺油地獄』与兵衛（延二郎）、お吉（紫）、七左衛門（半四郎）、徳兵衛（八百蔵）、おさわ（秀調）、おかち（城太郎）、小栗八弥（鶴之助）
『供奴』鶴之助
〈夜の部〉
『ひとり狼』追分伊三蔵（延二郎）、由乃（友右衛門）、上松の孫八（半四郎）
『鷺娘』友右衛門
『宇都谷峠』十兵衛（延二郎）、文弥・仁三（鶴之助）、十兵衛女房おしず（菊蔵）

37 提携第54回　歌舞伎六月名作公演

（6月1日〜23日）

〈昼の部〉
『萩寺の仇討』珠（時蔵）、田崎伸太郎（延二郎）、遠藤喜一郎（九蔵）、弟喜四郎（半四郎）、長山右膳（秀調）
『夏祭浪花鑑』団七（延二郎）、徳兵衛（権十郎）、お辰（友右衛門）、お梶（松蔦）、三婦・義平次（八百蔵）、おつぎ（愛之助）、磯之丞（半四郎）、琴浦（城太郎）
『藤娘』友右衛門
〈夜の部〉
『摂州合邦辻』合邦（延二郎）、玉手（友右衛門）、俊徳丸（時蔵）、浅香姫（城太郎）、母おとく（愛之助）、奴入平（半四郎）

『海潮音』長谷川時雨作　狂女静江（時蔵）、鏡一（友右衛門）

『名月八幡祭』新助（延二郎）、美代吉（友右衛門）、魚惣（八百蔵）、三次（半四郎）

38 提携第55回　中村時蔵・坂東鶴之助奮闘七月公演

（7月5日～27日）

〈昼の部〉

『すしや』権太（鶴之助）、弥助（時蔵）、お里（由次郎）、弥左衛門（小伝次）、母おくら（市川福之助）、景時（市蔵）、若葉内侍（源之助）、小せん（小主水）

『女の勝敗』八木隆一郎作　時蔵、鶴之助、城太郎、由次郎、源之助

『切られお富』（三代目時蔵追憶上演）お富（時蔵）、蝙蝠安（鶴之助）、井筒与三郎（由次郎）、赤間源左衛門（市蔵）、女房お滝（源之助）、穂積幸十郎（猿三郎）

〈夜の部〉

『侠艶録』佐藤紅緑作　力枝（時蔵）、富士雄（鶴之助）、梅代（菊蔵）、寺崎（市蔵）、母おくら（愛之助）、徳之市（小伝次）、子役ぼたん（米吉）

劇中劇「恋女房染分手綱」重の井（時蔵）、三吉（米吉）、局皐月（福之助）

『暗闇の丑松』丑松（鶴之助）、お米（時蔵）、お熊（小伝次）、お今（菊蔵）、四郎兵衛（市蔵）、板橋の使い（宗弥）、料理人祐次（八重之助）

※この月、東横ホール開場以来の記録。入場率108％となる。

39 提携第56回　芸術祭十月特別公演
勘弥・藤間紫加入

（10月3日～26日）

〈昼の部〉

『与話情浮名横櫛』（汐干狩より質店まで）与三郎（勘弥）、お富（友右衛門）、蝙蝠安（吉三郎）、多左衛門（秀調）、海松杭の松・藤八（弥五郎）、赤間源左衛門（文蔵）

『鏡獅子』友右衛門、秀調・文蔵、田門・明代、喜の字・久美恵（胡蝶）

『品川心中』（幇間一八・第三話）一八（勘弥）、おたね（松蔦）、花魁おそめ（藤間紫）

〈夜の部〉

『笑劇・女の按摩』紫（女按摩）、つや子、松蔦、吉三郎、秀調、

『茅の屋根』菊池寛作　細木香之進（勘弥）、おふみ（紫）、桔梗屋女房おかく（松蔦）

『江戸育お祭佐七』佐七（勘弥）、小糸（松蔦）、鳶頭勘右衛門（吉三郎）、おてつ（秀調）、倉田伴平（升太郎）、芳松（猿三郎）、三吉（藤太郎）

＊提携第57回　松竹家庭劇　（12月1日～24日）

◆昭和37年（1962）

＊提携第58回　大江美智子一座　（1月5日～28日）

＊市川女優座東京公演　（2月14日～25日）

※東横ホールの自主企画。

40 提携第59回　四月大歌舞伎　（4月4日～27日）

〈昼の部〉

『吃又』又平（延二郎）、お徳（友右衛門）、雅楽之助（半四郎）、修理之助（藤太郎）、将監（八百蔵）、北の方（福之助）、下女おなべ（延寿）

『順慶と秀姫』筒井順慶（勘弥）、筒井定次（延二郎）、秀姫（友右衛門）、お冬の方（我童）、侍女花岡（源之助）、藤田伝吾（八百蔵）、小姓太郎（玉太郎）、小姓四郎二郎（喜の字）

『十六夜清心』清心（勘弥）、十六夜（友右衛門）、白蓮（延二郎）、求女（玉太郎）、三次（弥五郎）

〈夜の部〉

『寺子屋』松王丸（勘弥）、源蔵（延二郎）、千代（我童）、戸浪（源之助）、玄蕃（八百蔵）、園生の前（半四郎）、涎くり（弥五郎）

『蘭蝶此糸・ゆかりの紫頭巾』蘭蝶・お宮（勘弥）、此糸（我童）、揚羽源左衛門（八百蔵）

『小稲半兵衛・恋の湖』大森痴雪作　桐野谷半兵衛（延二郎）、錦屋小稲（門之助）、若党助七（高砂屋福助）、粟津屋伝七（半四郎）、半兵衛の許嫁おみき（旭輝子）

＊文楽　因会自主公演（6月1日～7日）

＊提携第60回　市川女優座　女歌舞伎六月公演　（6月9日～23日）

41 提携第61回　若手合同九月大歌舞伎　（9月5日～27日）

〈昼の部〉

『復活上演・妹背山婦女庭訓』（蝦夷館・杉酒屋・道行恋

苧環・三笠山御殿から入鹿誅戮）武智鉄二監修　求女・入鹿（團子）、蝦夷・鱶七（権十郎）、お三輪（門之助）、橘姫（由次郎）、めどの方（菊蔵）、安倍中納言・豆腐買い（八百蔵）、大判事清澄・玄上太郎（市蔵）、中臣鎌足（半四郎）、丁稚子太郎（たか志）、家主茂兵衛（小伝次）、母お酉（福之助）、

『新編権三と助十・めおと駕籠』矢田弥八作　権三（権十郎）、助十（半四郎）、女房おらく（門之助）、家主（八百蔵）、團子、由次郎、市蔵、男女蔵、たか志、亀之助

〈夜の部〉

『復活上演・妹背山婦女庭訓』（車引・天拝山）松王（男女蔵）、梅王（亀三郎）、桜丸（丑之助）、市蔵（時平）、菅丞相（権十郎）、白太夫（八百蔵）

『おどり三題―たけくらべ、夕立、藤娘』みどり（由次郎）、七之助（権十郎）・滝川（門之助）、藤娘（團子）

『唐人お吉』真山青果作　お吉（門之助）、鶴松（團子）、ハルリス（金田龍之介）、お福（由次郎）、姉おもと（源之助）、ヒウスケン（市蔵）、通訳磯部多市郎（権十郎）

＊提携第62回　大江美智子一座　（10月3日～25日）

42 提携第63回　松竹顔見世大歌舞伎　（12月1日～23日）

〈昼の部〉

『三人吉三巴白浪』和尚吉三（権十郎）、お坊吉三（團子）、お嬢吉三（門之助）、おとせ（たか志）

『野崎村』お光（友右衛門）、久松（権十郎）、お染（門之助）、久作（團蔵）、後家お常（宗十郎）、下女およし（玉之介）

『素襖落』太郎冠者（左團次）、大名某（勘弥）、鈍太郎（簑助）、姫御寮（由次郎）、次郎冠者（男女蔵）、三郎吾（亀三郎）

『刺青奇偶』半太郎（勘弥）、お仲（友右衛門）、政五郎（左團次）、半太郎父母（小伝次・福之助）、荒木田熊介（八百蔵）、角兵衛又（高砂屋福助）、

『三社祭』丑之助・亀三郎

〈夜の部〉

『梶原平三誉石切』梶原（團子）、大庭（左團次）、梢（由次郎）、俣野（男女蔵）、六郎太夫（鯉三郎）、囚人呑助（多賀蔵）、奴松平（亀治郎）

『桂川連理柵（六角堂・帯屋）』長右衛門（勘弥）、おきぬ、お半（友右衛門）、儀平（権十郎）、長吉（團子）、仏壇屋才次郎（門之助）、芸者雪野（由次郎）、繁斎（團蔵）、おとせ（福之助）

『髯櫓』（三宅藤九郎監修）鬚の左右衛門（権十郎）、梅

ケ枝（門之助）、太郎冠者（亀三郎）、女立衆（八百蔵・小伝次・芦燕・減之助・秀調）

『人情噺文七元結』長兵衛（左團次）、おかね（多賀之丞）、角海老女将（権十郎）、文七（簑助）、お久（丑之助）、和泉屋清兵衛（鯉三郎）、藤助（紅車）、家主甚八（多賀蔵）、鳶頭伊兵衛（男女蔵）

◆昭和38年（1963）

43 提携第64回　松竹歌舞伎新春特別公演

（1月5日～27日）

〈昼の部〉

『鳴門秘帖』（吉川英治原作、巌谷槙一脚色演出）蜂須賀阿波守・お十夜孫兵衛（河原崎権十郎）、法月絃之丞（坂東好太郎）、見返りお綱（鳳八千代）、甲賀千絵（花柳春）、お米（天治美子）、常木鴻山（市川左文次）、目明し万吉（岩井半四郎）、竹屋三位有村卿（坂東吉弥

『関の弥太っぺ』（長谷川伸作）関の弥太郎（尾上九朗右衛門）、堺の和吉（岩井半四郎）、沢井屋女主人お金（高橋とよ）、倅銀太郎（市川春猿）、女房おすみ（宇治みさ子）、神楽囃子の大八（名和宏）、笹川繁蔵（河原崎権十郎）、箱田の森介（坂東鶴之助）、田毎の才兵衛（坂東好太郎）、多胡の赤太郎（坂東吉弥）、勢力留五郎（尾上新七）

〈夜の部〉

『雲を呼ぶ男たち』（椎名竜治作・演出）團子、鶴之助、九朗右衛門、鳳八千代、宇治みさ子、坂東好太郎、市蔵、坂東吉弥

『長脇差試合』（長谷川伸作）三ツ股の浅太郎（坂東鶴之助）、門付のおあい（尾上菊蔵）、同おふみ（花柳はる）、四つ車五人斎（片岡市蔵）、女衒源六（尾上新七）

44 提携第65回　松竹歌舞伎四月公演　花柳武始参加

（4月3日～25日）

〈昼の部〉

『富樫』野口達二作　富樫左衛門（鶴之助）、兵衛（武始）、兵衛の妻鈴（由次郎）、小父好兼（八百蔵）

『艶容女舞衣』半七・お園（門之助）、三勝（由次郎）、宗岸（八百蔵）、半兵衛（左文次）、母お幸（福之助）

『市村竹之丞』松田一也作　市村竹之丞（鶴之助）、芸者小染（訥升）、母お徳（福之助）、父市助（左文次）、仲居おちか（源之助）、十二屋助右衛門（八百蔵）、堺屋広助（半四郎）

劇中舞踊『時雨西行』西行（鶴之助）・遊女実は普賢菩薩（吾妻徳穂）
『八島官女』海士実は渚の局（門之助）、侍女筑紫（秀太郎）、源家の武士（紅車・亀之助）、清基（たか志）
〈夜の部〉（4時半）
『女定九郎』武智鉄二演出　蝮のお市（訥升）、小山田庄左衛門（鶴之助）、母おかや（福之助）、娘おかる（門之助）、後家お友（小主水）、めっぽう弥八（亀之助）、種子島の六（佳緑）、判人善六（左文次）
『義経千本桜・川連法眼館』忠信（鶴之助）、義経（訥升）、静（門之助）、亀井六郎（六郎）、駿河次郎（亀之助）、川連法眼（佳緑）、妻飛鳥（小主水）
『梅ごよみ』丹次郎（鶴之助）、仇吉（門之助）、米八（訥升）、お蝶（秀太郎）、政治（源之助）、千葉半次郎（半四郎）、千葉の籐兵衛（八百蔵）

＊提携第66回　大江美智子一座六月公演　（6月5日～27日）

＊提携第67回　芸術祭参加　大江美智子一座　（10月3日～25日）

45 提携第68回　十二月大歌舞伎　（12月3日～25日）
〈昼の部〉
『仮名手本忠臣蔵』〝お軽勘平〟三段目・道行旅路の花聟・五段目・六段目・七段目　勘平・平右衛門（猿之助）、おかる（訥升）、大星由良助・斧定九郎（鶴之助）、不破数右衛門（八百蔵）、千崎弥五郎（由次郎）、おかや（愛之助）、与市兵衛（種五郎）、一文字屋お才（源之助）、判人源六・七段目の伴内（段猿）、斧九太夫（左文次）、道行の伴内（猿三郎）
『かさね』かさね（由次郎）、与右衛門（訥升）
〈夜の部〉
『一条大蔵譚』大蔵卿（猿之助）、常盤御前（由次郎）、鬼次郎（八百蔵）お京（源之助）、鳴瀬（松尾）、茶亭（種五郎）、八剣勘解由（金十郎）
『三人片輪』躄（猿之助）、唖（訥升）、盲（由次郎）、船岡主馬（猿三郎）、太郎冠者（團子）
『弁天娘女男白浪』弁天小僧（訥升）、南郷（猿之助）、駄右衛門（八百蔵）、忠信（團子）、赤星（由次郎）、幸兵衛（金十郎）、宗之助（松尾）、鳶頭清次（猿三郎）

◆昭和39年（1964）

46 提携第69回　壽初春松竹歌舞伎　（1月5日～28日）

〈昼の部〉

『与話情浮名横櫛』与三郎（権十郎）、お富（訥升）、蝙蝠安（八百蔵）、金五郎（芦燕）、多左衛門（市蔵）、藤八（愛之助）、女中およし（女之助）

『男女道成寺』花子（加賀屋橋之助）、桜子（加賀屋福之助）

『寿曽我対面』工藤（男女蔵）、十郎（丑之助）、五郎（左近）、朝比奈（亀三郎）、虎（加賀屋福之助）、少将（加賀屋橋之助）、鬼王（八百蔵）

〈夜の部〉

『双蝶々・角力場』濡髪（男女蔵）、放駒（亀三郎）、与五郎（玉之介）、吾妻（滝之丞）、愛之助（茶亭）

『傾城阿波の鳴門』お弓（我童）、尼（九蔵・愛之助）、おつる（めぐみ）

『勧進帳』弁慶（新之助）、富樫（左近）、義経（丑之助）、亀井（菊蔵）、片岡（芦燕）、駿河（玉之介）、常陸坊（八百蔵）、番卒（新七・多賀蔵・歌蔵）

『黒手組曲輪達引』黒手組助六（権十郎）、揚巻（我童）、鳥居新左衛門（八百蔵）、紀の国屋文左衛門（秀調）、白酒売（愛之助）、白玉（玉之介）

47 提携第70回　四月若手歌舞伎　（4月3日～25日）

〈昼の部〉

『舟遊女』景清（権十郎）、白拍子呉竹・舟遊女むらさき（門之助）、老女越路（福之助）、）

『根元草摺引』曽我五郎（加賀屋福之助）、舞鶴（加賀屋橋之助）

『鳥辺山心中』菊池半九郎（猿之助）、お染（訥升）、坂田市之助（権十郎）、源三郎（孝夫）、お花（菊蔵）、父与兵衛（左文次）、若党八介（荒次郎）

『小猿七之助』七之助（権十郎）、滝川（門之助）、蓮葉与六（八百蔵）、横目助平（段猿）、手代与四郎（菊蔵）、お坊吉三（市蔵）、お杉（秀太郎）、日吉丸（吉弥）

〈夜の部〉

『陸奥の義経』（野口達二作）源九郎義経（猿之助）、武蔵坊弁慶（権十郎）、阿古（訥升）、中尊寺の僧（八百蔵）、常陸坊海尊（段猿）、国衡（市蔵）、泰衡（吉弥）、忠衡（團子）

『手習子』門之助

『高野物狂』高師四郎（猿之助）、花若丸（米吉）

『嫗山姥』八重桐（訥升）、莨や源七（権十郎）、太田十郎（市蔵）、白菊（秀太郎）、お歌（源之助）、局藤浪（福之助）、

澤瀉姫（梅乃）
『番町皿屋敷』青山播磨（権十郎）、お菊（門之助）、放駒（猿之助）、並木の長吉（孝夫）、橋場の仁助（團子）、後室真弓（源之助）、柴田十太夫（左文次）、腰元お仙（松尾）

＊提携第71回　大江美智子一座　（6月3日～26日）

48 提携第72回　十月松竹若手歌舞伎　（10月1日～23日）

通し狂言『仮名手本忠臣蔵』大序より八段目
大星・吉田忠左衛門（権十郎）、戸無瀬（我童）、塩冶判官・おかる（丑之助）、勘平（左近）、師直・石堂・定九郎（男女蔵）、若狭助・平右衛門（亀三郎）、直義・竹森（緑也）、顔世（玉太郎）、薬師寺・千崎（坂東吉弥）、道行の勘平（加賀屋福之助）、道行のおかる（加賀屋橋之助）、道行の伴内・八段目の奴関助（孝夫）、小浪（秀太郎）、おかや（市川福之助）、一文字屋お才（梅花）、源六（多賀蔵）、九太夫（金十郎）、郷右衛門（小伝次）、力弥（広太郎改め友右衛門）

49 提携第73回　東横ホール開場十周年記念
松竹顔見世大歌舞伎　（12月2日～25日）

〈昼の部〉
第一『浮世柄比翼稲妻』（武智鉄二監修）上の巻
序幕（戸塚付近境木村・初瀬寺山門・本庄助太夫塀外
二幕目・鈴ケ森
不破伴左衛門・番隨院長兵衛（権十郎）、腰元岩橋後に上林の葛城・白井権八（門之助）、名古屋山三（訥升）、長兵衛女房お近（田之助）、佐々木桂之助（精四郎）、同額五郎・飛脚度々平（たか志）、本庄助大夫（左文次）、下部八内・唐犬権兵衛（高砂屋福助）、
中幕『実盛物語』実盛（勘弥）、瀬尾（好太郎）、小万（門之助）、葵御前（田之助）、九郎助（小伝次）、小よし（田門）、太郎吉（秀治）、矢走の仁想太（弥五郎）
第二『浮世柄比翼稲妻』下の巻
三幕目（仲之町鞘当）、四幕目（上林二階廊下・葛城部屋）、大詰（吉原田圃）
〈夜の部〉
『鬼神の於松』鬼神の於松（訥升）、夏目四郎次郎（権十郎）、兄四郎太郎（高砂屋福助）、牧村主水（宗十郎）、主水妹藤浪（精四郎）、下部柴平（秀調）、盗賊小助実

は木鼠（弥五郎）
『英執着獅子』雀右衛門
『義経千本桜・川連館』忠信（猿之助）、静（訥升）、義経（宗十郎）、亀井（團子）、片岡（段猿）、川連法眼（小伝次）、飛鳥（田門）
『乗合船恵方萬歳』万歳（竹之丞）、才造（猿之助）、團子、猿三郎、松尾、精四郎

◆昭和40年（1965）

＊提携第74回　大江美智子一座　（1月4日～28日）

＊中村歌右衛門「莟会」公演　（4月3日～23日）

〈昼の部〉
舞踊三題『舞競茲成駒』「柱建」工藤（男女蔵）、曽我十郎（玉太郎）、曽我五郎（加賀屋福之助）、大磯の虎（加賀屋橋之助）、化粧坂の少将（玉之介）「紅かん」紅かん（竹之丞）、秀調、鶴助、梅花、歌江「蘭平」奴蘭平（延若）
『日蓮上人御法海』勘作妻お伝（歌右衛門）、勘作の霊（延若）、老母（多賀之丞）、一子経市（信二郎）、日蓮上人（左團次）、日朗法師（男女蔵）
『傾城買指南所・二人夕霧』藤屋伊左衛門（延若）、先の夕霧（歌右衛門）、後の夕霧（福助）、吉田屋女房おきさ（竹之丞）、弟子いや風（璃珏）、弟子てんれつ（玉太郎）、弟子小れん（玉之介）、三ツ物屋四九兵衛（八百蔵）
〈夜の部〉
『本朝廿四孝』諏訪明神お百度・信玄館・道行似合の女夫丸（文楽座出演）・謙信館鉄砲渡し・十種香・奥庭狐火・見顕わし　八重垣姫・道行の濡衣（歌右衛門）、偽の勝頼・花守関兵衛実は斎藤道三（延若）、簑作実は武田勝頼（竹之丞）、濡衣（福助）、道行の勝頼（左團次）、信玄（団蔵）、謙信（秀調）、横蔵後に山本勘助（男女蔵）、長尾景勝・信玄妻常盤井御前（玉太郎）、村上義清（璃珏）

50 提携第75回　若手歌舞伎六月公演　（6月4日～25日）

〈昼の部〉
『名橘誉石切』梶原（薪水）、大庭（権十郎）、俣野（芦燕）、六郎太夫（小伝次）、梢（秀太郎）、呑助（多賀蔵）
『土蜘』土蛛の精（左近改め辰之助）、頼光（丑之助改め菊之助）、平井保昌（男女蔵）、胡蝶（銀之助）、巫女榊（菊蔵）、軍卒藤内（芦燕）、番卒（権十郎・簑助・亀三郎

改め薪水）、渡辺綱（市蔵）、碓井貞光（小伝次）
『野晒悟助』野晒悟助（権十郎）、提婆仁三郎（男女蔵）、浮世戸平（簑助）、六字南無右衛門（市蔵）、詫助（門三郎）、娘お賎（菊蔵）、扇屋後家（福之助）、娘小田井（丑之助改め菊之助）
〈夜の部〉
『錣引』景清（権十郎）、三保谷（簑助）、長谷三郎（家橘）、伏屋（源之助）
『連獅子』親獅子（男女蔵）、子獅子（亀三郎改め薪水）、法華僧（左近改め辰之助）、浄土僧（芦燕）
『寺子屋』松王丸（新之助）、千代（門之助）、源蔵（男女蔵）、戸浪（子団次）、春藤玄蕃（芦燕）、涎くり（亀之助）、園生の前（おの江改め芙雀）
『弁天娘女男白浪』弁天小僧（菊之助）、南郷（亀三郎改め薪水）、駄右衛門（九朗右衛門）、忠信（簑助）、赤星（銀之助）、幸兵衛（鯉三郎）、鳶頭清次（菊蔵）、番頭与九郎（薪蔵）

＊提携第76回　松竹時代劇第一回公演（10月1日～23日）
『父子鷹』ほか　中村竹弥、花柳小菊、南原宏治、金十郎、左文次、小伝次

51 提携第77回　松竹若手歌舞伎顔見世興行（12月4日～26日）

〈昼の部〉
『壷坂霊験記』沢市（竹之丞）、お里（田之助）、観世音菩薩（千弥）
『六歌仙容彩』僧正遍照・文屋康秀・在原業平・喜撰法師・大伴黒主（猿之助五役）、小町姫（田之助）、お梶（訥升）
『今様薩摩歌』菱川源五兵衛（竹之丞）、笹野三五兵衛（猿之助）、おまん（訥升）、笹野杉斎（好太郎）、手代茂三郎（精四郎）
夜の部
『女河内山』またかのお関（訥升）、妹鶴江・小姓鶴之丞実はおつる（精四郎）、松井伯耆守（猿之助）、用人一色数馬（好太郎）、鼈甲屋善三郎（吉弥）
『吉野山』忠信（竹之丞）、静（田之助）、藤太（團子）
『荒川の佐吉』佐吉（猿之助）、成川郷右衛門（八百蔵）、訥升（お八重）、鍾馗の仁兵衛（好太郎）、辰五郎（弥五郎）、お絹（源之助）、相政（竹之丞）

◆昭和41年（1966）

＊提携第78回　松竹時代劇第二回公演（1月5日～27日）

『明治維新』松浦竹夫演出
第一部『その前夜・奥州』野口達二作
第二部『彰義くずれ・江戸』小幡欣治作
第三部『暁天の星・箱館』榎本滋民作
竹之丞（榎本武楊）、精四郎、緒方拳、香川桂子、大山克己、清水彰、高倉典江

52 提携第79回　二月若手歌舞伎特別公演（2月2日～19日）

〈昼の部〉
『高時』高時（薪水）、安達三郎（たか志）、安達の母（福之助）、長崎次郎（亀之助）、秋田入道（小伝次）、大仏陸奥守（芦燕）、衣笠（友右衛門）
『勧進帳』弁慶（辰之助）、義経（菊之助）、富樫（男女蔵）、亀井（菊蔵）、片岡（緑也）、駿河（たか志）、常陸坊（市蔵）
『殉死』水木京太作　用人（九朗右衛門）、石川主水（孝夫）、家老（菊蔵）、侍女浪路（門之助）、和尚（市蔵）
『藤娘・浮かれ坊主』菊之助
〈夜の部〉
『寿曽我対面』工藤（九朗右衛門）、五郎（薪水）、十郎（男女蔵）、舞鶴（秀太郎）、虎（玉三郎）、少将（友右衛門）、鬼王（孝夫）、近江（銀之助）、八幡（録也）
『吃又』又平（辰之助）、おとく（門之助）、将監（小伝次）、北の方（扇緑）、雅楽之助（新之助）、修理之助（志うか）
『鏡獅子』弥生・獅子（新之助）、家老・億用人（市蔵・亀之助）、老女・奥女中（福之助・升之丞）、胡蝶（八十助・秀子）
『芝浜』政五郎（九朗右衛門）、おたつ（門之助）、大工（新之助）、左官（男女蔵）、桶屋（辰之助）、飾屋（芦燕）、大家（市蔵）、金貸婆（福之助）

53 提携第80回　歌舞伎・新派花形合同特別公演（4月2日～23日）

〈昼の部〉
『扇的西海硯・乳母争い』乳母篠原（田之助）、乳母照葉（訥升）、那須与市（竹之丞）、駒の井（精四郎）、五十嵐小文吾（六郎）
『与話情浮名横櫛』与三郎（訥升）、お富（田之助）、蝙蝠安（八百蔵）、多左衛門（竹之丞）、藤八（左文次）、下女およし（小主水）
『風流深川唄』長蔵（竹之丞）、おせつ（波野久里子）、

文字力（阿部洋子）、長蔵の母（竹内京子）、利三郎（島章）
〈夜の部〉
『傾城忠度』傾城漣太夫実は薩摩守忠度・六弥太妻深谷（訥升）、岡部六弥太（竹之丞）、傾城長柄太夫実は忠度の妻菊の前（田之助）、楽人斎実は菟原の田吾平（八百蔵）、平山武者所（左文次）
『船弁慶』静・知盛の霊（竹之丞）、義経（田之助）、弁慶（八百蔵）、舟長（訥升）、舟人（精四郎・寿）
『滝の白糸』白糸（阿部洋子）、村越欣弥（花柳喜章）、南京寅（加納英二郎）、春平（八百蔵）

54 提携第81回　上方歌舞伎六月特別公演（6月2日～24日）
〈昼の部〉
『葛の葉』葛の葉（扇雀）、保名（仁左衛門）、信田庄司（霞仙）、柵（福之助）
『すしや』権太（延若）、弥助（扇雀）、お里（我童）、弥左衛門（霞仙）、権太母（璃珏）、梶原（菊次郎）、小せん（小主水）、若葉の内侍（秀太郎）
『伊勢音頭恋寝刃』（二見ケ浦・油屋）貢（仁左衛門）、喜助（延若）、万野（菊次郎）、お鹿（成太郎）、万次郎（孝夫）、お岸（秀太郎）、林平（秀公）
〈夜の部〉
『盛綱陣屋』盛綱（延若）、微妙（菊次郎）、篝火（扇雀）、早瀬（成太郎）、和田兵衛（高砂屋福助）、時政（霞仙）、孫八（璃珏）、小四郎（八十助）、小三郎（秀子）、信楽太郎（孝夫）、伊吹藤太（秀公）
『扇獅子』扇雀、八十助・秀子
『桜鍔恨鮫鞘』古手屋八郎兵衛（仁左衛門）、おつま（我童）、八郎兵衛母（愛之助）、銀八（高砂屋福助）、娘おはん（片岡幸一）
『相模蜑』蜑（秀太郎）、漁師（秀公、孝夫）

＊提携第82回　第一回秋の喜劇まつり（9月1日～23日）
＊提携第83回　第二回年忘れ松竹喜劇祭り（12月2日～26日）

◆昭和42年（1967）

55 提携第84回　新春歌舞伎特別公演（1月4日～27日）
〈昼の部〉
『源平布引滝』（二幕）「義賢最期」義賢（孝夫）、折平実は多田蔵人（市蔵）、高橋判官（白蔵）、九郎助（小伝次）、

小万（秀太郎）、葵御前（もしほ）、待宵姫（友右衛門）、
「実盛物語」実盛（権十郎）、瀬尾（八百蔵）、九郎助（小伝次）、小万（秀太郎）、小よし（福之助）、もしほ（葵御前）、矢走仁惣太（京右衛門）
二代目河原崎権十郎十三回忌追善『御挨拶』権十郎
『鷺娘』門之助
『江戸育お祭佐七』佐七（権十郎）、倉田伴平（市蔵）、小糸（門之助）、母おてつ（文蔵）、鳶頭勘右衛門（八百蔵）、すたれの芳松（宝改め権一）、おでこ伝次（多賀蔵）

〈夜の部〉

『寺子屋』松王丸（辰之助）、源蔵（新之助）、千代（門之助）、戸浪（もしほ）、玄蕃（芦燕）、涎くり（亀之助）、園生の前（源之助）、下男六助（白蔵）
『京鹿子娘道成寺』白拍子花子（菊之助）
『侠客御所五郎蔵』五郎蔵（新之助）、土右衛門（辰之助）、皐月（菊之助）、逢州（もしほ）、甲屋与五郎（権十郎）

56 提携第85回　二月若手花形合同歌舞伎公演　（2月2日～24日）

〈昼の部〉

『すし屋』権太（辰之助）、お里（訥升）、維盛（門之助）、梶原（九朗右衛門）、弥左衛門（小伝次）、女房おくろ（福之助）、もしほ（若葉の内侍）
『かさね』与右衛門（権十郎）、かさね（門之助）
『一本刀土俵入』茂兵衛（九朗右衛門）、お蔦（訥升）、辰三郎（権十郎）、波一里儀十（小伝次）、舟戸の弥八（芦燕）、老船頭（薪蔵）、若船頭（亀之助）、清大工（多賀蔵）、掘下げ根吉（子団次）

〈夜の部〉

『毛谷村』六助（権十郎）、お園（訥升）、京極内匠（芦燕）、お幸（秀調）、斧右衛門（子団次）
『鈴ケ森』長兵衛（権十郎）、権八（新之助）、雲助（九蔵・芦燕・子団次）
『酒屋』おその・三勝（我童）、半七（家橘）、宗岸（秀調）、半兵衛（九蔵）、半兵衛女房（福之助、）丁稚長太（寿）
『京鹿子娘道成寺』（道行より）白拍子花子（菊之助）

＊提携第86回　第三回松竹春の喜劇まつり　（4月5日～27日）

57 提携第87回　大歌舞伎　扇雀・竹之丞奮闘公演

（6月1日～23日）
〈昼の部〉
『娘義太夫物語・若き日の呂昇』豊竹呂大夫（竹之丞）、女房おこま（源之助）、岩佐友二郎（孝夫）、豊竹呂昇（川口小枝）、中村鴈治郎（扇雀）、呂昇の母お勇（田之助）、竹本末虎（精四郎）、友二郎の父友蔵（八百蔵）、川熊組の頭（半四郎）
『封印切』忠兵衛（扇雀）、八右衛門（竹之丞）、梅川（田之助）、槌屋治右衛門（菊次郎）、井筒屋おえん（成太郎）
『怪談蚊喰鳥』按摩辰の市・徳の市（竹之丞）、常磐津菊次（扇雀）、遊び人孝次郎（菊次郎）、納所喜竜（精四郎）、寺男作造（左文次）
〈夜の部〉
『国定忠治』真山青果作　国定忠治（竹之丞）、三木の文蔵（團子）、武井の浅次郎（孝夫）、庄屋茂右衛門（成太郎）、茶屋女お豊（田之助）、芸者お町（精四郎）、日光の円蔵（八百蔵）
『蝶の道行』小槙（扇雀）、助国（竹之丞）
『怪談有馬猫』召使お仲・鳥追お駒・萩村秀之進・怪猫（扇雀）、老女岩波（菊次郎）、側小姓白菊（精四郎）、中老お藤の方（田之助）、小野川喜三郎（團子）

※七月より三ヵ月間、場内大改修。客席を二五人分潰して花道を新設、収容人員九七七人となる。これを機に「東横劇場」と改称する。

58 松竹・東急提携第88回　新装開場柿落し
十月若手歌舞伎特別公演
（10月2日～27日）
〈昼の部〉
『君が代松竹梅』梅の君（菊之助）、竹の君（新之助）、松の君（辰之助）
『若き日の信長』信長（新之助）、木下藤吉郎（辰之助）、平手政秀（権十郎）、弥生（門之助）、僧覚円（好太郎）、林佐渡守（市蔵）、林美作守（菊蔵）
『鞍馬獅子』喜三太（辰之助）、卿の君（菊之助）
『雪暮夜入谷畦道』直次郎（権十郎）、三千歳（門之助）、丈賀（小伝次）、丑松（好太郎）、蕎麦屋亭主（新七）、女房（升之丞）、寮番喜兵衛（多賀蔵）、新造（女之助・たか志）
〈夜の部〉
『車引』松王丸（新之助）、梅王丸（辰之助）、桜丸（菊之助）、時平（権十郎）

『本朝廿四孝・十種香』八重垣姫（菊之助）、勝頼（新之助）、濡衣（門之助）、謙信（好太郎）、白須賀六郎（緑也）、原小文治（銀之助）
『勧進帳』弁慶（辰之助）、富樫（新之助）、義経（菊之助）、常陸坊（菊蔵）、亀井（たか志）、片岡（緑也）、駿河（権一）、番卒（新七・多賀蔵・金十郎）
『廓文章』伊左衛門（権十郎）、夕霧（門之助）、喜左衛門（好太郎）、おきさ（菊蔵）

◆昭和43年（1968）

59 提携第89回　新春若手歌舞伎　（1月4日〜27日）
〈昼の部〉
『鬼次拍子舞』長田太郎（孝夫）、松の前（精四郎）、斑鳩平内（たか志）、吉良の藤内（福太郎）
『御浜御殿』綱豊卿（新之助）、富森助右衛門（辰之助）、新井勘解由（孝夫）、お喜世（精四郎）、江島（菊蔵）、浦尾（福之助）、お古宇（松之丞）、野村（升之丞）
『与話情浮名横櫛』与三郎（新之助）、お富（門之助）、蝙蝠安（八百蔵）、多左衛門（権十郎）、藤八（多賀蔵）、五行亭相生（白蔵）、金五郎（菊蔵）
『お祭り』辰之助、新之助、門之助
『保名』権十郎
『供奴』辰之助
〈夜の部〉
『梶原平三誉石切』景時（新之助）、大庭（孝夫）、六郎太夫（八百蔵）、梢（門之助）、俣野（銀之助）、呑助（多賀蔵）
『角兵衛と女太夫』角兵衛（辰之助）、女太夫（菊之助）
『鳥辺山心中』半九郎（権十郎）、お染（門之助）、市之助（市蔵）、源三郎（孝夫）、父与兵衛（小伝次）、若党八介（権一）、お花（菊蔵）
『三人吉三巴白浪』お嬢吉三（菊之助）、和尚吉三（新之助）、お坊吉三（辰之助）、おとせ（家橘）

＊四月名作特別公演（松竹・東急提携十五周年記念）　（4月3日〜26日）
〈昼〉『若きハイデルベルヒ』（石原慎太郎潤色）中山仁、戸部夕子
〈夜〉『黒蜥蜴』（三島由紀夫作）丸山明宏、天地茂

＊十月名作特別公演『双頭の鷲』　（10月2日〜25日）
（コクトー作、松浦武夫演出）丸山明宏、中山仁

◆昭和44年（1969）

60 **初春歌舞伎公演**　（1月4日～28日）

〈昼の部〉

『鳴神』鳴神（新之助）、絶間姫（菊之助）、白雲坊（市蔵）、黒雲坊（芦燕）

『ぢいさんばあさん』美濃部伊織（権十郎）、妻るん（門之助）、久右衛門（たか志）、下島甚右衛門（菊蔵）、宮重久弥（吉弥）妻お菊（友右衛門）

舞踊『二人猩々』猩々（辰之助、新之助）、酒売（権十郎）

『手習子』菊之助

『三社祭』悪玉（辰之助）、善玉（新之助）

〈夜の部〉

『夜討曽我』曽我十郎（菊之助）、曽我五郎（辰之助）、頼朝（新之助）、仁田四郎（権十郎）、五郎丸（銀之助）、亀鶴（菊蔵）、梶原景時（小伝次）、景高（芦燕）、犬坊丸（うさぎ）

『鏡獅子』弥生・獅子の精（菊之助）、家老（鯉三郎）・用人（多賀蔵）、老女（多賀之丞）・局（菊蔵）、胡蝶（幸一・菊丸）

『十六夜清心』清心（権十郎）、十六夜（門之助）、白蓮（市蔵）、求女（友右衛門）

＊二月名作特別公演『マタ・ハリ』　（2月2日～25日）

（榎本滋民作、松浦武夫演出）丸山明宏、内田良平、岡田眞澄

61 **六月歌舞伎公演**　（6月4日～27日）

〈昼の部〉

『頼朝の死』頼家（竹之丞）、重保（孝夫）、尼御台（訥升）、小周防（精四郎）、大江広元（八百蔵）

『野崎村』お光（田之助）、久松（訥升）、お染（精四郎）、久作（八百蔵）、おつね（秀調）

『蘭蝶』蘭蝶・女房お宮（訥升）、此糸（精四郎）、源左衛門（八百蔵）、紀ノ國屋文左衛門実は唐崎近江守（吉弥）

『道行初音旅』忠信（孝夫）、静（田之助）

〈夜の部〉

『熊谷陣屋』熊谷直実（孝夫）、相模（田之助）、義経（訥升）、藤の方（もしほ）、堤軍次（六郎）、梶原景高（白蔵）

『女形の歯』澤村田之助（精四郎）、兄澤村訥升（訥升）、女房お貞（田之助）、ヘボン博士（竹之丞）、緒形修三

（孝夫）、相政（九蔵）、仮名垣魯文（秀調）、大幸（大久保彰久）

『鳥羽絵』升六（竹之丞）、鼠（竹四郎）

『神田祭』田之助

＊十月名作特別公演『黒蜥蜴』凱旋公演（10月1日～25日）

丸山明宏、天地茂

＊松竹＝アスカプロ提携による

ブロードウェイミュージカル『ヘアー』

（12月5日～翌年2月25日まで続演）

※初日フィナーレ途中の午後8時40分頃、東急百貨店西館地下二階のボイラー室から出火、煙が全館に立ち上る。

◆昭和45年（1970）

＊松竹演劇部小川企画製作『喜劇 あほんだれ一代 女沢正』（福田善之作・演出）清川虹子（10月2日～23日）

62 **通し狂言『仮名手本忠臣蔵』大序から八段目まで**

（12月3日～27日）

由良之助・若狭助・お才（竹之丞）、判官・千崎（田之助）、師直・勘平・平右衛門（猿之助）、顔世・おかる（訥升）、道行おかる・小浪（玉三郎）、直義・石堂（吉五郎）、薬師寺・定九郎・道行の伴内・八段目の奴（段四郎）、不破（八百蔵）、おかや（福之助）

◆昭和46年（1971）

63 **初春歌舞伎公演**（1月4日～28日）

〈昼の部〉

『本朝廿四孝』（十種香・狐火）八重垣姫（雀右衛門）、勝頼（猿之助）、濡衣（田之助）、謙信（八百蔵）、小文治（芦燕）、白須賀（段四郎）、人形遣い（友右衛門）

『荒川の佐吉』佐吉（猿之助）、お八重（雀右衛門）、お新（田之助）、相政（孝夫）、仁兵衛（猿十郎）、成川（八百蔵）、辰五郎（歌門）、清五郎（段四郎）

『身替座禅』山蔭右京（猿之助）、玉の井（田之助）、太郎冠者（段四郎）

〈夜の部〉

『箱根霊験躄仇討』勝五郎（田之助）、初花（玉三郎）、滝口上野・筆助（孝夫）、早瀬（秀調）、久馬（段猿

上『独楽』猿之助

下『英執着獅子』傾城（雀右衛門）、禿（友右衛門・芝雀

『おさん茂兵衛』おさん（雀右衛門）、茂兵衛（猿之助）、お玉（玉三郎）、梅龍（八百蔵）、大経師意俊（芦燕）

＊松竹現代劇第2回公演　（2月2日～25日）

『帰郷』（勝忠男制作・大仏次郎原作・川口松太郎脚色・今日出海演出）芦田伸介、扇千景

浅草常盤座 歌舞伎公演記録

（1）猿吉劇団花形歌舞伎

（昭和32年7月3日～25日／昼夜二回公演）

『与話情浮名横櫛』お富（松蔦）、与三郎（訥升）、赤間源左衛門（九蔵）、蝙蝠安（宗五郎）、多左衛門（秀調）

『真景累ヶ淵』豊志賀（松蔦）、新吉（訥升）、お久（時蝶）、勘蔵（九蔵）、さん蝶（左文次）

『弁天娘女男白浪』弁天小僧（松蔦）、南郷（九蔵）、駄右衛門（秀調）、幸兵衛（左文次）、宗之助（春猿）、番頭（宗五郎）

『権八小紫比翼傘』権八（訥升）、小紫（萬之丞）

（2）合同花形歌舞伎　（昭和32年10月2日～27日）

〈第一部〉

『生きたのはどっちだ』（亀屋原徳作）家橘、歌昇、時蝶

『慶安太平記』忠弥（八百蔵）、伊豆守（半四郎）、藤四郎（左文字）

『鳥辺山心中』半九郎（半四郎）、お染（芝雀）、市之進（八百蔵）、源三郎（林雄太郎）

『若殿行状記』芝雀、高助、左文次、家橘、野上千鶴子、猿若吉代、林雄太郎

〈第二部〉

『恋女房染分手綱』重の井（芝雀）、三吉（時子）、本田弥左衛門（高助）

『三人吉三巴白浪』お嬢（芝雀）、和尚（半四郎）、お坊（猿三郎）、おとせ（時蝶）

『高田の馬場』河竹新七作　中山安兵衛（八百蔵）、中津川祐範（左文次）、堀部弥兵衛（我勇）、猿若吉代（娘妙）

『佐々木小次郎』小次郎（半四郎）、八百蔵（島兵衛）、出雲のお国（源之助）、まん（春猿）

（3）常盤座第三回花形歌舞伎　（昭和33年2月）

『切られお富』お富（訥升）、源左衛門（左文字）、蝙蝠安（宗

五郎）
『明治一代女』お梅（松蔦）、巳之吉（八百蔵）、仙糸（九蔵）
『絵本太功記』光秀（八百蔵）、操（松蔦）、十次郎（訥升）、
皐月（鐵之助）
『時の氏神』（菊池寛作）升太郎、猿若吉代、花柳春

（4）常盤座花形歌舞伎　（昭和33年3月）

『修禅寺物語』夜叉王（八百蔵）、桂（松蔦）、頼家（訥升）、
春彦（春猿）、楓（猿若吉代）
『酒屋』お園・半七（松蔦）、半兵衛（左文次）、三勝（源
之助）、半兵衛女房（鐵之助）、宗岸（宗五郎）
『御所五郎蔵』五郎蔵（訥升）、土右衛門（八百蔵）、皐月（春
猿）

（5）常盤座花形歌舞伎　猿之助一座　（昭和33年5月）

『児故の春』源之助、春猿、秀調
『壷坂』沢市（又五郎）、お里（松蔦）
『毒婦小松』（『恋闇鵜飼燎』の改補。大正3年以来の上演）
穂積文三（又五郎）、女郎小松・猟師平作（松蔦）、月
の輪の熊三（八百蔵）
『小栗栖の長兵衛』長兵衛（八百蔵）、馬子（升太郎）、
巫女（源之助）、堀尾茂助（秀調）

（6）常盤座花形歌舞伎

（昭和33年8月1日～25日／昼夜二回公演）

『抜打ち権八』平井権八（芝雀）、小紫（猿若吉代）、秀調、
鐵之助、時蝶、春猿
『新四谷怪談』お峰（松蔦）、中山仙十郎八百蔵）、お関（源
之助）
『たけくらべ』（舞踊）みどり（芝雀）
『森の石松幽霊道中』森の石松（段四郎）、なだれのお雪
（松蔦）、鰻売り甚太（八百蔵）、女房おすが（源之助）、
早使い庄助（秀調）

新宿松竹座（新宿第一劇場）歌舞伎公演記録

（1）昭和33年4月2日〜26日

〈第一部〉

『琵琶物語』景清（八百蔵）、娘むらさき（松蔦）、越路（鐵之助）、呉竹（源之助）

『藤娘』友右衛門

『蚤取男』段四郎

『お艶殺し』お艶（友右衛門）、新助（勘弥）、芹沢（段四郎）、船宿女房（源之助）、小名木川清次（又五郎）、業平金蔵（八百蔵）、番頭嘉平（高助）

〈第二部〉

『佐倉義民伝』宗五郎（勘弥）、宗吾女房・将軍家綱（又五郎）、渡し守甚兵衛（團之助）、娘おとろ（喜の字）、松平伊豆守（八百蔵）、幻長吉（段四郎）、井上河内守（高助）

『二人三番叟』（19日まで）松大夫・清六ほか文楽座出演、翁（猿之助）、三番叟（段四郎・團子）、千歳（勘弥）、付千歳（亀治郎）

『連獅子』（20日より）親獅子（段四郎）、子獅子（團子）、升太郎・猿三郎

『お夏清十郎』お夏（友右衛門）、清十郎（段四郎）、但馬屋九右衛門（高砂屋福助）、おかく（源之助）、乳母おりん（鐵之助）、与茂七（九蔵）

（2）昭和33年6月4日〜28日

〈第一部〉

『厄年』（田村西男作）段四郎、松蔦、又五郎、段四郎、我童、八百蔵、田之助

『俊寛』猿之助（俊寛）、芝鶴（丹左衛門）、段四郎（瀬尾）、八百蔵（康頼）、我童（千鳥）、春猿（成経）

『文七元結』長兵衛（猿之助）、女房お兼（松蔦）、文七（又五郎）、お久（春猿）、角海老女房（芝鶴）、家主甚八（左文次）、和泉屋清兵衛（秀調）

〈第二部〉

『御ひいき勧進帳』弁慶（段四郎）、義経（團子）、富樫左衛門（芝鶴）、斎藤次（八百蔵）、若太夫（松蔦）、軍藤太（左文次）

『遠山桜天保日記』金四郎・角太夫・祐天小僧・不動明王（猿之助）、若紫（我童）、小三郎・祐天小僧（又五郎）、段四郎、八百蔵、田之助、松蔦

『雨の五郎』團子、喜猿
『近江のお兼』松蔦

（3）昭和33年7月3日〜27日
〈昼の部〉
『いもり酒』新洞（中車）、夕しで（友右衛門）、女之助（高麗蔵）、橋立（宗十郎）、監物太郎（吉三郎）
『妲妃のお百』歌右衛門、中車、勘弥、宗十郎
『桂川連理柵』長右衛門（中車）、お半（友右衛門）、お絹（歌右衛門）、おとせ（團之助）、儀兵衛（勘弥）、長吉（高麗蔵）、繁斎（吉三郎）
〈夜の部〉
『四谷怪談』お岩・小平・茶屋女（歌右衛門）、伊右衛門（勘弥）、直助（中車）、お袖（友右衛門）、与茂七（宗十郎）、吉三郎（宅悦）
中幕『朝妻舟』歌右衛門

（4）昭和33年8月1日〜25日
〈昼の部〉
『赤胴鈴之助』鈴之助（緑也）、千葉周作（左團次）、男寅、大輔、福之助、梅花
『三人片輪』躄（鶴之助）、唖（由次郎）、盲（権十郎）
『高田馬場』中山安兵衛（羽左衛門）、中津川祐範（市蔵）、堀部娘お妙（由次郎）
〈夜の部〉
『天竺徳兵衛』徳兵衛（羽左衛門）、細川政元（九朗右衛門）、梅津掃部（権十郎）、妻葛城（鶴之助）、市蔵、由次郎、小伝次、菊蔵、大輔
『江島生島』生島（権十郎）、江島（鶴之助）、旅商人（大輔）
『殿様勘治』羽左衛門、福助、九朗右衛門、権十郎、鶴之助、由次郎、市蔵、小伝次
『東海道中膝栗毛』弥次郎兵衛（権十郎）、喜多八（鶴之助）

（5）昭和33年10月3日〜27日
4時開演一部興行（土・日マチネー11時）
『残菊物語』菊之助（芝雀）、お徳（松蔦）、五代目菊五郎（勘弥）
『車引』梅王（團子）、松王（染五郎）、桜丸（萬之助）、杉王（亀治郎）
『土蜘』智籌（勘弥）、頼光（芝雀）、保昌（八百蔵）、胡蝶（松蔦）、石神（喜の字）
『露地の狐』勘弥、松蔦、芝雀、八百蔵、源之助、荒次

郎

（6）昭和33年11月1日～25日

4時半開演（土・日・祭日マチネー11時）

『妲己』妲己（友右衛門）、紂王（延二郎）、田之助、福助、松蔦

『盲目の姉とその妹』（巌谷慎一作・演出）松蔦、芝雀、福助

『鏡獅子』友右衛門　左文字・宗也、鐵之助・明代、時蝶・猿弥

『乳貰い』延二郎、友右衛門、田之助、松蔦、福助、秀調

（7）昭和34年1月2日～26日

新宿第一劇場改名披露公演

※新宿松竹座から名称復帰

4時開演（マチネー11時開演）

『獄門帳』石出帯刀（勘弥）、三枝喬之介（段四郎）、我童、八百蔵、秀調、高麗蔵

『船弁慶』静・知盛の亡霊（勘弥）、義経（高麗蔵）、弁慶（八百蔵）、舟長（段四郎）

『口上』勘弥、我童、秀調、團子、萬之助、染五郎、高麗蔵、八百蔵、段四郎

『討入前夜』矢頭右衛門七（染五郎）、大石主税（萬之助）、大石（勘弥）、乳母（萬之丞）、

『雪暮夜入谷畦道』直次郎（勘弥）、三千歳（我童）、丑松（八百蔵）、丈賀（左文次）

『奴道成寺』狂言師左近（團子）、所化（左文次、宗五郎、萬之丞、幸雀、猿弥ほか）

（8）昭和34年3月1日～25日

『長脇差試合』三つ又の浅太郎（中車）、おあい（友右衛門）、おふみ（松蔦）、鬼殺しの権太郎（八百蔵）、四つ車五人斎（高砂屋福助）

『戻橋』小百合実ハ鬼女（友右衛門）、綱（中車）、右源太（愛之助）、左源太（宗也）

『酔月情話梅雨傘』花井お梅（松蔦）、峰吉（福助）

『於染久松色読販』お染ほか七役（友右衛門）、鬼門の喜兵衛（中車）、久作（九蔵）、山鹿屋清兵衛（福助）、番頭善六（愛之助）、鈴木弥忠太（左文次）、女猿回し（源之助）

（9）昭和34年4月2日～26日

『法界坊・双面』法界坊・野分姫の霊（勘弥）、甚三（八百蔵）、要助（高麗蔵）、おくみ（松蔦）、女船頭おしず（我童）、永楽屋女房（源之助）、長九郎（升太郎）、丁稚長太（喜の字）
『白石噺』宮城野（我童）、信夫（松蔦）、惣六（八百蔵）
『春の勝札』梅の家一八（勘弥）、一八女房（松蔦）、九蔵、八百蔵、秀調、高麗蔵

(10)　昭和34年8月4日〜25日
毎夕5時開演（マチネー11時開演）
『将軍の休日』一心太助（又五郎）、竹千代（芝雀）、大久保彦左衛門（井伊友三郎）、太助女房お仲（訥升）、お豊（英つや子）、團之助、家橘、九蔵ほか
『父帰る』賢一郎（又五郎）、新二郎（花柳武始）、宗太郎（大矢市次郎）、おたか（英太郎）、おたね（英つや子）
『南海艶笑譚』アリストパネース作・知切光歳翻案　霧立のぼるほか新派

(11)　昭和34年9月1日〜25日
毎夕4時半開演（マチネー11時開演）
『由良湊千軒長者』三荘太夫（猿之助）、長者娘おさん（扇雀）、妻渚（源之助）、安寿姫（松蔦）、対王丸（慶三）、要之助（段四郎）、乳母お波（源之助）
『屋敷娘』松蔦、『独楽』段四郎
『荒川の佐吉』佐吉（勘弥）、八重（松蔦）、仁兵衛・政五郎（段四郎）、辰五郎（吉十郎）、卯之吉（喜の字）、成川郷右衛門（八百蔵）

＊市川女優座公演
（昭和35年3月／少女歌舞伎から改称）

(12)　昭和35年4月2日〜26日
〈昼の部〉
『恐怖時代』伊織之介（扇雀）、お銀の方（鶴之助）、太守（九朗右衛門）、春藤靭負（権十郎）
『黒髪』辰姫（福助）
『梅ごよみ』荒川清（三代目左團次）演出　丹次郎（権十郎）、仇吉（鶴之助）、米八（扇雀）、政次（菊蔵）、お蝶（由次郎）、千葉の籐兵衛（九朗右衛門）
〈夜の部〉
『車引殺人事件』戸板康二原作　中村雅楽（鯉三郎）、市川葉牡丹・竹野（九朗右衛門）、男衆勝造（鶴之助）、

秀公、男寅、亀三郎、劇中劇『車引』梅王・刑事江川（八十助）、桜丸（由次郎）、松王（九朗右衛門）
『相生獅子』福助、扇雀
『旗本五人男』此村大吉（鶴之助）、座光寺源三郎（扇雀）、おこよ（福助）、大河内善兵衛（権十郎）、市蔵、八十助、由次郎、秀公

(13) 昭和35年6月2日〜25日

〈昼の部〉
『井筒業平河内通』業平（宗十郎）、渚の前・二条の局（我童）、井筒姫（訥升）、民部俊頼（八百蔵）、広国（高砂屋福助）、妻紅梅（松蔦）、
『悪太郎』悪太郎（段四郎）、叔父文之丞（福助）、太郎冠者（秀調）、智蓮坊（團子）
『心中天網島』河庄　治兵衛（團子）、孫右衛門（猿之助）、小春（訥升）お庄（宗十郎）、太兵衛（團之助）、善六（八百蔵）
『権三と助十』権三夫婦（勘弥・松蔦）、助十兄弟（段四郎・八百蔵）、家主（猿之助）、左官の勘太郎（團之助）、彦兵衛（左文次）、彦三郎（訥升）
〈夜の部〉
『恩讐の彼方に』了海（猿之助）、実之助（團子）お弓（我童）石工惣吉（八百蔵）
『彦市ばなし』彦市（段四郎）、殿様（勘弥）、天狗の子（松蔦）
『助六曲輪菊』助六（勘弥）、揚巻（訥升）、意休（高砂屋福助）、白酒売（宗十郎）、白玉（團子）、くわんぺら門兵衛（段四郎）、仙平（高麗五郎）満江（秀調）、福山かつぎ（松蔦）、通人（源之助）、若衆（左文次）、禿（喜の字）

(14) 昭和35年7月3日〜27日

〈昼の部〉
『おんな牢秘抄』訥升、延二郎、我童、訥升、芝鶴、高麗蔵、秀調、九蔵
『怪談乳房榎』重信・三次・正助（延二郎）、浪江（中車）、お関（訥升）、住職（芝鶴）、
〈夜の部〉
『孤剣は折れず』中車、延二郎、訥升、小伝次、高麗蔵
『巷談宵宮雨』龍達（中車）、女房（源之助）、太十（延二郎）、おとら（我童）、早桶屋（文蔵）、女房（愛之助）、薬売り（中蔵）

改名・襲名等早見表

（太字は現在または最終的な名前。丸数字は代数）

市川男寅⑤→市川男女蔵⑤→**市川左團次④**
市川團子③→市川猿之助③→**市川猿翁②**
市川亀治郎①→**市川段四郎④**
市川新之助⑥→市川海老蔵⑩0→**市川團十郎⑫**
市川銀之助①→**市川團蔵⑨**
市川松蔦③→**市川門之助⑦**
市川染五郎⑥→**松本幸四郎⑨**
市村家橘⑯→**市村吉五郎②**
尾上丑之助⑤→尾上菊之助④→**尾上菊五郎⑦**
尾上左近①→尾上辰之助①→**尾上松緑③**（追贈）
大谷友右衛門⑦→**中村雀右衛門④**
大谷ひと江①→**嵐徳三郎⑦**
加賀屋橋之助②→中村松江⑤→**中村魁春②**
加賀屋福之助②→中村福助⑧→**中村梅玉④**
河原崎権三郎④→**河原崎権十郎③**
片岡孝夫①→**片岡仁左衛門⑮**
片岡芦燕⑤→**片岡我童⑬**→片岡仁左衛門⑭（追贈）
片岡大輔①→**片岡芦燕⑥**
澤村精四郎①→**澤村藤十郎②**
澤村訥升⑤→**澤村宗十郎⑨**
澤村由次郎④→**澤村田之助⑥**
澤村田之助⑤→澤村曙山③
實川延二郎②→**實川延若③**
中村扇雀②→中村鴈治郎③→**坂田藤十郎④**
中村芝雀⑥→**中村時蔵④**
中村福助⑦（成駒屋）→**中村芝翫⑦**
中村萬之助①→**中村吉右衛門②**
中村米吉④→**中村歌六⑤**
坂東喜の字①→**坂東玉三郎⑤**
坂東鶴之助④→市村竹之丞⑥→**中村富十郎⑤**
坂東光伸①→坂東八十助④→坂東簑助⑦→**坂東三津五郎**
⑨
坂東簑助⑥→**坂東三津五郎⑧**
坂東彦三郎⑦→**市村羽左衛門⑰**
坂東亀三郎④→坂東薪水⑧→坂東亀蔵②→**坂東彦三郎⑧**
藤間城太郎①→中村玉太郎③→**中村東蔵⑥**

◆掲載舞台写真／出典一覧

〈第1章〉
（1－1）『演劇界』昭和30年（1955）8月号
（1－2）昭和30年12月公演パンフレット

〈第2章〉
（2－1）昭和30年12月公演パンフレット
（2－2）昭和30年12月公演パンフレット
（2－3）『演劇界』昭和31年3月号
（2－4）昭和30年12月公演パンフレット
（2－5）昭和30年12月公演パンフレット
（2－6）『演劇界』昭和33年1月号
（2－7）『演劇界』昭和31年3月号
（2－8）『演劇界』昭和31年3月号
（2－9）『演劇界』昭和33年3月号
（2－10）昭和30年12月公演パンフレット
（2－11）『演劇界』昭和32年5月号
（2－12）『演劇界』昭和34年7月号
（2－13）『演劇界』昭和31年3月号
（2－14）『演劇界』昭和32年3月号
（2－15）昭和32年12月公演パンフレット
（2－16）昭和32年12月公演パンフレット
（2－17）『演劇界』昭和33年3月号
（2－18）『演劇界』昭和31年5月号
（2－19）昭和32年12月公演パンフレット
（2－20）昭和30年12月公演パンフレット
（2－21）昭和39年12月公演パンフレット
（2－22）『演劇界』昭和33年12月号
（2－23）昭和39年12月公演パンフレット
（2－24）昭和36年2月公演パンフレット
（2－25）昭和36年2月公演パンフレット

〈第3章〉
（3－1）『演劇界』昭和32年8月号
（3－2）『演劇界』昭和32年8月号
（3－3）『演劇界』昭和33年5月号
（3－4）『演劇界』昭和33年8月号
（3－5）『演劇界』昭和33年11月号

〈第4章〉
（4－1）『演劇界』昭和38年1月号

（4－2）『演劇界』昭和38年5月号
（4－3）『演劇界』昭和38年5月号
（4－4）昭和39年12月公演パンフレット
（4－5）昭和39年12月公演パンフレット
（4－6）『演劇界』昭和40年（1965）7月号

〈第5章〉
（5－1）昭和41年6月公演パンフレット
（5－2）昭和41年6月公演パンフレット
（5－3）『演劇界』昭和42年3月号
（5－4）『演劇界』昭和42年3月号
（5－5）『演劇界』昭和42年11月号
（5－6）『演劇界』昭和42年11月号
（5－7）『演劇界』昭和46年2月号
（5－8）『演劇界』昭和46年2月号

〈著者略歴〉

上村 以和於（かみむら・いわお）

演劇評論家。1940年東京都生まれ。慶應義塾大学大学院文学研究科修士課程修了（英米文学専攻）。1977年から歌舞伎批評・評論活動を雑誌『演劇界』『劇評』を中心に行う。1994年から『日本経済新聞』の劇評担当。同年、第28回関西文学賞（文芸評論部門）受賞。主な著書に『歌舞伎の情景』（1997年／演劇出版社）、『演劇の季節』（1997年／関西書院）、『21世紀の歌舞伎俳優たち』（2000年／三月書房）、『Kabuki Today：The Art and Tradition』（2001年／講談社インターナショナル）、『時代《とき》のなかの歌舞伎―近代歌舞伎批評家論―』（2003年／慶應義塾大学出版会）、『仮名手本忠臣蔵』（2005年／慶應義塾大学出版会）、『歌舞伎百年百話』（2007年／河出書房新社）など。

協力：松竹株式会社
株式会社演劇出版社
公益社団法人日本俳優協会

平成28年1月10日 初版発行　《検印省略》

東横歌舞伎《とうよこかぶき》の時代《じだい》

著　者　上村以和於

発行者　宮田哲男

発行所　株式会社　雄山閣

〒102-0071　東京都千代田区富士見2-6-9
TEL 03-3262-3231　FAX 03-3262-6938
振 替 00130-5-1685
http://www.yuzankaku.co.jp

印刷・製本　株式会社 ティーケー出版印刷

ISBN978-4-639-02370-8　C0074
N.D.C.774　288p 21cm